Libros Poéticos

Poesía y sabiduría de Israel

Pablo Hoff

LIBROS POÉTICOS
Edición en español publicada por
Editorial Vida – 1998
Miami, Florida

© 1998 por Editorial Vida

RESERVADOS TODOS LOS DERECHOS

Edición: *Editorial Vida*
Diseño interior: *Base creativa*
Diseño de cubierta: *Sarah Wenger*

ISBN: 978-0-8297-1510-1

CATEGORÍA: Estudios bíblicos/ Literatura de sabiduría

IMPRESO EN ESTADOS UNIDOS DE AMÉRICA
PRINTED IN THE UNITED STATES OF AMERICA

23 24 25 26 27 LBC 107 106 105 104 103

CONTENIDO

PRÓLOGO

«¿Por qué, Señor? ¿Por qué me permitiste sufrir este horrible accidente? ¿No había dejado todo en mi patria para servirte en el altiplano inhóspito de Bolivia? ¿No te he sido fiel? ¿No te importa que tu siervo sufra?» Estos pensamientos me inquietaron mientras que yacía, medio muerto e intensamente adolorido, en una clínica. Mi esposa me trajo una revista con un sermón sobre Job. Anteriormente yo no demostraba mucho interés en este libro antiguo, pero ahora, sí, me identifiqué con su protagonista.

Según el sermón, el mensaje del libro es que Dios quiere que alcancemos la clase de fe que no duda del amor y la providencia de Dios, aunque todas las circunstancias parecen indicar que no existan. Se expresa en las palabras de Job: «Aunque él me matare, en él esperaré» (13: 15). Me sentía consolado y satisfecho.

¿Qué peregrino a la Nueva Jerusalén no ha pasado por experiencias amargas y no ha encontrado consuelo y nuevas fuerzas leyendo Job y los Salmos? Un nuevo convertido, que sufrió rechazo y persecución por parte de su familia y amigos, observó: «Vivo en los Salmos». Todos los creyentes se benefician de los consejos de los sabios que se hallan en Proverbios.

Libros poéticos: Poesía y sabiduría de Israel fue escrito principalmente como un libro de texto para institutos bíblicos y seminarios. El autor no ha encontrado una obra disponible que abarque los cinco libros poéticos en un tomo, y es práctico para el aula de clase. También se preocupa por la tendencia de muchos libros sobre el tema, que refleja el racionalismo de los críticos modernos, el cual niega el elemento profético que se halla en los Salmos.

Esta obra no pretende ser un comentario, más bien es una introducción a los Libros Poéticos de la Biblia. Presenta un breve estudio sintético de Job, Eclesiastés y Cantares, un análisis y notas de cada salmo y un desarrollo sistemático de los grandes temas que se encuentran en Proverbios.

Al autor le interesa mucho explorar los grandes problemas de la materia. ¿Por qué Eclesiastés y Cantares están incluidos en la Biblia? El escritor de Eclesiastés no cree en la inmortalidad y ve casi todo con anteojos oscuros; Cantares es altamente erótico y ni siquiera menciona el nombre de Dios. También hay salmos que se caracterizan por un espíritu de venganza, que es contrario al carácter del Nuevo Testamento. ¿Cuál es el mensaje divino de estas composiciones? Gran parte del libro se dedica a tales asuntos.

El uso de traducciones modernas de la Biblia, para aclarar el significado de textos oscuros, ha enriquecido la exposición de la Palabra. Versiones tales como *Dios Habla Hoy* (DHH), *La Biblia de Jerusalén* (BJ) y la *Nueva Versión Internacional* en inglés (NIV), emplean el método del «equivalente dinámico» de traducción más bien que el de una traducción literal del texto. Es decir, no se preocupa tanto por reproducir exactamente la forma del texto, sino por comunicar el pensamiento del escritor inspirado. A través de los siglos, el significado de ciertas palabras cambia. Estudiando el contexto histórico, el traductor procura reconstruir el significado original de las expresiones. Así que, al lector de los Libros Poéticos, le conviene incluir la lectura de versiones modernas en su estudio de la materia.

El autor debe mucho a quienes le ayudaron a preparar el manuscrito. El doctor Vernon Peterson, ex director del Departamento de Redacción en español de Editorial Vida, lo invitó a escribir el libro, Paula Rocha lo pasó a la computadora y Juan Vidal revisó el castellano. La esposa del escritor soportó largas horas de soledad mientras su marido se dedicó a escribir la obra. Sobre todo, él le agradece a Dios por darle la inspiración y capacidad para realizar este proyecto.

Capítulo 1

Comprendiendo la poesía
y sabiduría hebreas

Con frecuencia oímos expresiones tales como: «Aun el necio cuando calla, es contado por sabio», «La paciencia de Job» y «No hay nada nuevo bajo el sol». ¿De dónde provienen estos dichos? Tienen su origen en la lectura de los «Libros Poéticos».

Se denominan «Libros Poéticos» a cinco obras del Antiguo Testamento: Job, Salmos, Proverbios, Eclesiastés y Cantares, porque están escritas en forma poética, excepto algunos pasajes breves. Puesto que tres de ellas, a saber Job, Proverbios y Eclesiastés, fueron compuestas por sabios, se llaman «Libros sapienciales».

No es posible fijar la fecha exacta de los libros poéticos pues aluden a pocos datos históricos. Tampoco se conoce a ciencia cierta la paternidad de gran parte del contenido de estas obras. Sabemos, sin embargo, que entre los autores se hallan reyes, profetas, filósofos, sabios y tal vez gente común, muchos de los cuales son anónimos. Puesto que los libros poéticos tratan principalmente de la vida de los hebreos, no es de mucha importancia saber con exactitud las fechas y la paternidad de ellos.

A. Hay poesía en varios libros bíblicos

El elemento poético no se limita a los cinco libros mencionados, sino que casi todas las partes de la Biblia contienen poesía. Hay poemas y trozos de poesía en el Pentateuco y los Libros históricos. Una tercera parte del Antiguo Testamento consiste de esta forma de expresión. Los Salmos, Proverbios, Cantares, Lamentaciones, Abdías, Miqueas, Nahúm, Habacuc y Sofonías son libros enteramente poéticos, lo mismo que gran parte de Job, Isaías, Oseas, Amós y Eclesiastés.

Algunos de los poemas breves o fragmentos de poemas que se encuentran en los libros de carácter histórico del Antiguo Testamento son los siguientes:

- Adán a Eva — Gn 2:23
- Las maldiciones de Jehová — Gn 3:14-19
- El encanto de la espada (Lamec) — Gn 4:23,24
- Las bendiciones y maldiciones de Noé — Gn 9:25-27
- Profecía sobre Rebeca — Gn 25:23
- Isaac bendice a Jacob y Esaú — Gn 27:27-29; 39, 40
- Jacob bendice a José — Gn 48:15, 16
- Jacob profetiza sobre sus hijos — Gn 49:2-27
- El canto triunfal de Moisés y María — Éx 15: 1-18, 21
- La bendición sacerdotal — Nm 6:24-26
- El canto del pozo — Nm 21 :17, 18
- El canto triunfal de los trovadores — Nm 21 :27-30
- Profecías de Balaam — Nm 23:7-10, 18-24; 24:3-9, 15-24
- El canto final de Moisés — Dt 32:1-43
- María bendice las tribus — Dt 33:2-29
- El canto de Débora — Jue 5
- El acertijo de Sansón y la respuesta — Jue 14:14, 18
- El canto de Ana — 1 S 2:1-10
- El poema de Samuel — 1 S 15:22, 23
- La elegía de David sobre Saúl y Jonatán - 2 S 1:19-27
- El poema de Salomón — 1 Cr 8:12, 13
- Un canto popular — 1 R 12:16
- Profecía de Isaías — 2 R 19:21-28
- El canto de un soldado — 1 Cr 12:18

Uno de los significados de la palabra griega *poietes*, traducida «poeta», es «hacedor, creador». No es de extrañar que Dios el Creador nos hable en forma de poesía.

¿Por qué hay poca poesía en el Nuevo Testamento? Debemos recordar que casi todos los escritores inspirados de la segunda parte de la Biblia, fueron judíos que escribieron en griego, su segundo idioma. Lucas, el médico amado, incluyó en su Evangelio más poesía que cualquier otro autor neotestamentario. Los cánticos de la narración referente al nacimiento de Jesús — el Magníficat de María (1:46-55), el Benedictus, o sea, la profecía de Zacarías (1:58-79), Gloria in Excelsis de los ángeles (2: 14) y el Nunc Dimittis de Simeón — son algunos ejemplos. Lucas era griego y pensaba en griego. Pocas personas que escriben poesía lo hacen en su segundo idioma.

El Nuevo Testamento, sin embargo, tiene más elemento poético que el que suele reconocerse. Es rico en imágenes vívidas y expresiones poéticas que están cargadas de emoción. El apóstol Pablo presenta muchas de sus ideas en formas bellas y armoniosas. En dos ocasiones cita himnos de la iglesia primitiva (Ef 5:14 y 1 Ti 3:16). Romanos 8:31-37 es un ejemplo de sublime expresión poética. Jesús mismo emplea el paralelismo de la poesía hebrea al impartir muchas de sus enseñanzas. Esto no solo permite que sean memorizadas fácilmente, sino que también coloca a Cristo en la tradición de los profetas, los cuales daban sus oráculos en verso. Además, en el Apocalipsis, hay numerosos cánticos de victoria. El Nuevo Testamento tiene también muchas citas poéticas del Antiguo Testamento. Sin embargo, es el elevado pensamiento neotestamentario, más que la forma técnica, lo que nos da la sensación de que es poesía.

B. Características de la poesía hebrea

Nosotros, occidentales modernos, consideramos que los principales rasgos de la poesía son: rima (ritmo fonético) y métrica (el arte de la estructura de versos incluso la cantidad de sílabas y el lugar de los acentos). Pero no es necesario que un poema tenga estas dos características. La poesía de muchos pueblos antiguos, incluso de los hebreos, no tiene ni rima ni métrica.

1. El espíritu poético y su expresión. Los distintivos esenciales de la poesía en general tienen que ver con la mente poética. Se expresa a menudo con el uso del lenguaje figurado y la expresión emocional. El poeta busca imágenes vívidas, metáforas hermosas y términos tiernos, vehementes y persuasivos. José M. Martínez, autoridad en hermenéutica, comenta: «Difícilmente puede ser superada la imaginación de los poetas del Antiguo Testamento, enriquecida por el influjo de la inspiración divina».[1]

Veamos algunos ejemplos de los vuelos de la imaginación poética y del uso de figuras por los escritores inspirados.

No hay como el Dios de Jesurún,
Quien cabalga sobre los cielos
para tu ayuda,

---

1. José M. Martínez, *Hermenéutica Bíblica* (Barcelona: CLIE, 1984) p. 319.

y sobre las nubes con su grandeza.

DEUTERONOMIO 33:26

El hombre nacido de mujer,
corto de días, y hastiado de sinsabores,
Sale como una flor y es cortado,
y huye como la sombra y no permanece.

JOB 14:1,2

Mucho del pensamiento poético es intensamente personal y cargado de emoción. El teólogo afirma fríamente que el hombre tiene el deseo inherente de conocer a Dios, pero el poeta exclama: «Como el ciervo brama por las corrientes de las aguas, así clama por ti, oh Dios, el alma mía» (Sal 42: 1).

No debemos interpretar literalmente la poesía. Por ejemplo, cuando la profetisa Débora quiso expresar que hasta la naturaleza colaboraba en derrotar a Sísara (Dios envió un violento aguacero que inundó el lecho seco del río Cisón, atascando los temibles carros del general cananeo), ella dijo: «Desde los cielos pelearon las estrellas» (Jue 5:20). Se expresa la maravilla del acto de la creación así: «Cuando alababan todas las estrellas del alba, y se regocijaban todos los hijos de Dios» (Job 38:7). Ross observa: «Si robamos a la poesía sus metáforas, su expresión vigorosa, los amplios vuelos de la imaginación y las galas de su lenguaje, dejaría completamente de ser poesía».[2]

2. *Paralelismo hebreo*. Hemos notado la ausencia de rima y métrica en la poesía hebrea. La poesía semítica no consiste en versos rimados sino en la correspondencia del pensamiento de sus miembros, o sea, el ritmo lógico que se llama paralelismo. Este es el rasgo más sobresaliente de la poesía bíblica.

Ross explica: «La afirmación del primer verso de la estrofa se repite, se amplifica o se contrasta en el segundo o en los versos siguientes».[3] Esto logra que la idea sea mucho más impresionante y memorable.

Algunas formas de paralelismo hebreo son:

---

2. Guillermo Ross, *Estudios en las Sagradas Escrituras*, Tomo 3, *Los libros poéticos* (México, D.F.: Casa de Publicaciones «El Faro», s.f.), p. 6.
3. Ross, *ibid*, p. 8.

a. **Sinónimo,** cuando el segundo verso repite el pensamiento del primero, pero con otras palabras, o contiene un pensamiento semejante al del primero.

> Libra de la espada mi alma,
> Del poder del perro mi vida.
>
> SALMO 20:20

b. **Antitético,** cuando el pensamiento del primer verso se hace más claro por el contraste del segundo.

> Las zorras tienen guaridas, y las aves del cielo nidos;
> Mas el Hijo del Hombre no tiene
> dónde recostar su cabeza.
>
> MATEO 8:20

c. **Sintético,** cuando el pensamiento del segundo verso y los que siguen, si los hay, explican o completan la idea del primero.

> Será como árbol plantado junto
> a corrientes de aguas,
> que da su fruto en su tiempo,
> y su hoja no cae;
> y todo lo que hace, prosperará.
>
> SALMO 1:3

d. **Escalonado o de clímax.** El pensamiento va en graduación hasta su término.

> No dará tu pie al resbaladero,
> Ni se dormirá el que te guarda.
> He aquí, no se adormecerá ni dormirá
> El que guarda a Israel.
>
> SALMO 121:3, 4

e. **Emblemático.** En este estilo de paralelismo, la primera parte expresa el pensamiento en forma figurada, mientras que lo que sigue lo hace en forma literal o viceversa.

Como el padre se compadece de sus hijos,
Se compadece Jehová de los que le temen.

SALMO 103:13

f. **Introvertido.** Es la clase del paralelismo en que la cuarta línea
corresponde con la primera, y la segunda con la tercera.

Como a rebaños que son conducidos al Seol,
la muerte los pastoreará,
Y los rectos se enseñorearán de ellos
por la mañana;
Se consumirá su buen parecer, y
el Seol será su morada.

SALMO 49:14

3. El uso de la estrofa y del acróstico. La estrofa no es esencial en
la poesía hebrea; sin embargo, se usa en los Salmos 42 y 43, los cuales
forman un poema dividido en tres partes con un verso que se repite. El
Salmo 46 está distribuido en grupos de tres versos, cada uno de ellos
marcados con **selah.**

Algunos escritores bíblicos emplean el acróstico. Por ejemplo, el Salmo 119 tiene 22 grupos de ocho versos cada uno. A cada grupo corresponde una letra del alfabeto hebreo y cada verso comienza en el original
con la letra correspondiente al grupo. En el Salmo 37 cada tercer verso
empieza con una letra de ese mismo alfabeto. El capítulo 3 de Lamentaciones es un ejemplo notable de la composición acróstica. Sin embargo,
la mayoría de los poetas bíblicos no se sujetan a tales reglas mecánicas.

4. Los géneros de la poesía hebrea. Podemos clasificar la poesía que
se encuentra en la Biblia en cuatro géneros: la lírica, la didáctica (incluso gnómica), la dramática y la elegíaca, es decir, el género que se ve en
endechas y cantos fúnebres. La poesía épica, que trata de la acción he-
roica relacionada con el destino de la raza o nación, también figura en la
poesía de las Sagradas Escrituras. Cada uno de los libros poéticos tiene
su género literario propio, aunque a veces se entremezclan los diversos
modos de expresión.

Consideraremos los cuatro géneros empleados en la Biblia:

a. El poema lírico es realmente un canto. Se denomina «lírico» porque en la antigüedad se cantaba con acompañamiento de lira o arpa.

Entre los hebreos, se cantaban salmos en los cultos del templo y en las sinagogas después de la diáspora (dispersión de los judíos). Hay poesía lírica en los libros de la historia de Israel. Por ejemplo, son líricos el cántico triunfal de Moisés y María (Éx 15: 1-21), el cántico de Moisés al fin de su vida (Dt 32:1-43), el cántico de Débora (Jue 5:1-31) y la elegía de David por Saúl y Jonatán (2 S 1:19-27). Muchas veces la poesía lírica expresa las emociones del poeta mismo.

b. La poesía didáctica tiene el propósito de enseñar. Los libros de Job, Proverbios, Eclesiastés y varios de los Salmos son de carácter didáctico. Por ejemplo, el libro de Job enseña sobre el problema del padecimiento de los justos. «Los aforismos y proverbios presentan en una forma breve y sentenciosa las verdades morales y espirituales que han de ser recordadas por el oyente».[4]

Dentro de ese género, se encuentra la poesía gnómica o sentenciosa. Se llama «gnómica» a los escritos de poetas que componen sentencias y reglas de moral en pocos versos.

c. La poesía dramática en su forma pura no se encuentra en la Biblia, pero hay elementos de dramatismo en los libros de Job y Cantares. El drama es una forma de arte que cuenta una historia mediante el diálogo y acciones de los protagonistas. Difiere de la novela en que no incluye narración y, por regla general, se presenta con actores sobre el escenario.

El erudito evangélico C. O. Gillis señala que Job y Cantares «tienen el elemento de conflicto, factor esencial dramático, y que traen grandes peligros para sus protagonistas principales, con el resultado de la acción, o el desenlace (dénouement), incierto».[5] En el libro de Job, hay conflicto sobre el carácter del protagonista, entre Dios y Satanás; en Cantares (según una interpretación), se presenta el conflicto de una muchacha entre su amor por un pastor rústico y la invitación de Salomón a casarse con él.

d. La poesía elegíaca expresa los lamentos por los muertos. Las elegías de David por Saúl y Jonatán (2 S 1:19-27) y por Abner (2 S 3:33, 34) son composiciones poéticas de la más elevada forma. El libro de Lamentaciones también es de este género.

---

4. Carroll O. Gillis, *Historia y literatura de la Biblia*, Tomo 5 (Buenos Aires: Casa Bautista de Publicaciones, 1960), p. 230.
5. Gillis, *Ibid*, p. 231.

5. La poesía hebrea expresa vívidamente las experiencias y emociones religiosas. Gillis comenta que esta forma literaria:

Expresa todos los gozos y las tristezas de la religión, describe la experiencia del pecado y de la culpabilidad, y corre toda la gama de las variadas experiencias de los hombres: el amor y el odio, la vida y la muerte, la duda y la fe.[6]

Dios, sin embargo, es el centro de la atención y la poesía se escribe para glorificarle.

C. La literatura sapiencial bíblica

1. Cómo difiere de la otra literatura hebrea. Al llegar a los libros sapienciales — Job, Proverbios, Eclesiastés y algunos de los Salmos[7] — el lector de la Biblia observa un notable cambio en el tono de los escritores inspirados. Ya no prevalece el oráculo tronante de los profetas, «Así dice Jehová», ni la voz imperante del legislador: «No harás...» Más bien, se escuchan los tranquilos preceptos y consejos de los sabios. Se oyen también preguntas difíciles formuladas por personas angustiadas, quienes desean entender los misterios que complican su vida. La sabiduría israelita «es la voz de la reflexión y la experiencia más que del mero mandato o predicación».[8]

La sabiduría de los hebreos no aborda los grandes temas del Antiguo Testamento tales como la elección de un pueblo, el pacto, la ley, el Mesías y la salvación. A los sabios (hebreo *jakamim*) de Israel, no les interesa mucho la historia de su nación ni los detalles minuciosos de su teología. Tampoco reflexionan al estilo de los griegos. La sabiduría de Salomón, por ejemplo, no es como la sabiduría abstracta de los filósofos, sino una sabiduría muy práctica para solucionar problemas del diario vivir y guiar la conducta humana, según la Palabra de Dios. La sabiduría bíblica es esencialmente razón práctica, prudencia y previsión. Así que podemos decir que la literatura sapiencial trata de la interpretación de la vida y de cómo comportarse bien a fin de agradar a Dios y vivir felices.

Se ve el aspecto intensamente práctico de la sabiduría israelita en los significados del vocablo hebreo *jokma*, traducido «sabiduría». Algunos son: Aptitud en artes o sagacidad en negocios (Job 12:2, 12), habilidad

---

6. Gillis, *op. cit.*, pp. 228-229.
7. Los Salmos 19, 37, 104, 107, 147 y 148 constituyen literatura sapiencial.
8. Derek Kidner, «Poesía y literatura sapiencial, introducción», en *Manual bíblico ilustrado*, David Alexander y Pat Alexander, redactores (Miami, FL, USA: Editorial Caribe, 1976), p. 317.

en asuntos seculares (Ez. 27:8, 9), prudencia para gobernar (1 R 3:28; 4:29-34), cordura en la vida diaria y decisiones éticas. J. M. Breneman, profesor bíblico, la define así: «Consiste básicamente en la aplicación de lo que uno sabe a lo que uno hace, a fin de lograr un buen vivir».[9] La sabiduría, a la vez, tiene un fuerte aspecto ético, que «siempre sirve a su propio interés, pero que es animado por el espíritu religioso, de suerte que coinciden sabiduría y virtud, sabiduría y piedad».[10]

2. Las formas literarias. La forma más simple de la sabiduría hebrea es la de proverbios (hebreo *mashal*, dicho popular o máxima). Toma también la forma de acertijo, enigma y parábola. Ejemplos conocidos son el enigma de Sansón (Jue 14:12-14), la fábula de Jotam (Jue 9:1-10), y Joás (2 R 14:9) y las parábolas de Natán (2 S 12:1-4) y la de la mujer astuta de Tecoa (2 S 14:1-19). La parábola alcanza la perfección en las enseñanzas de Jesús.

Otra clase de la literatura sapiencial de Israel profundiza en los problemas del padecimiento y del significado de la existencia (véase Job y Eclesiastés). Se desarrolla presentando monólogos (Eclesiastés), diálogos y debates (Job) con argumentos ingeniosamente expresados en forma de poesía.

3. El desarrollo del papel que desempeñaron los sabios. Una referencia a la sabiduría aparece temprano en la historia de los hebreos. La sabiduría del joven José sobrepasó la de los sabios egipcios. Faraón — al recibir la interpretación de sus sueños y consejos de cómo preparar su nación para el hambre venidero — le dijo a José: «Pues que Dios te ha hecho saber todo esto, ni hay entendido ni sabio como tú» (Gn 41:40). Los artesanos, Bezaleel y Aholiab, fueron llenos del Espíritu de Dios en sabiduría y en inteligencia, en ciencia y en todo arte, para inventar diseños y trabajar en los metales para la construcción del tabernáculo (Éx 31:1-6). El episodio del acertijo de Sansón (Jue 14:4), ilustra como los orientales valoraban la agudeza para hallar soluciones a los enigmas.

En la corte de David, dos sabios, Ahitofel y Husai, aconsejaban al monarca. El consejo de Ahitofel era «como si consultase la palabra de Dios» (2 S 16:23). Es proverbial en la historia hebrea la sabiduría de Salomón en resolver la querella de dos mujeres que reclamaban su hijo (1 R 3:16-28).

---

9. J.M. Breneman, «Sabiduría» en *Diccionario bíblico ilustrado*, Samuel Vila Ventura y Darío Santa María, redactores (Barcelona: CLIE, 1977), p. 571.

10. Breneman, op. cit., p. 1020.

La sabiduría de Israel floreció y llegó a su apogeo en el reinado de Salomón, quien fue considerado como el sabio más grande de Israel. Era notoria la sabiduría de los orientales (Gn 41:8; Is 19:11), pero Salomón sobrepasó en esta capacidad a todos sus contemporáneos, y es conocido como el impulsor de la literatura sapiencial de Israel (1 R 4:29-34). Esta literatura no podría haberse desarrollado en un vacío intelectual. El reinado de Salomón proporcionó un ambiente muy propicio para el florecimiento de la literatura. En ninguna otra época de la historia de Israel hubo tanta oportunidad de hacer contactos con otras gentes, ni hubo tanta paz y prosperidad como para inspirar obras literarias. Salomón impulsó este movimiento, compuso y coleccionó miles de proverbios y cánticos (1 R 4:32). Se le atribuyen las dos colecciones más importantes de los proverbios, 10-22 y 25-29, y también los libros de Eclesiastés y Cantares. Se han puesto bajo su nombre los Salmos 72 y 127. Su conocimiento de los animales y las plantas hizo posible el uso de analogías tomadas de la naturaleza en sus moralejas (véase Pr 30:24 y 33).

Parece que hubo escuelas de sabios desde la época de Salomón en adelante. Una de las colecciones salomónicas de proverbios fue reunida por «los varones de Ezequías, rey de Judá» (Pr 25:1). Los sabios formaron grupos en los cuales «unos doctos escribían para otros doctos». Tenían discípulos, doctrinas y colecciones de dichos, las cuales fueron transmitidas de generación en generación (véase Pr 1:6; 24:23; Ec 9:17; 12:11-13).[11]

En la época de Jeremías, el pueblo de Israel estimaba tanto a los hombres sabios que los pusieron al lado del profeta y del sacerdote, como mediadores de la verdad divina. «La ley no faltará al sacerdote, ni el consejo al sabio, ni la palabra al profeta» (Jer 18:18). Los sabios, juntamente con los profetas y sacerdotes, tenían mucho que ver con moldear la cultura hebrea.

Fue este movimiento que produjo los libros deuterocanónicos (apócrifos) de «Sabiduría» y «Eclesiástico». Aunque solo «Sabiduría» fue compuesto en griego, ambos reflejan la influencia helenística pues fueron redactados a fines del siglo II a.C. Se encuentran también en la literatura sapiencial de los libros apócrifos algunas porciones del libro de Baruc y el libro IV de los Macabeos.

---

11. F.F. Bruce, «La literatura de la sabiduría del Antiguo Testamento» en *Nuevo comentario* bíblico, D. Guthrie y J.A. Motyer, redactores (El Paso, TX, USA: Casa Bautista de Publicaciones, 1970), p. 50.

4. Similitud con la literatura pagana. La arqueología ha descubierto que la literatura sapiencial floreció en todo el Antiguo Oriente y en ella hay ciertos paralelos de pensamiento con la sabiduría bíblica. El libro egipcio de la «Sabiduría de Amenenope» es muy semejante a la colección de máximas llamada «Dichos de los sabios» (Pr 22:17-24:23). En Mesopotamia también se compuso literatura sapiencial: fábulas, proverbios, y hasta el poema «El justo doliente», el cual se ha comparado con Job. El diálogo babilónico entre Amo y Siervo se asemeja algo al libro de Eclesiastés, pues ambos señalan que nada tiene significado ni valor y solo reina el capricho.

¿Cómo podemos explicar estas semejanzas? Primero, notemos que en Israel se conocía la sabiduría de los países vecinos. Se dice que Salomón fue más sabio que los sabios orientales y egipcios (1 R 4:30-32). En Abdías 1:8, Jehová advierte: «¿No haré que perezcan en aquel día [...] los sabios de Edom, y la prudencia del monte de Esaú?» Isaías también se refiere a los sabios y a la sabiduría de Egipto (Is 19:11-15). Debemos reconocer que mucha de la sabiduría del Cercano Oriente fue el patrimonio de casi todas las naciones en la región. Hay verdades obvias que son reconocidas por todos los hombres, sean creyentes o no.

Es muy probable que los sabios hebreos, guiados por el Espíritu Santo, incluyeran en sus colecciones de sabiduría algunos dichos y máximas de otras naciones, pero los purificaron y elevaron por la luz de la revelación divina. El erudito evangélico, Derek Kidner, señala: «En Israel arde una luz más fuerte y firme. Ni hay aquí ninguna desconcertante pluralidad de dioses y demonios ni influencia de la magia, ni licenciosa inmoralidad cúltica que, como en Babilonia y Canaán, sofoquen la voz de la conciencia».[12] Observamos también que las composiciones sapienciales de los paganos del Cercano Oriente, solo tienen algún parecido con sus paralelos bíblicos y esta semejanza suele ser superficial. Con todo, el enfoque monoteísta y moral de las escrituras sapienciales hace que el desarrollo de sus conceptos adquiera un valor diferente, elevándolos a un nivel infinitamente superior.

5. Características destacadas. Señalamos algunas características típicas de la literatura sapiencial del Antiguo Testamento.

a. **Es universal.** Se dirige al hombre en general, sin limitaciones

---

12. Derek Kidner, *Proverbios* (Buenos Aires: Editorial Certeza, 1975) p. 25 (citado en José M. Martínez, *Hermenéutica bíblica, op. cit.*, p. 269.)

étnicas o religiosas. No se centra la atención en Israel como el favorecido de Dios. Se incluyen obras de gentiles. Por ejemplo, se atribuye el Salmo 31 al rey Lemuel, monarca no-israelita. Todos los reyes de la tierra gobiernan mediante la sabiduría divina (Pr 8:14-16). Los sabios de Israel no se preocupan por la historia y el futuro de su nación, sino por el destino del individuo.

Los libros sapienciales se refieren a la experiencia, problemas y verdades que corresponden a toda la humanidad. Dice el escritor evangélico, Samuel J. Schultz: «Las ideas básicas expresadas por los escritores en su interpretación de la vida, son todavía vitalmente importantes para el hombre en todas partes».[13]

b. Es enseñanza esencialmente monoteísta, religiosa y moral. Aunque muchos de los preceptos de los sabios parecen ser de naturaleza secular o puro sentido común, toda la sabiduría bíblica gira en torno de la noción de un solo Dios, omnipotente, misericordioso y solícito para con los seres humanos. La verdadera sabiduría empieza con el temor reverencial de Dios (Pr 1:7). Es «necio» el hombre que dice en su corazón: «No hay Dios» (Sal 53:1).

Al comenzar con el temor de Jehová, la sabiduría procede a dar a Dios el lugar prominente en la vida del hombre y esta influencia se extiende a toda actividad humana, pues el Antiguo Testamento nunca separa lo religioso de lo secular. Se presenta la sabiduría como lo opuesto a la maldad; motiva al hombre a andar en los caminos del Señor. A los sabios, les interesa mucho el arte de conducirse en la vida conforme a las leyes divinas, lo que brinda al hombre la protección y benevolencia de Jehová.

c. Es profundamente humana. Aunque la Biblia pone la sabiduría del hombre en relación con la de Dios (todo procede de Jehová), recalca también las relaciones sociales del hombre en el diario vivir. No presenta nada del legalismo estéril de los escribas y fariseos del Nuevo Testamento.

d. Demuestra que la parcial revelación divina del Antiguo Testamento no bastaba para satisfacer el corazón del hombre. Aunque el Antiguo Testamento no enseña que la muerte acabará con la existencia humana, tampoco presenta claramente la doctrina de la inmortalidad, y nada de la vida celestial. El espíritu del difunto va al Seol, la morada de los muertos (Job 17:13), y el lugar de sombra y silencio (Job 10:22). No obstante que

---

13. Samuel J. Schultz, *Habla el Antiguo Testamento* (Barcelona: Publicaciones Portavoz, 1976), p.269

los moradores del Seol tienen conciencia (Is 14:9), no tienen ni la resurrección ni la plenitud de vida.

Con angustia, Job pregunta: «Si el hombre muriere, ¿volverá a vivir?» (14:14). El pesimismo del **Cohélet**, el «predicador», es casi absoluto: «Los muertos nada saben, ni tienen más paga; porque su memoria es puesta en olvido» (Ec 9:5). Lo mejor que puede decir es que en la muerte el espíritu del hombre «vuelve a Dios que lo dio» (11:7).

Las limitaciones de la sabiduría hebrea ponen de relieve los problemas de la vida y el destino del hombre. Así se prepara el camino para su solución que se encuentra en el Nuevo Testamento. La búsqueda inútil del **Cohélet** para encontrar éxito y felicidad en la tierra, halla su verdadera respuesta en las enseñanzas de Jesús; estas cosas no serán halladas plenamente en la tierra sino en el cielo.

El problema de armonizar el padecimiento de los justos con la justicia y amor de Dios desaparece con la resurrección del Salvador. A él le queda la obra trascendente de quitar la muerte y sacar a luz la vida y la inmortalidad (2 Ti 1:10). «He aquí, más que Salomón en este lugar» (Mt 12:42).

Capítulo 2

Introducción al libro de Job

El libro de Job habla sobre realidades que experimentan tanto los hombres de la antigüedad como algunos de los de hoy: ser víctima de la violencia de hombres y de las catástrofes naturales, perder todos sus bienes, sus seres amados y hasta la salud; ser atormentado de las dudas acerca de los caminos de Dios, desesperarse y, lo peor de todo, sufrir la crítica injusta y cruel de otros. Sin embargo, pocos hombres habían experimentado más de una fracción del padecimiento de Job. Además, todo esto le sucede a un hombre piadoso, caritativo y de carácter intachable.

La obra cuenta también de la bondad inmutable de Dios, el cual transforma la aflicción de sus hijos en justicia y paz. Es la historia de una persona que mantiene su fe en Dios a pesar de sufrir injustamente la pérdida de todo. Sobre todo, el libro presenta el humanamente inescrutable problema que obsesiona perennemente a los grandes pensadores: ¿por qué padecen los justos en un mundo hecho por un Dios infinitamente bueno y a la vez todopoderoso?

Se considera que Job es «la obra maestra literaria del movimiento de Sabiduría».[14] El hebreo es clásico y el estilo es elevado. Lutero dice: «Job es magnífico, sublime, como no hay otro libro en el Antiguo Testamento».[15] El erudito alemán, Herder, añade: «El libro de Job da y dará siempre energía creciente a los desanimados y fuerzas a los débiles».[16] Tomás Carlyle, historiador inglés, lo describe como «uno de los más grandes libros que jamás se haya escrito. Es la primera y más antigua discusión del problema que nunca termina: el problema del destino del hombre y el trato de Dios con él sobre la tierra».[17] El libro se caracteriza por los pensamientos profundos y por la brillantez en que los desarrolla.

---

14. «El libro de Job, Introducción» en *Biblia de Jerusalén* (Bruselas, Bélgica: Desclée de Brouwer, 1967), p. 606.
15. Ross, op. cit., p. 12.
16. Ross, *Idem.*
17. Ross, *Idem.*

A. Título

El libro toma su nombre del protagonista, Job. No es claro el significado de la palabra «Job», aunque algunos estudiosos piensan que quiere decir «objeto de enemistad» o «el que vuelve (a Dios)». Conviene considerarlo meramente como un nombre corriente de aquel entonces y sin significado.

B. Fecha y fondo de los acontecimientos en Job

Hay indicios de que Job vivió en el período patriarcal y tal vez era contemporáneo de Abraham. No hay alusión alguna en el libro a la vida y misión de Israel, el pacto, el tabernáculo y el sacerdocio. Se aprecian las condiciones patriarcales en las cuales la familia es la unidad social y comunal. Al igual que los patriarcas descritos en el Génesis, Job como cabeza de la familia sirve de sacerdote e intercesor. Se limita el culto a sus elementos más primordiales con ritos religiosos de una forma sencilla (véase 1:5; 42:8). Todo esto presupone un tiempo anterior a la organización de Israel como una nación.

La referencia al ganado, como las riquezas de Job, también parece indicar la época anterior a la fundación de los grandes imperios en Mesopotamia.[18] Si fue escrito en aquel período, es el libro más antiguo de la Biblia.

Siendo un gentil, Job vivió, sufrió y triunfó fuera de Canaán. Aunque la Biblia menciona la tierra de Uz (Jer 25:20; Lm 4:21), su ubicación es incierta. Algunos eruditos tienden a considerar que se encontraba al suroriente de Palestina, en los confines de Arabia y del país de Edom, cuyos sabios eran célebres en la antigüedad. Sin embargo, sucedió este gran drama en un lugar y un tiempo no conocido por los legisladores, sacerdotes y profetas de Israel.

¿Es importante que sepamos a ciencia cierta la fecha y el fondo de este libro? Osterley y Robinson contestan: «Solo hay unos pocos poemas en la literatura cuya fecha y fondo histórico sean de menor importancia de lo que lo son en el libro de Job... Es un poema universal y ése es uno de los aspectos que le dan valor e interés para nosotros hoy».[19] José Martínez señala también que es una ventaja que no se pueda ubicar a Job

---

18. Ernesto Trenchard, Introducción a los libros de la sabiduría y una exposición del libro de Job (Madrid: Editorial Literatura Bíblica, 1972), capítulo 2, p. 57.
19. Citado por E.S.P. Heavenor, «Job, introducción» en *Nuevo comentario* bíblico, D. Guthrie y J. A. Motyer, eds. de la edición inglesa (Argentina: Casa Bautista de Publicaciones, 1977), p. 321.

en una situación exacta de la historia: «Lo arcaico del escenario ayuda al autor a no incorporar elementos extremos que pudieran distraer la atención del lector. Todo se centra y concentra en el gran protagonista y en su grandiosa experiencia interior».[20]

C. Paternidad y fecha del libro

El autor es desconocido. Según la tradición talmúdica, fue escrito por Moisés, pero la continuación del pasaje en que los rabinos lo atribuyen al gran legislador y otras afirmaciones del Talmud demuestran que tal observación no es más que una adivinanza piadosa. Otras sugerencias en cuanto al autor son: Job, Eliú, Salomón, Isaías, Ezequiel, Baruc (el amigo y escriba de Jeremías) o algún sabio del período preexílico.

Dos prestigiosos eruditos conservadores, Franz Delitzsch y Edward J. Young, creen que fue redactado en su forma final en la época de Salomón. Esta es la teoría más satisfactoria porque refleja el espíritu de los sabios que reinaba en aquel entonces. Ross razona así:

> Job lleva de principio a fin el sello de aquel período primitivo y creador, de aquella edad salomónica de ciencia y de arte, de pensamientos profundísimos acerca de la religión revelada, de cultura inteligente y progresista de las formas tradicionales del arte; de aquella edad sin igual en que la literatura es el clímax de la magnificencia gloriosa a que había llegado el reino de la promesa. El amplio conocimiento de las naciones extranjeras que despliega el autor del libro confirma también la fecha salomónica.[21]

Es probable que el autor, guiado por el Espíritu Santo, empleara un relato en prosa sobre la historia del patriarca, escrito por Job o uno de sus contemporáneos, para preparar su obra literaria. Sería necesario también que Dios le revelara el escenario en el cielo, lo cual se narra en el prólogo, pues de otro modo no hubiera podido saberlo. Aunque el autor inspirado retuvo algunos términos arcaicos y el tono no israelita en el diálogo entre Job y sus amigos, empleó su propio estilo como escritor de la literatura sapiencial.

Quienquiera que haya sido el autor, era genio poético, sabio y una

---

20. José M. Martínez, Job, la fe en conflicto (Barcelona: Libros CLIE, 1975), p. 14.
21. Ross, op. cit., pp. 15-16.

persona verdaderamente religiosa. Casi todos los eruditos evangélicos que han estudiado el libro de Job están de acuerdo en cuanto a identificarle como un hebreo, un adorador del único verdadero Dios. Aunque el autor evita el uso del nombre divino Yahvéh en el diálogo de Job con sus amigos (éstos eran extranjeros), lo emplea en el prólogo y epílogo (véase 1:6-12, 21; 42:7-12). En el diálogo se usan los títulos divinos: El, Eloah y Sadday. Solo una vez se encuentra el nombre Yahvéh en los diálogos, y esto está en los labios de Job (12:9).[22]

D. ¿Historia o parábola?

Durante muchos siglos los rabinos judíos y los cristianos consideraron el libro como una composición netamente histórica. Pero en el tercer siglo d. de C., el rabino Resh Lakish aseveró que el hombre Job jamás había existido y que el libro que lleva su nombre era una mera parábola. Muchos críticos bíblicos modernos aceptan esta idea, aunque reconocen que fue escrito con fines de instrucción moral y religiosa. José M. Martínez comenta:

> Nada nos impide admitir que el Espíritu Santo, inspirador de la Sagrada Escritura, pudiera inducir al autor a usar una parábola para darnos el gran mensaje contenido en Job. Cristo hizo gran uso de esta forma de ilustración. Debe reconocerse, sin embargo, que no hay argumentos suficientemente sólidos para rechazar el sustrato histórico del libro.[23]

Algunos reconocidos eruditos también ponen en tela de juicio la idea de que el libro de Job sea pura ficción. George H. A. Von Ewald, prestigioso autoridad en los idiomas semitas, afirma: «La invención de un relato sin la base de unos hechos, la creación de una persona presentada como si hubiera tenido existencia histórica real, es completamente ajena al espíritu de la antigüedad; solo aparece en la época más tardía de la literatura de cualquier pueblo antiguo ...»[24] J. F. Genung concuerda con Ewald: «No es la manera de los escritores hebreos ... producir de

22. H. H. Rowley, *The Book of Job* en *The New Century Bible Commentary*, Ronald E. Clements y Matthew Black, eds. (Grand Rapids, MI, USA: Wm. B. Eerdmans Publishing Co., 1983), p. 11.
23. Martínez, *Job, la fe en conflicto, op. cit., p. 20.*
24. Martínez, *Idem.*

pura imaginación héroes literarios; deseaban tener una base auténtica de los hechos».[25]

La Biblia misma señala que Job era un personaje histórico. El profeta Ezequiel lo menciona juntamente con Noé y Daniel como ejemplos de justicia y santidad de vida (Ez 14:14, 20). Además, Santiago lo presenta como modelo de paciencia (Santiago 5:11). Trenchard observa: «La cita de Ezequiel muestra que Job era conocido entre los judíos exiliados en Babilonia, ya que el profeta pudo mencionarle de paso juntamente con Noé... y... Daniel».[26] También los pueblos árabes conocen bien el ejemplo de Job: su nombre figura en algunas de sus obras literarias.[27]

Ross añade:

> Un estudio cuidadoso del libro no revela que sea obra de la imaginación. Los personajes no llevan nombres simbólicos. La opinión de Lutero es quizás la correcta, a saber: que vivió verdaderamente una persona llamada Job, y que su historia ha sido tratada poéticamente.[28]

E. Estructura

En el libro de Job se pueden distinguir tres partes: (a) prólogo en prosa, capítulos 1-2; (b) tres ciclos de diálogos poéticos, 3:1-42:9; y, (c) epílogo histórico en prosa 42:10-17.

Se ha impugnado la autenticidad del grandioso poema sobre la sabiduría de Dios que se encuentra en el capítulo 28. Difícilmente puede atribuirse a Job, puesto que contiene ya la respuesta que Dios dará a sus preguntas. «Sin embargo, este poema es tan emparentado, así por su forma como por su contenido, con todo el conjunto de la parte poética, que no es posible dudar de su autenticidad».[29]

¿Cómo pues podemos armonizar la ubicación de este poema, antes de la aparición y revelación de Jehová (capítulos 38-41), con la unidad del libro? Parece que este poema consiste en las palabras del autor del libro, quien ve el fracaso del debate como evidencia de la falta de sabiduría. Así que al elogiar la sabiduría verdadera, él coloca su cumbre estructural

---

25. John F. Genung, «Job, Book of» en The International Standard Bible Encyclopaedia, James Orr, editor, Vol. 3 (Grand Rapids, MI, USA: Wm. B. Eerdmans, 1949), p. 1679.

26. Trenchard, *op. cit.*, p. 4.

27. «Job (Libro de)» en *Diccionario bíblico ilustrado, op. cit.*, p. 590.

28. Ross, *op. cit.*, pp. 13-14.

29. «Job (Libro de)» en *Diccionario bíblico ilustrado, op. cit.*, p. 592.

entre los tres ciclos del diálogo — debate (capítulos 3-27) y los tres monólogos: de Job (29-31), de Eliú (32-37) y de Dios (38:1-42:6).[30]

F. Estilo

Ya hemos mencionado que varios eruditos y estudiosos de la Biblia han reconocido este poema como una de las más grandes obras literarias de todos los tiempos. Las estructuras literarias y la calidad retórica que caracterizan el libro demuestran el genio literario del autor. Aunque el obispo R. Lowth, pionero en los estudios de los libros poéticos, pone en tela de juicio la clasificación del libro como drama, admite que es un poema dramático.[31] Los sentimientos de Job y otros personajes de la obra son expresados por sus palabras y no por las descripciones del autor. Se lo puede denominar como un diálogo dramático.

No obstante el carácter dramático del libro, no se limita a este género literario. R. H. Pfeiffer observa:

Podemos considerarla como una de las obras poéticas más originales que jamás se haya escrito. Tan original, en realidad, que no cabe dentro de ninguna de las categorías típicas que haya establecido la crítica literaria ... no es exclusivamente lírica ... ni épica... ni dramática... ni didáctica ni reflexiva.[32]

Es una mezcla asombrosa de toda índole de literatura que se encuentra en el Antiguo Testamento. Muchos trozos pueden ser aislados e identificados como proverbios, enigmas, himnos, lamentos, maldiciones y poemas líricos de la naturaleza.[33] Es una obra tanto original como singular.

G. El tema

El tema de esta gran obra trata de uno de los problemas más profundos de la vida humana: la teodicea, a saber, ¿cómo se puede defender la

---

30. «Job» en *The NIV Study Bible, New International Version*, Kenneth Barker, editor (Grand Rapids, MI, USA: Zondervan, 1985), p. 733.
31. Francis I. Andersen, «Job, An Introduction and Commentary» en Tyndale Old Testament Commentaries, D.J. Wiseman, editor (Leicester, Inglaterra y Downer's Grove, IL, USA: Intervarsity Press, s.f.), p. 35.
32. R. H. Pfeiffer, citado en «Job, libro de» en Nuevo diccionario bíblico, primera edición, J.D. Douglas, director (Buenos Aires: Ediciones Certeza, 1991), p. 721.
33. Andersen, *op. cit.*, p. 33.

justicia y bondad de un Dios todopoderoso que permite que exista el mal y, particularmente, el padecimiento de los justos?

Ciertos filósofos griegos y algunos pensadores occidentales modernos razonaron así: si el mal existe es porque Dios, o no es bueno, o no es todopoderoso. La idea es que un Dios omnipotente y bondadoso no dejaría existir el mal, especialmente el sufrimiento de los inocentes. En el antiguo Israel, sin embargo, no había tal problema en el pensamiento de la gente. Para ellos, Dios es tanto todopoderoso como bueno, y controla todo. En esta vida terrenal, Dios premia la virtud y castiga el vicio. A los que cumplen la ley de Dios les están reservados toda clase de bienes temporales - larga vida, prosperidad y numerosos descendientes — mientras que a los malhechores les espera la esterilidad, la pérdida de bienes y la muerte prematura (véase Dt 7:13; 8:6-20). Puesto que nadie es completamente inocente, hay padecimiento en el mundo.

Esta es la tesis de los tres amigos de Job: los males que éste padece, no es nada más sino como el castigo de pecados graves. Preguntan: «¿Cómo es posible que sufra un justo? ¿Dios no lo permitiría». Job no contradice la noción de que Dios castiga a los impíos, pero sí niega que él sufre porque es pecador. Persiste en afirmar su inocencia y pone en tela de juicio la justicia de Dios. Se preocupa menos de su dolor físico y privación que del problema ¿por qué Dios le aflige siendo él un hombre de carácter intachable?

En un sentido, los amigos de Job tienen razón. Dios «pagará a cada uno conforme a sus obras» (Ro 2:6). Si no fuera así, el mundo sería un caos. El problema de los amigos, sin embargo, es que reducen una verdad general a una regla rígida e invariable. Si Job sufre, entonces él debe ser un malo[34] y «donde pecas pagas».

Vemos que esta verdad no abarca todas las experiencias del padecimiento, y por supuesto no corresponde a la situación de Job. A veces los impíos prosperan y nada sufren, mientras que los píos están afligidos. El libro es un «ferviente y empeñado intento» de reducir **ad absurdo** (por lo absurdo) la tesis tradicional.[35] Demuestra que esta tesis «no tiene validez en todos los casos, y, por lo tanto, no se debe atribuir necesariamente la desventura y la enfermedad al pecado como causa propia. Los designios

---

34. «Job» en *Manual bíblico ilustrado, op. cit.*, p. 319.
35. «Job (Libro de)» en *Diccionario bíblico ilustrado, op. cit.*, p. 593

de la Providencia son misteriosos, y, por ende, no deben aventurarse juicios temerarios sobre la culpabilidad del que sufre».[36]

El libro de Job trata del problema *¿por qué permite Dios que los justos sufran?*; pero no aporta una solución. Cuando Dios interviene, lo hace para revelar la trascendencia de su ser — sus designios sublimes, su sabiduría incomparable — y para reducir a silencio a su siervo. Por otra parte, la obra deja lugar para interpretar más ampliamente las causas del padecimiento de los justos que la de la tesis tradicional, y esto es motivo de consuelo a los que sufren. Queda al Nuevo Testamento quitar el velo del misterio y revelar qué retribuciones y recompensas verdaderamente importantes corresponden a la vida de ultratumba. El apóstol Pablo escribió: «Las aflicciones del tiempo presente no son comparables con la gloria venidera que en nosotros ha de manifestarse» (Ro 8: 18).

H. Los protagonistas

Se presenta gráficamente a Satanás, no tanto como el tentador de la humanidad, sino como un espíritu escéptico respecto del hombre, deseoso de encontrarle defectos y de poder acusarle ante Dios. No puede creer que los hombres sirvan a Dios desinteresadamente, sino con motivos tan egoístas como los suyos. Es un ser malvado, cínico, de ironía fría, ansioso de desatar sobre los hombres toda suerte de males, incluyendo motivarlos a blasfemar a su Creador.

Elifaz se caracteriza como sabio venerable y devoto, el cual tiene entendimiento penetrante acompañado de compasión tierna; pero capaz, a la vez, de ser severo. Argumenta basándose en la experiencia de sus largos años y los hechos.

En contraste, Zofar es más impetuoso, dejándose llevar por los arrebatos juveniles. Es un moralista dogmático e intolerante de las ideas de Job. Bildad es una persona sentenciosa, más erudita, conocedora de las tradiciones. Su discurso es más cortes y su lenguaje más áspero que el de Elifaz. Pero los tres amigos de Job defienden por unanimidad la tesis tradicional, de que el padecimiento es la retribución divina.

Eliú es un joven arameo que procura ser más positivo y original. Desautoriza a Job y a sus amigos justificando a Dios con una elocuencia

---

36. «Job» en *Sagrada Biblia*, traducido por Eloíno Nácar y Alberto Colunga, segunda edición (Madrid: La Editorial Católica, S.A., 1969), pp. 584-585.

difusa. Su alto concepto de sí mismo, sin embargo, se destaca más que su capacidad intelectual.

No cabe duda alguna de que Job tiene el carácter más elevado que el de los demás. Su personalidad demuestra pasión combinada con fe inquebrantable en Dios, paciencia inagotable, tenacidad en protestar lo que le parece ser la injusticia del gobierno divino y persistencia en la defensa de su propia integridad. Sin embargo, en la confusión moral del debate con sus «amigos», se oyen alternadamente gritos de protesta y palabras de sumisión.

1. El Job de los paganos

Parece que ciertos eruditos liberales buscan paralelos literarios a algunos libros y relatos de las Escrituras para demostrar que éstos son meramente un eco de la literatura pagana del antiguo oriente. Señalan que hay algunos libros antiguos de la región que tratan el mismo tema de Job. Existe un tratado sumerio al que Samuel Kramer denomina «el primer Job». Fue escrito para animar a personas afligidas con el fin de que sigan glorificando a su dios particular. Relata la historia de un hombre desafortunado, cuya lamentación y la de sus amigos y plañideras, conmueve el corazón de su deidad. Este lo libera en el feliz desenlace del cuento.

Hay cierta semejanza entre las lamentaciones de Job y las del protagonista de la obra sumeria. Sin embargo, esta similitud no tiene mucho significado, porque en ambos casos las lamentaciones son expresiones convencionales de los afligidos en el antiguo Medio Oriente. También la obra pagana presenta un sentido de culpa como causa de la aflicción del hombre, pero no pone en tela de juicio la justicia de los dioses.

Se ve una similitud entre Job y una teodicea babilónica que se llama *Alabaré al Señor de la sabiduría*. En esta antigua obra, el autor describe sus padecimientos en términos vívidos. Pone en tela de juicio la eficacia de los ritos religiosos. Finalmente, un mensajero del dios Marduc le aparece en sueños y pone término a sus sufrimientos.

Otro libro antiguo, *Un diálogo acerca de la miseria*, se asemeja en algunos aspectos al libro de Job. Se trata el problema de que del culto a los dioses aparentemente no surge ningún efecto en la vida de sus adoradores. Alguien observa que los caminos de los dioses son incomprensibles y que el hombre es perverso. El afligido del libro solicita la ayuda de las deidades, pero la obra no presenta ninguna solución.

Estas obras literarias y otras similares de la antigüedad no son comparables al libro de Job en su punto de vista teológico y filosófico. Interpretan con fatalismo la vida humana, la cual es supuestamente gobernada por el capricho de los dioses. Es evidente que el problema del sufrimiento humano es el tema de muchos escritos, pero solo encontramos las respuestas inspiradas en la Palabra divina. Además, no hay evidencia de que el autor del libro de Job, al leer la literatura de los paganos, fuera inspirado a componer su obra.

Para denominar «otro Job» a cualquier obra similar, ésta tendría que ser semejante en cuanto a la trama, forma y contenido del libro. No basta tener una semejanza transitoria aquí y allá. El llamar «un Job» a todo cuento de sufrimiento humano crearía una falsa impresión y perjudicaría la unicidad de la composición inspirada.

J. El bosquejo del libro de Job.

I. El Prólogo: El desafío de Satanás y la prueba de Job (1-2).

A. La piedad y prosperidad de Job (1:1-5).

B. Job puesto a prueba pero permanece fiel (1:6-2:13).

II. El debate con los tres amigos: El primer ciclo (3-14).

A. Lamento de Job (3).

B. Primer discurso de Elifaz (4-5). Exhorta a Job a someterse y arrepentirse.

C. Job protesta y se defiende (6-7). Tan solo el hombre afligido conoce su desdicha.

D. Primer discurso de Bildad (8). Las quejas de Job ponían en duda la justicia divina.

E. Job contesta al primer discurso de Bildad (9-10). Ningún hombre mortal puede discutir su inocencia ante el Todopoderoso, pero sí puede protestar contra el trato injusto de Dios.

F. Primer discurso de Zofar (11). Acusa de maldad a Job: Dios tiene razón y tú no la tienes. Conviene arreglarte con él, pues a los malos no les queda esperanza.

G. Job contesta al primer discurso de Zofar (12-14). Señala que los malos prosperan y él sigue defendiendo su integridad.

III. El segundo ciclo del debate (15-21).

A. Segundo discurso de Elifaz (15). Acusa a Job de presunción, o sea, pasar por alto la sabiduría de los antepasados y poner en tela de juicio la justicia de Dios.

B. Job contesta al segundo discurso de Elifaz (16-17). Es fácil reprender a un desgraciado. Apelará a Dios para ser vindicado contra los cargos injustos de sus acusadores.

C. Segundo discurso de Bildad (18). Nada puede la ira contra el orden de la justicia. Job sufre el castigo merecido de sus obras.

D. Job expresa confianza en Dios (19).

E. El segundo discurso de Zofar (20). Acusa a Job de haber rechazado a Dios, poniendo en tela de juicio la justicia divina.

F. Job contesta al segundo discurso de Zofar (21). El impío no padece en esta vida.

IV. El tercer ciclo del debate (22-31).

A. El tercer discurso de Elifaz (22). Imputa a Job una lista de faltas graves y le exhorta a reconciliarse con Dios.

B. Job afirma que el mal triunfa (23-24).

C. Tercer discurso de Bildad (25). El hombre no puede ser justificado ante Dios.

D. Job responde a Bildad (26-27). Dios sí es soberano y juzgara al impío pero no en la manera simplista que describen sus amigos.

E. El elogio de la sabiduría divina (28).

F. Conclusión: quejas y apología de Job (29-31).

V. Los Discursos de Eliú (32-37).

A. Eliú interviene en el debate (32:1-5).

B. Primer discurso (32:6-33:33). El fracaso de los tres sabios y la presunción de Job.

C. Segundo discurso (34). Eliú contesta las acusaciones de Job. Éste no debe juzgar su caso por la ley moral sino pensar que el Señor le prueba por otras razones.[37]

D. Tercer discurso (35). Eliú anima a Job a esperar pacientemente que Dios actúe en justicia a su debido tiempo.

E. Cuarto discurso (36-37). Eliú exalta la grandeza de Dios.

VI. Jehová confunde a Job con su sabiduría (38:1-42:6)

A. Primer discurso de Dios (38:1-40:2). Empleando una serie de importantes preguntas, Dios despliega su sabiduría infinita que se manifiesta en la naturaleza.

B. Job se humilla ante Dios (40:3-5).

---

37. Nota en *Biblia de Jerusalén, op. cit.*, p. 645.

C. Segundo discurso de Dios (40:6-41:34). Manifestaciones del poder divino sobre las fuerzas de la creación.
D. Arrepentimiento y confesión de Job (42:1-6).
VII. Epílogo (42:7-17).
A. Jehová vindica a Job (42:7-9).
B. Jehová restaura la situación original de Job (42:10-17).

K. Grandes versículos encontrados en Job

En este libro hay dichos que han llegado a ser parte de la expresión de la piedad cristiana.

1. Dichos de confianza y aceptación de la desgracia:

«Desnudo salí del vientre de mi madre, y desnudo volveré allá» (1:21 a).

«Jehová dio, y Jehová quitó, sea el nombre de Jehová bendito» (1:21b).

«¿Recibiremos de Dios el bien, y el mal no lo recibiremos?» (2:10; respuesta a su esposa que le instaba maldecir a Dios y morir).

«He aquí, aunque él me matare, en él esperaré» (13:15a).

«Yo sé que mi defensor [*goel*, o pariente cercano] vive, y que él será mi abogado aquí en la tierra, y aunque la piel se me caiga a pedazos, yo en persona, veré a Dios. Con mis propios ojos he de verlo, yo mismo y no un extraño» (19:25-27, VP).

2. Preguntas que hayan su respuesta en Cristo:

«¿Y cómo se justificara el hombre con Dios?» (9:12). *Respuesta:* «Justificados, pues, por la fe, tenemos paz para con Dios por medio de nuestro Señor Jesucristo» (Ro 5:1).

«¿Quién hará limpio a lo inmundo?» (14:4). *Respuesta:* «La sangre de Jesucristo... nos limpia de todo pecado» (1 Jn 1:7b).

«¡Oh! ¿quién hará que Dios me escuche?» (31:35, Biblia de Jerusalén). «No hay entre nosotros árbitro» (9:33). *Respuesta:* «Hay un solo Dios, y un solo mediador entre Dios y los hombres, Jesucristo hombre» (1 Ti 2:5). «Abogado tenemos para con el Padre, a Jesucristo el justo» (1 Jn 2:1b).

«Si el hombre muriere, ¿volverá a vivir?» (14:14). *Respuesta: Las palabras de Jesús:* «Yo soy la resurrección y la vida; el que cree en mí, aunque esté muerto, vivirá» (Jn 11:25).

Capítulo 3

¿Por qué sufren los justos?

A. El prólogo: El desafío de Satanás y la prueba de Job (capítulos 1-2)

1. La piedad y prosperidad de Job (1:1-5). El libro de Job comienza describiendo la bendición divina sobre la vida y hogar del protagonista más importante de la obra. Job es un rico terrateniente, dueño de mucho ganado, persona de gran prestigio en toda su región y padre de numerosos hijos. El cuadro habla del favor de Dios y la resultante felicidad terrenal.

El carácter moral y la vida espiritual del patriarca son buenísimos. Aunque vive en un mundo idólatra y pecaminoso, es un hombre «perfecto», pero no en el sentido de que nunca haya pecado. Aunque Job defiende su integridad, admite también que no es carente de iniquidad (véase 6:24; 7:21); más bien, su carácter es «cabal», término que se traduce «perfecto» en la Biblia de Jerusalén. Ha procurado sinceramente «orientar su vida según la voluntad divina. Esta 'perfección' significa la **madurez espiritual** que corresponde a un hombre que aprende en la escuela de Dios».[38]

También se describe como «recto»; es decir, lleva una vida completamente honrada ante los hombres. En el capítulo 29, Job testifica: «Yo libraba al pobre que clamaba y al huérfano que carecía de ayudador... Yo era ojos al ciego y pies al cojo. A los menesterosos era padre» (vv. 12, 15 y 16). Se aparta del mal no solo evitándolo, sino también, rechazándolo terminantemente. Su moralidad y bondad se explican por su profunda reverencia por Jehová: «Temeroso de Dios». La espiritualidad de él se extiende a otros, especialmente a su familia. Su tierna solicitud, para el bien espiritual de ellos, se aprecia en los sacrificios regulares que ofrece, por si acaso uno haya sido desleal al Señor.

2. Job puesto a prueba, pero permanece fiel (1:6-2:13).

a. *La primera acusación de Satanás* (1:6-12). El autor inspirado

---

38. Trenchard, *op. cit.*, p. 55.

descorre el velo que separa lo visible de lo invisible y nos introduce en la corte celestial donde los «hijos de Dios», los ángeles (38:7), comparecen ante él. Entre ellos se encuentra Satanás, adversario y acusador por excelencia de los escogidos. Es de extrañarse que el diablo tenga acceso al trono en el cielo, pero debemos recordar que Dios emplea hasta los espíritus malos para llevar a cabo sus propósitos (1 R 22:19-23; Mt 4:1). Trenchard comenta: «Dios se sirve de él [Satanás] haciendo que su labor negativa y malévola resultara [a la larga] en grandes bendiciones para Job y otros».[39]

A la pregunta de Dios — ¿Si has considerado a Job, aquel hombre cabal y justo? — Satanás replica que éste le sirve solo por interés propio, que Job es bueno porque Dios le premia su bondad con riquezas y felicidad. Pero si Dios quitara todo, entonces le blasfemaría en su cara.

La respuesta del diablo pone en relieve su propio carácter. Es malvado, escéptico, incapaz de creer que otros seres pueden ser intrínsecamente buenos. Proyecta su propio egoísmo al patriarca. Su respuesta es una infamia contra Dios, porque lo acusa de verse obligado a sobornar a los hombres a fin de que sean buenos; es calumnia contra Job, pues indica que éste es fiel solamente porque le conviene serlo y no porque ama a Dios.

Conociendo bien el carácter de su siervo, Jehová acepta el desafío de Satanás, pero le prohíbe tocar la persona de Job. Así comienza la lucha entre el Señor y el adversario. G. Campbell Morgan explica: «Job se transforma en campo de batalla entre Dios y Satanás, entre el cielo y el infierno, entre la verdad acerca de la naturaleza humana en su valor más profundo, y la mentira que está diciendo Satanás».[40]

La angelología es muy desarrollada en el libro de Job. Ningún otro libro de la Biblia revela tantos datos sobre el «Príncipe de este mundo». Se llama Satanás (adversario) y es acusador de los santos. Alguien describe su papel: «Es el inspector del hombre en la tierra y su adversario en el cielo». Rodea la tierra buscando faltas en los hombres. (Pedro pinta un cuadro aún más negativo: «Como león rugiente, anda alrededor buscando a quien devorar» 1 Pe 5:7.)

Es un ser poderoso que emplea instrumentos que los hombres atribuyen solo a Dios: los vientos, la tempestad y el relámpago en el cielo, las incursiones de los sabeos y caldeos y las enfermedades en la tierra. Pero

---

39. Trenchard, *Ibid.,* p. 58.
40. G. Campbell Morgan, *Jesús responde a Job* (Misiones, Argentina: Ediciones Hebrón, 1979), p. 15.

aun siendo el autor de todo mal, no puede tentar al hombre sin permiso de Dios. Tampoco puede dañar a los hijos de Dios sin que Dios le deje, pues Satanás mismo testifica referente a Job: «¿No le has rodeado de un vallado protector a él, a su casa y todo cuanto tiene?» (1:10 NC).

b. *Job mantiene su fe a pesar de la pérdida de su familia y bienes* (1:13-22). Sucede a Job una calamidad tras otra: la incursión de los sabeos, los que matan a los criados y roban los bueyes y las asnas; cae un relámpago que quema a los pastores y ovejas; los caldeos arremetieron llevándose los camellos y dando muerte a los siervos; y para colmo, mueren sus hijos al ser derribada la casa en que ellos se reúnen.

¿Cómo reacciona el duramente probado patriarca? Mantiene silencio hasta recibir las noticias de la muerte de sus hijos. Entonces se rasga su manto como señal de dolor y duelo y adora a Dios. Con admirable resignación se consuela a sí mismo, diciendo: «Jehová dio, y Jehová quitó; sea el nombre de Jehová bendito». En contraste, a muchas otras personas que en su aflicción piensan solo en su perdida y no en lo que Dios les había dado anteriormente, Job recuerda la bendición que había disfrutado. Por otra parte, no sabe que Satanás es aquel que le aflige y atribuye a Dios todo el mal que padece. Lo importante es que su reacción vindica la confianza que Dios tiene en él y el adversario es derrotado.

c. *La segunda prueba de Job* (2:1-10). Nuevamente el autor nos lleva a la corte divina, donde se escucha la conversación entre Jehová y el maligno. A Dios le complace señalar la constancia de la fe de su siervo en la prueba de fuego. Con gran cinismo, Satanás responde: «Piel por piel, todo lo que el hombre tiene dará por su vida. Pero si extendieras tu mano contra su persona, él te blasfemará en tu presencia».

¿Qué significa «piel por piel»? Es una locución proverbial cuyo significado es desconocido. Posiblemente sea un término de trueque del mercado: dar una piel en cambio por otra. Puede ser que signifique que Job estaba dispuesto a entregar la piel de otros — de su familia, siervos y animales — para conservar la suya. Otra explicación interpreta «piel» como cueros de vestido. Así que la expresión querría decir que «el hombre consiente en dejarse despojar progresivamente de lo que lleva encima o de lo que posee para evitar que se toque su propia piel. Porque, alcanzado entonces en su ser físico e individual, deja ver lo que verdaderamente es».[41]

---

41. Nota en la *Biblia de Jerusalén*, op. cit., p. 656.

Aunque Dios reconoce la injusticia de permitir que Job fuera afligido (2:3), tiene confianza en Job y autoriza al adversario para poner una enfermedad terrible sobre el patriarca. Sin embargo, no deja que le quite la vida. No podemos identificar precisamente la dolencia, pero se cree que fue elefancía o tal vez la lepra negra. Martínez observa que «los síntomas eran verdaderamente estremecedores: supuración y subsiguiente formación de postillas, pasta de gusanos (cap. 7:5), aliento fétido (19: 17), corrosión de los huesos (30: 17), sentimiento de terror (3:25; 6:4), pesadillas nocturnas (7:14) y, posiblemente sensación de estrangulamiento (7:5)».[42]

¡Pobre Job! Tiene que abandonar su casa, alejarse de la sociedad y sentarse sobre un montículo formado por la acumulación de basuras quemadas fuera de la ciudad. Nadie se acerca para consolarle porque su condición solo causa asco y repulsión. El maligno sabe bien que la soledad en estas circunstancias basta para abatir el corazón del más valiente.

Además, la esposa del patriarca se convierte inconscientemente en el instrumento del diablo, animándole a hacer precisamente lo que Satanás quiere que Job haga. Es probable que ella fuera una esposa fiel y buena, pero al igual que Pedro, el cual trató de convencer a Jesús de no ir a la cruz, es usada por Satanás para tentar a su marido.

La reacción de Job, sin embargo, vindica de nuevo la confianza que Dios ha puesto en el. «¿Qué? ¿Recibiremos de Dios el bien, y el mal no recibiremos?» No peca Job con sus palabras.

d. *La visita de los tres amigos* (2: 11-13). Las noticias de la aflicción del renombrado patriarca oriental corren por todos lados. Llegan tres amigos del patriarca — Elifaz, Bildad y Zofar — procedentes de ciudades en la región idumea y árabe. Es el área considerada en Israel como la patria de la sabiduría (1 R 5:10-11; 10:1-3; Jr. 49:7). Ellos vienen para consolar a Job.

Al ver la condición tan dolorosa y trágica de Job, los amigos se pasman, prorrumpen en gritos de congoja y se llenan de consternación. Luego se sientan en la tierra con él, guardando silencio absoluto, durante siete días. No cabe duda alguna que meditan sobre la causa de los padecimientos del patriarca. Para ellos es obvio que Job «sufre tanto» porque ha «pecado tanto». Condolerse con él o consolarlo sería tomar parte con Job, contra el juicio divino. Luego se preparan para dar sus discursos.

---

42. Martínez, *Job, la fe en conflicto, op. cit.*, p. 43.

B. El debate con los tres amigos: El primer ciclo (caps. 3-14)

Ahora comenzamos a considerar los discursos de Job y de sus tres amigos. Según un escritor, hay 17 entre los capítulos 3-27; nueve de Job, tres de Elifaz, tres de Bildad y dos de Zofar. Sin embargo, es difícil clasificarlos. Son demasiado extensos para denominarlos «conversaciones» o «diálogos». Les falta también un hilo consistente de argumentación y a menudo el orador, al hablar, no se esfuerza para contestar los argumentos del otro. Además, con frecuencia Job pasa por alto a sus amigos y se dirige a Dios o habla consigo mismo. Todo esto indica que, técnicamente, los discursos no constituyen un debate verdadero. Sin embargo, el término «debate» es tal vez el mejor vocablo posible para describir la serie de discursos hablados en el libro.

Los discursos de Job difieren radicalmente de los de sus amigos. Ellos hablan con él referente a Dios; Job también habla acerca de Dios, pero muchas veces no se dirige a ellos, pues su motivo no es tanto convencerlos ni refutarlos, sino entender su propia experiencia. Ellos hablan filosóficamente acerca de los caminos de Dios; él a menudo habla directamente al Señor. Job está apasionado; ellos fríamente objetivos. La preocupación de él no concierne la pérdida de sus bienes ni de su salud, sino la de su relación con Dios. No puede comprender por qué Dios no actúa de acuerdo con la idea tradicional de que premia con bendición la fidelidad. La causa de la turbación de Job es la desintegración de su concepto teológico del mundo.[43]

1. Lamento de Job (cap. 3). Job rompe el silencio maldiciendo, no contra Dios ni contra el desarrollo de su desgracia, sino contra el día de su nacimiento. Sus dolores acrecentados por la convicción de que no se tratan de un castigo debido a ningún mal que hubiera hecho, le parecen insoportables. Si solamente ha nacido para sufrir no vale la pena haber venido al mundo; el patriarca afligido quiere morir.

Algunos eruditos piensan que la referencia a «Leviatán» en los versículos 8 y 9 refleja la creencia legendaria de que un dragón mitológico podía rodear el sol, impidiendo que su luz llegase a la tierra. Por otra parte, el mismo término parece referirse al cocodrilo en 41:1.

Aunque podemos comprender como el dolor y la angustia intensos pueden llevar al hombre a desear la muerte, como hijos de Dios no

---

43. H.L. Ellison en *Nuevo diccionario bíblico*, primera edición, J.D. Douglas, director (Buenos Aires: Ediciones Certeza, 1991), p. 721.

debemos apurar nuestra partida (suicidio) ni luchar excesivamente para postergarla (Is 38:1-3). A Dios le toca determinar el día y la hora de ella: «En tu mano están mis tiempos» (Sal 31:15). Tampoco debemos meditar sobre el reposo del sepulcro, pues el cielo y no la tumba es nuestro destino.

En 3:20-26, Job da expresión a su gran problema: «Dios lo hace caminar a ciegas, le cierra el paso por todos lados» (3:23, Versión Popular). Lamenta que el motivo divino de su sufrimiento está encubierto, algo misterioso e inescrutable. Además, no hay salida; Dios lo ha encerrado. No le queda otra cosa sino turbación y gemidos.

2. *Primer discurso de Elifaz* (caps. 4-5). Las quejas que el patriarca expresa contra la providencia divina provocan a sus amigos a contestarle. Comienza un debate que ocupa la mayor parte del libro. Con repetición monótona, los tres arguyen que los sufrimientos de Job son nada más que el merecido castigo, a causa de algún pecado grave. Job rechaza esta tesis, pues percibe que no siempre haya conexión entre el pecado y el padecimiento. No niega haber pecado, sino sabe que sus faltas no son tan enormes que atraerían una retribución tan terrible como la que él sufre.

El primer amigo que habla es Elifaz, el mayor y el más sabio y suave de los tres. Presenta casi todos los argumentos tradicionales, y sus compañeros en gran parte meramente los repiten. Por más desagradables que sean sus pensamientos a Job, parece que son motivados por el sincero deseo de ayudarlo.

De poco consuelo debió parecerle la observación de que el mismo patriarca, que había fortalecido a los desanimados y enderezado a los extraviados, se encuentra ahora completamente desalentado y perturbado (4:3-5). Luego Elifaz le hace recordar cruelmente que ningún justo padece, sino que los hombres cosechan lo que siembran (4:7-8). Relata una visión en la cual un fantasma hace un contraste entre la santidad de Dios y las imperfecciones del hombre; por ser mortal, éste es impuro y pecaminoso (4:12-21). ¿Es posible que el espíritu que le habló fuera el acusador de los santos disfrazado como ángel de luz?, pues señalaba la impureza del hombre, pero omitía mencionar los holocaustos ofrecidos diariamente por Job (1:5), los cuales eran un anticipo del verdadero sacrificio hecho en el Calvario, que quita el pecado del mundo (Jn 1:29).

Elifaz insinúa que Job necesita corrección en vez de justificación. Le anima a buscar a Dios, el cual es bueno y hace maravillas a los que se humillan y apartan del mal. Observa que Dios libera a los pobres y castiga a los perversos. Aun los castigos divinos son para corregir al hombre y forman parte de la bondad de Dios. Con gran esperanza que la aflicción de Job le dé frutos de justicia, Elifaz predice que Dios restaurará la bendita situación anterior del patriarca (5:8-27).

3. Job protesta y se defiende (caps. 6-7). Mostrando gran elocuencia poética, el patriarca contesta amargamente a sus amigos. Señala que ellos no comprenden su dolor, que sus calamidades son más grandes que sus quejas (6:1-4) y que los argumentos de ellos no son aplicables a su situación (6:5-7). Tanta es su aflicción que desea morir (6:8-10).

Job está desilusionado de sus consoladores, pues no le tratan como amigos verdaderos, sino como traidores (6:14-30). El había esperado que ellos se compadecieran de él y le consolasen, pero son como arroyos secos que desilusionan a los viajeros sedientos en caravanas que los buscan para poder beber de sus aguas (véase 6:15-20, VP). Pone en tela de juicio la sinceridad de ellos. Insinúa que se aprovechan de su consternación para caer en gracia con Dios. Les desafía a encontrar iniquidad en su persona (6:24-30).

Luego Job reflexiona sobre el triste destino del hombre y se queja contra la injusticia de Dios. Quiere morir; desea escapar del escrutinio del Omnipotente: «Déjame en paz, que mi vida es como un suspiro» (7:1-16). ¿No es el hombre demasiado insignificante para que Dios se moleste en castigarlo? ¿No tiene compasión para perdonar su pecado? Si no, pronto dejará de existir (7: 17-21).

4. Primer discurso de Bildad (cap. 8). El segundo amigo de Job es moralista y emplea la sabiduría de los antiguos para contestar a Job; su discurso está lleno de citas y proverbios de la antigüedad. Habla con dureza, reprendiendo a Job por haber puesto en tela de juicio la justicia de Dios. «¿Hasta cuándo hablarás tales cosas, y las palabras de tu boca serán como viento impetuoso?»

Para Bildad todo es o blanco o negro; en cuanto a los hombres, o son buenos o malos. El Todopoderoso distingue abiertamente entre los dos, prosperando al limpio y destruyendo al malvado. Los hijos del patriarca perecieron porque eran pecadores (8:4). Sin embargo, Bildad concuerda con Elifaz: aunque Job ha pecado gravemente, todavía es un hombre bueno y Dios le restaurará. «El hará que vuelvas a reír y que grites de alegría» (8:21 VP).

5. Job contesta al primer discurso de Bildad (caps. 9-10). Job comienza a creer que Dios le castiga por haber cometido algún pecado desconocido. Ahora habla en términos hebreos que se usan en los tribunales de justicia: «contender con él» o «responderle» (9:3, 15, 32); «llevar mi causa y rebuscar razones frente a él» (9: 14, BJ); «justo» («inocente», VP) «rogar a mi juez» (9:15); «Si yo lo llamara a juicio» o «citarlo a juicio», «tribunal» (9: 16, 19, 32, VP); «testigos» (10:17, VP); «¡Oh Dios, no me declares culpable! ¡Dime de qué me acusas»! (10:2, VP).

El patriarca no niega que puede haber pecado, pero quiere tener la oportunidad de defenderse como en un tribunal. Su pregunta «¿Cómo se justificará el hombre con Dios?» (véase 8:20; 9:2) quiere decir: ¿Cómo puede el hombre ganar un pleito legal con Dios? Al reflexionar sobre el poder infinito de su Creador, se siente impotente para defenderse; protesta que no puede contender con alguien tan poderoso. La justicia divina señorea sobre todo derecho humano. Además, le parece a Job que Dios ya le ha condenado pues le ha quebrantado.

Job desearía tener un «árbitro» que ejerciera autoridad sobre Dios y sí mismo, impidiendo que éste le siga castigando (9:33-35). Se desarrolla la noción de un árbitro hasta que se transforma en una convicción sublime en los pasajes 16:19; 19:25-27. El clamor de Job para tener un árbitro entre Dios y el hombre expresa la gran necesidad de la humanidad débil y pecaminosa. ¿Cómo puede acercarse a un ser todopoderoso e infinitamente santo? Trenchard explica:

> ¡Si hubiera alguien capaz de manifestar a Dios y al mismo tiempo estar en contacto con el hombre! ¿Cómo puede haber comunicación, presentación de causa, explicaciones de motivaciones, si no se presenta tal «árbitro» o «mediador»?[44]

Se ve el cumplimiento de este deseo en el único «mediador entre Dios y los hombres, Jesucristo hombre» (1 Ti 2:5). Este es el perfecto mediador, siendo el Dios-hombre que logra un enlace real con la raza pecaminosa sin dejar de ser Dios.

En el capítulo 10, Job acusa a Dios de ser injusto en su trato con él y aun favorecer a los malos (10:3). Dios conoce su corazón y no es necesario torturarle para probar su inocencia. Dios lo formo con ternura en el vientre de su madre y le concedió un período de felicidad, pero lo hizo pensando en permitirle llegar a esta condición miserable. Job se ve a sí

---

44. Trenchard, *op. cit.*, p. 79.

mismo como víctima oprimida por Dios, parecido a un animal cazado por un león. En su confusión y amargura, Job pregunta a Dios, ¿por qué entonces me dio la vida? Una nota de la Biblia de Jerusalén comenta: «La queja de Job es una expresión de tormento del hombre caído, que se siente sujeto a una voluntad misteriosa en lugar de abrirse libremente en su propia naturaleza».[45]

6. Primer discurso de Zofar (cap. 11). Es obvio que Zofar es mucho más duro o insultante que los otros dos amigos y no siente ninguna simpatía hacia Job. Hasta aquí Job ha sostenido que es inocente; Zofar procura probar que es culpable. La defensa de Job ha sido nada más que palabrería y «no por hablar mucho se tiene razón» (11:2, VP). En efecto, Dios no le ha castigado tanto como merece.

El tercer consolador prorrumpe en un panegírico de la sabiduría divina (11:7-12). Afirma que la mente finita de Job no puede descubrir los misterios de Sadday. Su sabiduría es más alta que los cielos, más profunda que el abismo y más ancha que el mar. Nadie puede encubrir de Dios su pecado. Pero el necio «se hará entendido cuando un pollino de asno montés nazca hombre» (10:12).

Sin embargo, si Job se arrepintiera, sería restaurado y encontraría descanso y felicidad. Pero si no, no le quedaría ni refugio ni esperanza.

7. Job contesta al primer discurso de Zofar (capítulos 12-14). La primera parte de su discurso se dirige a sus amigos (12:1-13:19) y la segunda sección a Dios (13:20-14:22). Herido por las acusaciones insultantes de Zofar, Job se refiere con ironía a la sabiduría de sus tres amigos y su pretendida superioridad, con respecto a cómo operan el poder y sabiduría divinos en el mundo. Todo lo que ellos han dicho él ya sabe (12:3), pero entienden muy poco de sus dificultades y no les importan mucho (12:4, 5). No comprenden mejor su problema que lo entienden las bestias, peces y aves (12:7-9).

De veras Dios es soberano, pero parece que también es caprichoso en su manera de realizar las cosas (12:20-25). Aunque Job reconoce que Dios es todopaciente, quiere presentar su causa a él mismo, descartando a los falsos sabios que audazmente se hacen sus defensores.

Acusa a sus amigos de cubrir la verdad con mentiras, de ser médicos nulos, de pretender ser abogados que defienden la causa de Dios, pero

---

45. *Biblia de Jerusalén*, (Bruselas, Bélgica: Desclée de Brouwer, 1967), *op. cit.*, p. 618.

con engaño. Quieren caer en gracia con él. Cuando Dios les juzgue, recibirán un severo castigo (13:4-12).

Job les ruega que le permitan hablar osadamente poniendo su vida en peligro. Prefiere reparar su honor ante Dios y los hombres, más bien que ver restaurada su felicidad: «Aunque él me mate, me mantendré firme, con tal de presentarle mi defensa cara a cara» (13:15, VP). Tiene la confianza de que aún después de morir, podrá vindicar sus caminos ante Dios. Ross señala el pensamiento del patriarca en el versículo 16: «Dios perdonará su intrepidez, pero no perdonaría una falsa confesión... Tan seguro está de su inocencia que no puede menos que pensar que ella quedará restablecida. Esto le infunde aliento».[46] Acercándose directamente a Dios, Job ruega que escuche con imparcialidad la presentación de su defensa. Le pide dos cosas: que deje de castigarlo y que no le haga sentir tanto miedo. También quiere que Dios se comunique con él. Quiere saber cuáles son sus pecados, por qué se esconde de él y por qué le trata como a un enemigo. (13:17-24).

En el capítulo 14:1, Job lamenta el predicamento humano: «corto de días, y hastiado de sinsabores». Puesto que Dios sabe cuán breves son los días del hombre, ¿por qué no le deja disfrutar de su vida?

No vislumbra la vida de ultratumba: si un árbol es cortado, aun queda la esperanza de que retoñe (14:7). Pero no es así con el hombre, pues éste muere sin remedio.

En un momento de tranquilidad, Job expresa su anhelo de volver a vivir. Quisiera ser oculto en el seol, el lugar de los espíritus de los difuntos, hasta que se aplacara la cólera de Dios. Luego volvería Job a disfrutar el favor divino. Sus pecados serían puestos en un saco, que sería sellado, y su falta sería blanqueada (14:13-17). Una vez más disfrutaría la comunión con Dios. Al transcurrir breves momentos, sin embargo, el rayo de esperanza en Job se desvanece ante el recuerdo de la cruda realidad del presente.

El sueño de Job encierra dos ansiedades universales: «Si el hombre muriere, ¿volverá a vivir?» y ¿cómo podrá Dios limpiar el pecado del hombre? Ambas preguntas encuentran su respuesta en Cristo, sobre quien fue cargado el pecado de todos nosotros y quien podía decir que él es la resurrección y la vida (Is 53:6; Jn 11:25).

---

46. Ross, *op. cit.*, p. 35.

C. El segundo ciclo del debate (caps. 15-21)

En el primero ciclo de discursos, los tres amigos de Job procuran convencerle de que Dios siempre recompensa en esta vida a los buenos y castiga a los malos. Pero Job no acepta sus argumentos, notando que es inocente y que muchas veces son los malos los que prosperan. Quiere tener una audiencia con el Todopoderoso a fin de presentar sus querellas, defenderse y ser vindicado. A sus interlocutores, Job parece ser un hombre culpable de pecado sobre quien cae el castigo divino, y a la vez una persona rebelde que se atreve a poner en tela de juicio la justicia del gobierno divino.

Al ver que Job rechaza sus consejos, los tres «consoladores» ahora «le administran severas represiones y le presentan terribles cuadros de la segura miseria que esperan los impíos, insinuando, sin duda, que Job es uno de ellos. Ya no le animan a que se arrepienta ni le predican una prosperidad resultante de su arrepentimiento. El modo de presentar sus razonamientos es distinto y pretenden embrollar a Job y hacerle confesar sus pecados».[47]

1. El segundo discurso de Elifaz (cap. 15). De los tres amigos de Job, Elifaz tendría la mayor razón para sentirse ofendido contra la reacción de Job. En su primer discurso (capítulos 4 y 5) se había compadecido sinceramente de él. Le había animado a encontrar la explicación de su padecimiento, no directamente en su propio mal, sino en la imperfección de toda la raza. Pero Job no se humilló ni volvió arrepentido a Dios, sino que culpó a Dios por lo que sufría. Ahora Elifaz echa mano de la única arma que le queda, la dura represión de Job.

Elifaz censura a Job por presunción, o sea, pasar por alto los consejos de los sabios muy viejos y poner en tela de juicio la justicia divina. Describe los argumentos de Job como palabras huecas o viento solano. Le carga de la peor índole de impiedad pues habla como el primer hombre que existió, alguien que tiene monopolio de la sabiduría, especialmente de los consejos de Dios. (En el medio oriente antiguo la ancianidad era sinónimo de sabiduría.) ¿No sabe Job que sus consejeros son mayores que su padre? ¿No sabe cuán impuro es el hombre? Porque ni aun los ángeles en el cielo están limpios delante de Dios (15:11-16).

En un poema (15:20-35), Elifaz cuenta las aflicciones y destino del impío (una caricatura de Job) empleando varias figuras: levanta su mano

---

47. Ross, *Ibid.,* p. 37.

contra Dios y se atreve a desafiarle (24-26), es un gordo rico que recibe su justo castigo (27-32), es como una vid cuyas uvas caen antes de madurarse o un olivo que pierde sus flores (33). «Todos sus días, el impío es atormentado de dolor» (20).

Mientras que Elifaz se ocupa en atacar el argumento de Job de que los malos prosperan, no tiene que solucionar el corolario más perturbador, el misterio de que a veces sufren los justos e inocentes.

2. Job contesta al segundo discurso de Elifaz (caps. 16-17). Job está cansado de los discursos de sus interlocutores. Vuelve a rechazar sus argumentos: «ellos apelan a una falsa experiencia y describen a un Dios puramente imaginario; en vez de ponerse en lugar del que sufre (16:4), solo repiten frases hechas. De ahí la incapacidad de ellos para darle verdadero consuelo».[48] Si él estuviera en la situación de ellos, le sería fácil menear burlonamente la cabeza y proferir consejos áridos, pero mejor sería consolar al afligido con palabras que le animaran a soportar la prueba (16: 1-5).

Luego Job describe lo que él se imagina ser el ataque brutal y furioso de Dios contra su persona. Ese es como una bestia feroz que lo despedaza (16:9), como un traidor que le entrega en las manos de los malvados (16:11), como un luchador (16:12), como un arquero (16:12b, 13a) y como un esgrimidor (16:13b). El Señor es como uno que hace crujir sus dientes contra él, le ha puesto como blanco de los arqueros y como el muro de una ciudad al cual los guerreros abren brecha tras brecha (16:9-14). Se refiere al ataque despiadado de sus escarnecedores. Lamenta: «Mi rostro ha enrojecido por el llanto, una sombra mis párpados recubre» (16:16, BJ) y todo esto a pesar de ser inocente.

Apela a la tierra que no cubra su sangre. Job cree que pronto morirá y su sangre, como la de Abel (Gn 4:10), es inocente y después de su muerte, clamará desde la tierra para venganza.

En medio de su amargura, Job vislumbra a su defensor celestial: «Alguien debe de haber en el cielo que declara en mi favor, que interprete ante Dios mis pensamientos...» (16:19-21). ¿Quién es este abogado intercesor que llevará la causa de Job frente a Dios? Kidner razona: «Job apela a Dios para interceder ante él en su favor ... Cuando habla de su

---

48. Nota en *Santa Biblia, Reina-Valera* 1995, *edición de estudio* (s.l.: Sociedades Bíblicas, 1995), p. 634.

"testigo en el cielo", se refiere a Dios mismo, y no a alguna tercera persona ... Como ha dicho recién, ¿quién más lo respaldaría?»[49]

Esta visión de un abogado comienza con el deseo de Job de tener un árbitro entre Dios y sí mismo (9:33) y llega a su clímax en su afirmación de que sabe que su defensor vive y que le verá con sus propios ojos aunque muriera antes de verlo (19:25-27).

La magnífica paradoja de Dios abogando ante Dios a favor del hombre se cumple en la obra sacerdotal de Jesucristo el cual ha entrado «en el cielo mismo para presentarse ahora por nosotros ante Dios» (He 9:24b). «Abogado tenemos para con el Padre, a Jesucristo el justo» (1 Jn 2:1). No hay condenación para los que están en Cristo, pues el que murió, también resucitó y está a la diestra de Dios intercediendo por nosotros (Ro 8:34). Sin embargo, hay una diferencia importante entre el rol del «testigo» de Job y el del Dios-hombre. Job quisiera tener un abogado que le defendiera señalando su carácter inocente. El Cristo celestial presenta sus propios méritos y sacrificio como la propiciación para justificar al culpable. Después de este sublime momento de esperanza, Job vuelve a desesperarse; cree que está por morir. Aunque protesta vehementemente contra la aparente injusticia del Todopoderoso, tiene en la profundidad de su corazón la convicción de que Dios le vindicará tarde o temprano. Apela a que el Señor le conceda una fianza o garantía de que responderá por él (17:3, 4); una prueba concreta de que Dios con seguridad cumplirá su obligación de vindicarle. «¿Quién sino tú puede hacerlo?» (17:3b VP).

Pobre Job; todos le tienen por impío y hablan mal de él. Su cuerpo es apenas una sombra. Le parece que lo único que puede esperar es la muerte.

3. El segundo discurso de Bildad (cap. 18). Al oír las duras palabras de Job en contra de él, sus dos amigos y aquellos en contra de la aparente injusticia divina, Bildad se indigna. «¿Por qué somos tenidos por bestias («estúpidos», VP), y a vuestros ojos somos viles?» Descarga su ira, pintando la terrible suerte de los malos principalmente en términos de la condición actual de Job. Según Bildad, Job recibe lo que le corresponde: una enfermedad fatal, la muerte, la extinción de su raza y su nombre, y el horror que causa su destino.

4. Job expresa confianza en Dios (cap. 19). Job protesta patéticamente: «¿Hasta cuándo van a atormentarme y herirme con sus palabras?

---

49. Derek Kidner, An Introduction to Wisdom Literature, the Wisdom of Proverbs, Job and Ecclesiastes (Downers Grove, IL, USA: Intervarsity Press, 1985), p. 68.

Una y otra vez me insultan; ¿no se avergüenzan de tratarme así? ... Yo grito: '¡Me matan!', y nadie responde; pido ayuda, y nadie me hace justicia» (19:3, 7 VP). Luego afirma que Dios lo trata como un enemigo, ha alejado de él a sus parientes, amigos y hasta a sus criadas (19:8-19): «¿Por qué me persiguen ustedes como Dios?» (19:22 VP). Quiere que la defensa de su integridad sea grabada en roca, posiblemente como un testigo permanente de que él tiene razón (19:22-24).

En los momentos más tenebrosos, la fe de Job llega a su punto culminante (19:25-27). La Versión Popular traduce bien su pensamiento.

Yo sé que mi defensor vive,
y que él será mi abogado aquí en
la tierra.
Y aunque la piel se me caiga a
pedazos
yo, en persona, veré a Dios.
Con mis propios ojos he de verlo,
yo mismo y no un extraño.

La palabra hebrea traducida «Redentor» en la Versión Reina-Valera, y «defensor» en la *Versión Popular* y la *Biblia de Jerusalén*, es **goel**, pariente cercano. Este tiene que ser el pariente consanguíneo más próximo (Rut 2:20; 3:9 y 12; 4:1, 3, 6, 8). Tiene los deberes de (1) rescatar a su hermano o la propiedad de su hermano, (2) vengar la sangre de su hermano (Nm 25:19) y (3) casarse con la viuda de su difunto hermano si éste muere sin dejar hijo varón. La idea fundamental del sistema del **goel** es la protección del pobre o del desgraciado.

Se aplica muchas veces esta designación a Jehová como redentor de su pueblo (Sal 19:14; 49:15; Is 41:14; Jer 50:34). Sin embargo, el contexto indica claramente que Job no lo emplea para indicar que su **goel** lo redimirá del pecado y sus consecuencias. Job, calumniado y condenado por sus amigos, espera más bien un defensor o vindicador. Después de la muerte de Job, ése «se levantará» (término jurídico aplicado muchas veces al testigo o juez, 31:14; Dt 19:16; Is 2:19, 21; Sal 12:6) sobre la tierra para vindicarle. Será el mismo Dios (v. 26).[50]

---

50. Nota en la *Biblia de Jerusalén*, *op. cit.*, p. 628.

Aunque Job no afirma una clara creencia en la resurrección de los muertos, sus palabras en los versículos 26 y 27 la insinúan. Algunos eruditos liberales discrepan, traduciendo la frase hebrea «*desde mi carne* he de ver a Dios» (26b) como «*sin mi carne* he de ver a Dios».[51] Para ellos, Job como un espíritu, verá a Dios. Sin embargo, en el versículo 27 el patriarca dice: «mis ojos lo verán», algo que requiere la posesión y uso de un cuerpo después de la muerte. De modo que la traducción, «*en mi carne* he de ver a Dios», es correcta, y el que habla cree que será resucitado algún día.

¿Cómo es que llegó Job a la verdad sublime de la resurrección corporal de los muertos? En sus discursos, él observa que el padecimiento de los justos es un enigma, un misterio. Su propia tribulación le hizo reconocer que, en esta vida, no siempre se lleva a cabo la retribución por el comportamiento malo ni la recompensa por la conducta buena. Se vio obligado a creer que un Dios justo tendrá que arreglar cuentas en una vida de ultratumba. Tiene que haber una resurrección para que el Señor lo haga. Tal vez la advertencia de Job a sus perseguidores, de que habrá un juicio para los malos (19:29), también encierra el pensamiento de que habrá un día de juicio para los *muertos* en que los justos serán vindicados y condenados los injustos.

Esta verdad le fue revelada paulatinamente a Job. Entre el flujo y reflujo de su ánimo, Job tenía rayos de esperanzas. Expresó su deseo por un árbitro que le defendiera ante Dios (9:33-35). En 16: 19 vislumbró su «testigo en los cielos». Pero en 19:25-27, ve que Dios descenderá a la tierra y le vindicará públicamente como en un tribunal, algo que Job presenciará en su cuerpo resucitado. Su vindicador es más que un árbitro o testigo, es su pariente cercano, con todas las connotaciones del cálido afecto familiar y solidaridad.

John C. L. Gibson comenta acerca de Job:

> En una ocasión «había sabido» que Dios no le tendría por inocente (9:28); entonces «supo» repentinamente que, si le podía encontrar, se-ría vindicado (13: 18); ahora «sabe» que el Dios vivo y eterno es... en realidad su *goel*, su redentor, y primera vez, la realidad de la fe de Job es más fuerte que la realidad de su padecimiento.[52]

---

51. Véase la traducción de 19:26 en la *Revised Standard Version*, 1960 (versión inglesa).
52. John C.L. Gibson, *Job* (Philadelphia, PA, USA: The Westminster Press, 1985), p. 154

5. *El segundo discurso de Zofar* (cap. 20). Enojado por el discurso de Job, Zofar pasa por alto sus palabras de que Dios un día establecerá su inocencia. Afirma que la prosperidad de los impíos solo dura momentáneamente y luego ellos perecen y desaparecen para siempre como su propio estiércol (20:7-9). Hasta sus hijos serán empobrecidos (20:10) y su iniquidad que le parece dulce en su boca se mudará en veneno de áspides en sus entrañas (20:11-16). Los malos nunca podrán disfrutar de las riquezas que obtienen por opresión y robo (20:12-22); pues Dios, en su ira, les castiga (20:23-26). Hasta los cielos y la tierra testifican contra ellos y la pérdida de todo será su porción (20:27-29).

6. *Job contesta el segundo discurso de Zofar* (cap. 21). Zofar ha sostenido, como lo han hecho los otros dos sabios, que hay una retribución segura y pronta para los impíos en esta vida. Job le contradice llanamente señalando que no es siempre así, pues los impíos frecuentemente viven largos años y disfrutan de toda clase de prosperidad (21:7-13). ¿Por qué es que el Sadday (Todopoderoso) aparentemente los bendice a pesar de que ellos no quieren tener nada que ver con él y hasta se burlan abiertamente (21:14, 15)?

Por otra parte, los impíos a menudo sufren grandes azotes; no hay un principio invariable acerca de su fin. Pero por regla general son sus hijos los que padecen (21:17-26). Job acusa a sus enemigos de atribuir sus calamidades al castigo de Dios pues le consideran un impío. Así demuestran su ignorancia de los caminos de Dios. Cualquier viajero puede decir como muchos impíos prosperan (21:17-33). Decir que Job es un impío, basándose en la premisa de que los impíos sufren todos los males, no corresponde a la realidad. Las ideas de sus «amigos» son falsas y no lo consuelan en absoluto (21:34).

D. El tercer ciclo del debate (caps. 22-31)

En el tercer ciclo de discursos, se nota la misma secuencia de valores; Elifaz primero y luego Bildad, pero no habla Zofar. Los amigos de Job anteriormente han procurado demostrar que Dios siempre castiga al impío. Sin embargo, fueron refutados por Job. Ahora recurren a su último recurso: imputarle a Job grandes pecados.[53]

1. *El tercer discurso de Elifaz* (cap. 22). El hombre no puede beneficiar a Dios, siendo sabio y recto. Por otra parte, ¿piensa Job que el

---

53. Ross, *op. cit.,* p. 44.

Omnipotente lo castiga a causa de su piedad? Al contrario, lo llama a juicio porque sus pecados no tienen límite (22:1-5). Entonces Elifaz calumnia a Job enumerando los pecados que él piensa que Job ha cometido: opresión de los prójimos y descuido de los pobres, las viudas y los huérfanos. Por esto Job está aterrorizado y vive en tinieblas (22:6-11). Aunque Dios está en el cielo, ve la maldad de Job y lo castiga. Sin embargo, si Job se humilla y se arrepiente, el Todopoderoso le volverá a su prosperidad anterior.

2. Job afirma que el mal triunfa (capítulos 23-24). Como de costumbre, el ánimo de Job fluctúa entre fe y dudas, entre tener a Dios como adversario y tenerlo como digno de su suprema confianza. Aquí vuelve a anhelar un encuentro con él para aclarar todas sus dudas y exponer su causa, pero no sabe cómo hallarlo. Por ninguna parte puede encontrar a Dios, como si él se escondiese para no tener que reconocer que Job es un hombre justo (23:1-9). En un momento de iluminación, el patriarca declara: «Mas él conoce mi camino; me probará y saldré como oro» (23:10). No obstante, el Omnipotente sigue como el objeto de espanto; solo el pensar en él le llena de terror (23:15, 16), porque parece que actúa arbitrariamente (23:13).

En el capítulo 24, Job pregunta, ¿por qué Dios, el Gobernador y Juez del universo, no ha señalado tiempos para juzgar a los malvados? Observa la terrible injusticia que muchas veces hay en el mundo: oprimir, robar y maltratar a los pobres, cambiar los linderos de los campos y secuestrar los niños de viudas. Job describe las privaciones y sufrimientos de los pobres. ¿Por qué esta indiferente Dios ante semejante padecimiento e injusticia? Repentinamente el tono del discurso cambia radicalmente (24:18-25). Job ya no considera que los impíos están impunes en la tierra. Parece contradecir lo que había dicho anteriormente. ¿Se da cuenta Job que había exagerado la impunidad de los malos? o ¿es parte de un discurso mal ubicado de uno de sus amigos? Hay estudiosos de la Biblia que creen que esta sección se refiere al discurso de Zofar aun cuando su nombre mismo no aparece en el texto hebreo (véase la nota al pie de la página de la Versión Popular, 1979). Nadie sabe a ciencia cierta.

3. El tercer discurso de Bildad (cap. 25). Bildad habla brevemente, tal vez porque se han agotado los argumentos. Recalca la majestad de Dios delante de quien el hombre es como un gusano; es imposible que sea puro delante de él. Heavenor comenta: «Bildad pugna por poner a Job de rodillas ante el poder de Dios... Cuando los más poderosos cuerpos celestiales deben temblar delante de él, sometidos y convictos, ¿cómo puede el hombre insignificante y corrompido esperar que podrá mirar hacia arriba, sin temor de lo que la luz puede exponer?»[54]

4. Job responde a Bildad (caps. 27-28). Con sarcasmo mordaz, Job reprende a Bildad por no ayudarle (26:2-4). Hace un contraste entre la impotencia y falta de sabiduría de ellos con el magnífico poder y sabiduría divinos (26:5-14). Dios ve los espíritus en el lugar de los muertos, cuelga la tierra sobre nada, encierra el agua en las nubes, ha puesto el límite del mar, hace que los pilares del cielo (montañas) tiemblen, agita el mar y adorna el cielo. Todo esto «no es más que una parte» («un apagado eco», BJ) «de sus obras» (26:14a, VP).

Job vuelve a emplear términos de la mitología cananea — Rahab (monstruo marino mitológico que para los antiguos simbolizaba la potencia enemiga de Dios) y la «serpiente tortuosa» (leviatán, dragón, otro monstruo marino descrito a veces con características de un cocodrilo, 41:1-34) — para recalcar que nada ni nadie puede resistir el poder de Dios.

Parece que Job hace un alto entre capítulos 26 y 27 a fin de dar a Zofar la oportunidad de responder. Pero los tres amigos ya han descargado sus armas y ése renuncia su respuesta a turno. Entonces el patriarca resume su discurso poniendo fin a la serie de debates.

Una vez más Job repudia las acusaciones de sus amigos y reafirma su inocencia (27:1-6). Comienza con un juramento extraordinario. Explica Heavenor: «Jura por un Dios *que me ha quitado el derecho*. Es un cuadro notable de un hombre cuya fe permanece con él en medio de la tormenta, quien aún puede llamar 'mi Dios' al Dios del que es tentado a imaginar que le ha olvidado».[55]

Pintando un cuadro verdaderamente conmovedor del fin funesto de los impíos (27:7-23), Job parece voltear posiciones con sus acusadores. «¡Que todo el que se declara mi enemigo corra la suerte del malvado y del injusto!» (27:7, VP).

Así termina la serie de discursos de debate. Comienza con el lamento inicial de Job (cap. 3), sigue con los tres ciclos de discursos (capítulos 4-14; 15-21; 22-26) y concluye con el discurso final de Job (cap. 27) en el cual afirma su inocencia (27:1-6) y describe elocuentemente el horrible destino de los malvados (27:13-23).

---

54. Heavenor, *Nuevo comentario bíblico, op. cit.*, p. 321.
55. Heavenor, *Idem.*

5. *El elogio de la sabiduría divina* (cap. 28). Estudios señalan que es muy improbable que Job componga este cántico sereno y pulido cuando aún se encuentra sumido en su abismo de dolor y amargura. También, el poema anticipa el clímax del libro en que la solución del problema se halla en la infinita sabiduría divina. ¿Es posible que fue escrito por Job después de ser liberado? El escritor del libro no lo pondría al fin del libro pues sería un anticlímax. Por otra parte, ubicándolo aquí prepararía al lector para los discursos de Jehová.

Tanto la sabiduría tradicional de los amigos de Job como la de éste han fracasado en solucionar el misterio del sufrimiento humano; el debate no ha llegado a una conclusión satisfactoria. Por lo tanto, el escritor desconocido o Job inserta un poema sapiencial que contesta la pregunta: «¿Dónde se puede encontrar la sabiduría?» (véase versículos 12 y 20). No se encuentra en las minas más profundas, ni tampoco puede ser comprada con oro, joyas u otras piedras preciosas (12-19). Se encuentra solo en Dios y en el temor de él (20-28). Así este capítulo anticipa el tema de los discursos de Dios (38:1-42:6). Solamente en él se halla la solución del misterio que Job y sus amigos han procurado entender.[56]

6. *Conclusión: quejas y apología de Job* (capítulos 29-31). El patriarca comienza su discurso final recordando con nostalgia su feliz y próspera situación anterior, cuando todo el mundo — los pobres y ricos, los jóvenes y ancianos — le respetaban (29:1-10). En aquel entonces socorría a los pobres, los huérfanos y las viudas. «¡Yo era ojos para el ciego y pies para el lisiado, padre de los necesitados y defensor de los extranjeros!» Resistía a los malhechores (29:11-17).

Pensaba que llegaría a tener muchos años (29:18-20). Pero ahora es el objeto de la burla de los hijos de la chusma. Hasta la escoria de la sociedad hace chistes a costa de él (30:1-23). El patriarca lamenta que él mismo, que había llorado sobre los desgraciados, ahora se encuentra abandonado, solitario, enfermo y moribundo (30:24-31).

En el capítulo 31, Job hace su apología. Nos da una visión del buenísimo carácter del patriarca y su norma ética, la cual por poco alcanza la del Sermón del Monte. Sus virtudes incluyen una vida familiar pura, consideración hacia los pobres, caridad inspirada en amor, modestia, generosidad referente a las riquezas, una piedad verdadera, la ausencia de un

---

56. Nota sobre Job 28 en The NIV Study Bible, New International Version, op. cit., p. 733.

espíritu vengativo, hospitalidad para los extranjeros, honradez y justicia. Sin embargo, aquí se nota en Job un orgullo espiritual que nos huele mal. ¿Cómo podía un mero hombre de los tiempos antes de Cristo aproximarse a la norma neotestamentaria ya que Job mismo reconoce su naturaleza pecaminosa? (7:21; 9:2, 15, 27-32; 13:26). Trenchard contesta:

> Desde luego, no sería por las energías de la carne, ni por los esfuerzos del hombre que quiere perfeccionarse a sí mismo... La vida ejemplar de Job fue una manifestación de la gracia de Dios, igual que el servicio de Pablo durante el primer siglo, y su «santo temor» delante de Dios abrió un cauce para el fluir del poder necesario que había de vencer tentaciones.[57]

El patriarca hace un juramento imprecatorio contra sí mismo para recalcar la veracidad de su protesta de inocencia (v. 1). Esta forma de juramento estaba asociada con un pacta de lealtad hecho por vasallos con sus señores en el antiguo oriente. El vasallo invocaba a su dios para que le castigara en el caso de que no cumpliera las estipulaciones del pacto. Se creía que tal juramento tenía gran eficacia y por lo tanto fue la prueba indefectible de la honestidad (véase Éx 22:9, 10; Nm 5:20-22; 1 R 8:31, 32).

E. Los discursos de Eliú (caps. 32-37)

En esta sección se indica que el joven Eliú ha presenciado varios de los discursos, incluso aquel en que Job expresó su deseo de tener un árbitro. Mientras que el debate prosigue, Eliú se siente más y más impaciente al escuchar los argumentos de ambas partes, que le parecen incorrectos. Quiere fervientemente intervenir con sus propias opiniones, pero se refrena respetando a los disputadores por su edad avanzada y largos años de experiencia. Cuando Job y sus tres amigos finalmente agotan todas sus ideas, Eliú habla.

Algunos eruditos con tendencia liberal piensan que Eliú es una figura ficticia introducida en el debate por alguien que quería ampliar el libro. Este supuestamente creía que así podía aportar otro concepto valioso. Sin embargo, debemos notar que el autor le da nombre al joven y menciona su familia y el país de su procedencia, de modo que hemos de aceptarlo como una persona real.

---

57. Trenchard, *op. cit.*, pp. 110-111.

Lo que indigna a Eliú y lo motiva a instruir a los tres ancianos sabios, es su fracaso en contestar satisfactoriamente las protestas desafiantes de Job contra Dios (32:3-5). El joven aparentemente se confía mucho en sí mismo y está un poco presuntuoso. Asume aún el rol del árbitro que Job anhelaba (33:6, 7).

Por otra parte, Eliú habla con cierta sabiduría. Señala la debilidad de ambas partes: Job se ha justificado a sí mismo y ha acusado a Dios de ser injusto, mientras que los argumentos de los tres sabios siempre atribuían el sufrimiento humano al castigo de Dios por la maldad del hombre. El joven observa en el capítulo 33 que el Todopoderoso habla a los hombres mediante sueños de advertencia (15) y a través del padecimiento (19) a fin de salvarlo y no destruirlo (30).

Si Dios aflige a los que parecen justos, es para hacerles expiar pecados de omisión o faltas inadvertidas y, sobre todo, para prevenir faltas más grandes y curar la soberbia.

Así que la gran contribución de Eliú para resolver el problema — ¿cuál es el propósito divino en el padecimiento humano? — es señalar que la aflicción a veces tiene un rol disciplinario; no es siempre punitiva sino a menudo curativa. Puede ser un medio de gracia para disciplinar a la persona.[58] Esta apreciación nos hace pensar en la disciplina paternal de Dios descrita en Hebreos 12:1-11.

En el capítulo 31:10-12 se encuentra ese concepto disciplinario del propósito divino de la aflicción. Según Eliú cuando el hombre aprende su lección, Dios lo libera (36:11). Los impíos, sin embargo, reaccionan con furor y mueren en plena juventud (36:13, 14), mientras el padecimiento del hombre bueno es el medio de su liberación (36:15, 16). Job debe tener cuidado de recibir con un buen espíritu la disciplina divina (36:17-21), y glorificar a Dios por su gran poder (36:22-26).

Los pensamientos de Eliú preparan el camino para que Yahvéh responda a Job desde el seno de la tempestad (38: 1). El joven habla primero de la justicia del Todopoderoso y luego acerca de la excelencia del poder divino (34:19-21), la cual llega a ser el gran tema de su conclusión (36:26-37:24). Es el grito del heraldo antes de la teofanía. Aunque Dios no hace mención del discurso de Eliú, tampoco lo incluye con los que tienen que expiar su pecado con sacrificio y necesitan la intercesión de Job (42:7, 8); aparentemente Eliú no peca con sus palabras.

---

58. Ross, *op. cit.,* p. 51.

En su último discurso, Eliú observa algunas veces que viene una tormenta con nubes oscuras, truenos y relámpagos: «El trueno declara la indignación» de Dios y la tempestad su ira contra la iniquidad (36:33). De ese modo Dios anuncia su venida.

Los discursos de Eliú contienen algunos pensamientos de valor permanente y ciertas expresiones de extraordinaria hermosura. En contraste con la sabiduría adquirida de los sabios, Eliú habla de la sabiduría carismática, la cual es soplada o revelada por el espíritu del Sadday. Es básicamente un don de Dios: «Ciertamente espíritu hay en el hombre, y el soplo del Omnipotente le hace que entienda» (32:8). Su concepto es muy parecido a la doctrina paulina de inspiración (2 Ti 3:16; 1 Co 2:9, 10). El versículo 34:11 — «el pagará al hombre según su obra» — encuentra su eco en Sal 62:11, 12; Pr 24:12; Ez 18:30; Ro 2:6). Son innumerables los creyentes que han sido consolados con las palabras: «¿Dónde está Dios mi Hacedor, que da cánticos en la noche...?» (35:10).

F. Jehová confunde a Job con su sabiduría (38:1-42:6)

En una teofanía (aparición de Dios) a Job, Jehová responde en dos discursos a los argumentos de todos los protagonistas (38:1-40:2; 40:6-41:34). Job responde brevemente a cada discurso (40:3-5; 42:1-6).

1. El primer discurso de Dios; ningún hombre es competente para juzgar los tratos del Todopoderoso (38:1-40:2). Por fin se realiza el deseo de Job de que Dios ya no escondiera más su rostro de él (13:34). El silencio del cielo es roto ante los desafiantes cargos de Job. La teofanía le asegura a Job que Dios no le ha abandonado, que le quiere suficientemente para revelarse a él y reprenderle cara a cara. Job había dicho: «¡Ojalá que alguien me escuchara! ... ¡que el Todopoderoso me responda!» (31:35 VP). Ahora recibe la respuesta.

Dios se dirige solo a Job. Afirma que las quejas e ira contra su consejo (trato divino con Job, o su «providencia», VP) no son justificables pues son la consecuencia del entendimiento limitado o ignorancia de Job (38:2). Sin embargo, Yahvéh no intenta defenderse ni aún mencionar el problema de Job en cuanto a la justicia divina. Por el contrario, le formula una serie de preguntas con el fin de hacerle reconocer su ignorancia e impotencia, de convencerle que carece de sabiduría para instruir a Dios en cómo gobernar el mundo.

¿Dónde estuvo Job cuando Dios fundaba la tierra (38:4-7) y ponía límites al mar (38:8-11)? ¿Puede Job dar órdenes de que salga la aurora y

amanezca el día (38:12-15)? ¿Sabe algo acerca de las profundidades abajo de la tierra o del tenebroso reino de la muerte, o sea seol (38:16-18)?
¿De dónde vienen la luz y las tinieblas (38:19-21)? ¿Qué sabe Job referente a los depósitos de nieve y granizo que emplea Dios para llevar a
cabo sus propósitos en la tierra (38:22-24) o la producción de lluvia y
hielo (38:28-30)?

¿Puede Job controlar el movimiento de las estrellas (38:31-33), man-
dar las nubes a dar su lluvia o el relámpago a caer en cierto lugar (38:34-
38)? ¿Es capaz de proveer alimento a los leones y cuervos (38:39-41),
saber los secretos de la reproducción de las cabras monteses y las hembras
del venado (39:1-4) o domar el toro salvaje (39:9-12)? Hasta los animales se ríen del hombre, sea el avestruz medio estúpido o el caballo de
guerra (39:13-25). Se ve el colmo de la humillación del hombre cuando
la cría de las aves de rapiña se alimentan de la sangre de los cadáveres humanos en el campo de batalla (39:26-30).

El reino animal testifica en cuanto a la soberanía de Dios, su poder
y cuidado cariñoso de sus criaturas. Vela Dios por la existencia de ello y
la conservación de las especies. Por ejemplo, provee alimento al cuervo
(38:41). También las migraciones estacionales de las aves manifiestan la
sabiduría instintiva que el Creador les proporciona (39:26).

¿Puede Job hacer lo mismo o aun entender los secretos del universo?
A lo largo de la serie de preguntas formuladas por Dios, «Job ve encoger-
se la opinión que tiene de sí mismo, y agrandarse el concepto que tiene
de Dios. Su imagen mental había sido excesivamente pequeña. El Dios
que se le presenta es Dios en un nivel totalmente diferente».[59] Paulatinamente Job se da cuenta de su inmensa ignorancia e impotencia.

Yahvéh termina su primer discurso exigiendo a Job que admita que
está derrotado: «Tú, que querías entablarme juicio a mí, al Todopoderoso, ¿insistes todavía en responder?» (40:1, VP).

2. Job se humilla ante Dios (40:3-5). Al contemplar la grandeza de
Dios manifestada en las maravillas de su creación, el patriarca se da cuenta de su insignificancia. «¿Qué puedo responder yo, que soy tan poca
cosa?» (40:3). Job había dicho palabras de gran orgullo, había pretendido
acercarse a Dios como si fuera un príncipe (31:37), pero ahora reconoce
que había actuado fatuamente; ahora está reducido al silencio.

Heavenor comenta:

59. Kidner, «Poesía y literatura sapiencial» en *Manual bíblico ilustrado*, *op. cit.*, p. 325.

Elifaz, Bildad, Zofar y Eliú han derramado todos ellos sus palabras, sin decir una sola que llevara convicción o consuelo a Job. Las respuestas de Job también fallaban en la interpretación del misterio ... La Palabra de Dios vino y la lucha de palabras se acabó ... no vino a través de una explicación simple de los caminos de sufrimiento ... La palabra llegó a través de una nueva visión... del poderoso y majestuoso Dios que está tras las maravillas de la naturaleza... La Palabra de la visión convenció a Job que solo podía confiar en un Dios así.[60]

3. Segundo discurso de Dios: Manifestaciones del poder divino sobre las fuerzas de la creación (40:6-41:34). Job no solamente había querido discutir con Dios, sino que también lo había acusado de gobernar el mundo con injusticia y de tratar al patriarca injustamente. Ahora Yahvéh emplea la figura de un combatiente (2 S 2: 14-16) para instarle a ceñir sus lomos y luchar con sus palabras. Como lo ha hecho anteriormente, Dios le dirige preguntas a Job. Luego demanda respuestas que comprobarían si Job es capaz de gobernar el universo. ¿Puede Job revestirse de grandeza y majestad y abatir a sus enemigos orgullosos? Si es así, el Señor reconocería su superioridad (40:6-14).

Con términos poéticos, Dios le presenta a las dos criaturas más poderosas del antiguo mundo, el behemot y el leviatán. En este contexto es muy probable que se refieren respectivamente al hipopótamo y cocodrilo. Si Job puede subyugarlas, entonces sería capaz de dominar a las fuerzas del universo. Y, si no, ¿cómo puede Job contender con Dios? ¿Se atreve Job a poner en tela de juicio la justicia de Yahvéh que es omnisciente y todopoderoso a fin de justificarse a sí mismo (40:8)?

4. Arrepentimiento y confesión de Job (42:1-6). El Señor en su primer discurso a Job se redujo al silencio. Ahora éste confiesa humildemente su pecaminosidad. El despliegue del poder y sabiduría infinitos de Dios le llevan al arrepentimiento y una experiencia sin precedentes del perdón divino.

El combatiente contra Dios se convierte en su adorador humilde. Aunque la teofanía no arroja luz sobre el propósito del padecimiento de los justos, Job ahora ha visto la grandeza de Dios y comprende que éste no tiene que rendir cuentas a nadie. Job ahora puede renunciar a los argumentos humanos y confiar implícitamente en la providencia

---

60. Heavenor, *op. cit.*, p. 336.

divina. El confiar en Dios a pesar de que todas las condiciones parecen indicar que él es indiferente a nuestro sufrimiento, es la índole de fe que le agrada.

La esencia del pecado de Job consistía en interpretar erróneamente sus experiencias, juzgando por meras apariencias: «Hablaba lo que no entendía» (42:3b). Aunque había reconocido el derecho de Dios de quitar lo que le había dado — sus bienes e hijos (1:21; 2:10) y se dio cuenta que el horno de aflicción puede refinarle como oro (23:10) — Job contendía con Dios en tres áreas.

Primero, por qué el Señor le permitió nacer sabiendo que sería víctima de terrible aflicción en el futuro (3:11-23; 10:18). En segundo lugar, por qué Dios era injusto haciéndole a Job el blanco de sus flechas (6:4; 7:20), espantándole con pesadillas y causándole dolor insoportable (7:11-19). Y en tercer lugar, por qué su aflicción le hizo aparecer culpable de pecado a los ojos de otros, aunque en realidad era inocente (9:20-23). Le parecía que Dios se burlaba de él en su aflicción (9:23).

En su confesión, Job cita las palabras de Yahvéh (38:2, 3b; 40:7) y lamenta que había hablado precipitadamente acerca de cosas demasiado maravillosas para su propia comprensión finita. Anteriormente había oído acerca de Dios, pero ahora lo conoce por experiencia. Se aborrece a sí mismo y se arrepiente en polvo y ceniza. No han sido contestadas sus preguntas, pero Job comprende que Dios vela por él y hace solo lo que es lo justo.

G. Epílogo (42:7-17)

1. La vindicación de Job (42:7-9). Para Job, su vindicación es mucho más importante que su restauración. Lo que quisiera, sobre todas las cosas, es que Dios reconozca su inocencia. Por tanto, Yahvéh se acomoda a la secuencia deseada del patriarca. Vindica a Job, censurando a los tres amigos por no hablar lo recto acerca de él como había hecho Job. ¿En qué sentido no habían hablado bien los tres sabios? Aunque el atribuir el padecimiento al castigo divino por el pecado presenta una gran verdad, es solamente una razón parcial. Caricaturiza a Dios como un ser austero que emplea la aflicción solo para castigar al malhechor. No deja lugar para que Dios lo use con propósitos positivos, como enseñó Eliú. Además, los tres amigos habían inventado acusaciones de mal contra Job para sostener su falsa punto de vista acerca de la relación divina con el padecimiento humano.

Aunque Job había hablado palabras duras contra la justicia de Dios, ahora no es censurado. En efecto, el pensamiento del patriarca había cambiado paulatinamente en sus discursos. Sin embargo, cuando Yahvéh dice que éste había hablado «lo recto», es probable que se refiere a sus protestas de inocencia y especialmente a las últimas palabras del arrepentimiento de Job (42:1-6). Humillado por la visión de la gloria de Dios y purificado por su aflicción, Job se somete a la voluntad soberana de Dios. Sus palabras precipitadas ya son perdonadas.

El segundo paso divino para vindicar a Job es que éste ha de interceder por sus «amigos» (véase Mt 5:44), los cuales deben arrepentirse y ofrecer sacrificios a fin de expiar su pecado. El hecho de que Job lo hiciera, a pesar de que aún está enfermo y desfigurado, nos indica que su aflicción ni es castigo ni es motivo de vergüenza.

En aquel entonces los padres servían como sacerdotes en el seno de la familia y a veces oraban como mediadores (Gn 20:17), prefigurando al verdadero mediador (1 Ti 2:5). El espíritu de perdón de parte del patriarca asemeja el amor del Cristo crucificado hacia sus enemigos: «Padre perdónalos porque no saben lo que hacen» (Lc 23:34).

En todo, Dios es el ganador en la lucha. Primero reduce a silencio a los falsos amigos de Job, luego a su siervo mismo y finalmente al gran adversario de la humanidad. Puesto que Job ha mantenido su fe en Yahvéh, Satanás ya no puede señalar que el patriarca sirve a Dios solo por interés.

2. Job es restaurado (42:10-17). «Y quitó Jehová la aflicción de Job, cuando él hubo orado por sus enemigos» (42:10a). El patriarca no ha exigido su restauración ni siquiera la ha pedido, solamente quiere la vindicación de su carácter. Pero Dios lo libera de su enfermedad cuando ora por otros. Job tiene que darse cuenta de que si deseaba recibir la plena bendición divina, iba a tener que perdonar a sus perseguidores. Cuanto necesitamos aprender también que debemos interceder por otros y aún por nuestros enemigos.

Puesto que la prueba ha concluido, y el propósito de ella ya se ha logrado, Yahvéh no solamente quita la aflicción de su siervo, sino que aumenta «al doble todas las cosas que habían sido de Job» (42:10). Ahora es el héroe plenamente rehabilitado ante la sociedad. Dios le da también una nueva familia, siete hijos y tres hijas, las cuales se llaman «Paloma», «Canela» y «Cuerno de pintura para los párpados». El hecho de que Job les da parte a sus hijas en la herencia, atestigua la riqueza excepcional del patriarca, pues según la costumbre de aquel entonces, solo a falta de hijos heredaban las hijas.

En el Antiguo Testamento no se encuentra clara la doctrina de la vida de ultratumba, ni de que Dios premiará la virtud y castigará el vicio en la eternidad. Por esto, a los cumplidores de la ley divina, les están reservados en esta vida toda clase de bienes temporales — prosperidad material, salud, muchos hijos y larga vida — mientras que a los malhechores les espera la esterilidad, la pérdida de bienes y la muerte prematura.[61] En el Nuevo Testamento, sin embargo, la recompensa para el bien y el castigo para el mal, se guardan para la vida futura (1 Pe 1:4; 2 Co 5:10).

H. Lecciones y enseñanzas del libro de Job

1. En la sección en que Dios habla desde el torbellino aprendemos que el padecimiento es parte de la estructura del universo, algo indispensable en la providencia de Dios. «Los misterios de la vida no se resuelven abajo en la razón sino arriba en el plan divino».[62] Por lo tanto, debemos sujetarnos a los designios de nuestro Hacedor, sin que podamos pedir razones de ello (Job 9:14-16; 10:13-15).

Puesto que la razón de la aflicción a menudo es misterio, y no todo el padecimiento es castigo por el pecado, no debemos aventurar juicios temerarios sobre la culpabilidad del que sufre.

2. Los justos no son eximidos del sufrimiento en este mundo. Probablemente esto se debe en parte a que Dios no quiere que el motivo de servirle sea por interés. Job, a pesar de su carácter irreprochable, sufría las más terribles pruebas. Un apóstol observa: «Es necesario que a través de muchas tribulaciones entremos en el reino de Dios» (Hch 14:22).

3. No toda la aflicción que experimentan los creyentes viene de la mano divina. Dios permite que el adversario nos ponga a prueba para aquilatar nuestra virtud desinteresada. Pablo dice acerca de los apóstoles: «Hemos llegado a ser espectáculo para todo el universo, tanto para los ángeles como para los hombres» (1 Co 4:9).

Satanás sabe que Dios valora tanto la justicia del hombre que si ése quiere frustrar los propósitos divinos, es preciso desmentir la rectitud humana. Lo que está en juego en el padecimiento de algunos de los justos

---

61. «Job» en *Sagrada Biblia Nácar-Colunga* (Madrid: Biblioteca de Autores Cristianos, 1959), p.583.
62. «Job (Libro de)» en Diccionario bíblico ilustrado, op. cit., p. 593.

es el desenlace de la lucha en el cielo entre el adversario y Dios. De modo que el sufrimiento de los piadosos tiene significado y valor en proporción con la lucha titánica de las edades.[63]

4. El padecimiento está bajo la soberanía divina (1:21, 9-11). Si el hombre persiste en la fe, incluso cuando su espíritu no encuentra sosiego, el sufrimiento no provocará su destrucción sino, que será un instrumento para su bien.

Job ha dicho: «Me probará, y saldré como oro» (23:10). Su padecimiento refinó su carácter. Aunque Dios testificó antes de la prueba de Job que el patriarca era un hombre recto, se nota que la aflicción de éste completó lo que le faltaba a su carácter. También el padecimiento por regla general nos motiva a acercarnos más a Dios y ser más espirituales y santos. «A los que aman a Dios, todas las cosas les ayudan a bien... para que fuesen hechos conforme a la imagen de su Hijo» (Ro 8:28, 29).

5. En las pruebas, el creyente necesita más sentir la presencia de Dios que escuchar razones filosóficas acerca de su aflicción; requiere un Dios que esté cerca. Job dijo: «De oídas te había oído; más ahora mis ojos te ven» (42:5). Su experiencia personal con Dios disolvió sus dudas y le infundió aliento. «No temeré mal alguno, porque tu estarás conmigo» (Sal 23:4).

6. Dios es digno de nuestra confianza absoluta, amor total, culto y alabanza aún aparte de todos sus beneficios. Él merece nuestra admiración por su sabiduría infinita, su perfección y su poder infinito. Es un privilegio incomparable conocerle y contemplar las maravillas de su universo. El que tiene al Señor en su corazón tiene todo lo que necesita y mucho más.

7. Hay una respuesta al problema del padecimiento inmerecido de los justos en la insuperable sabiduría de nuestro Dios infinito. La visión que tenía Job de la sabiduría y grandeza divinas quitó todas sus dudas referente a la justicia de Dios. El teólogo Gleason L. Archer explica:

> Sus caminos a menudo están más allá de nuestro entendimiento, precisamente porque vemos los asuntos de la vida desde una perspectiva limitada a este mundo. Pero Dios ve desde la cámara de su trono en el cielo y ve las cosas desde el punto de vista de la eternidad. Su mente es movida por consideraciones demasiado vastas para nuestra

---

63. «Job» en *The NIV Study Bible, New International Version*, op. cit., 732.

comprensión finita. Lo que nos toca a nosotros hacer es confiar simplemente en él aún cuando no podemos entender lo que él hace.[64]

8. El libro de Job nos enseña que la fe que agrada a Dios es la que se mantiene firme aun cuando nos parece que Dios permanece indiferente ante nuestras aflicciones, o cuando no podemos entender por qué él no contesta nuestras súplicas desesperadas. Digamos con Job, «Aunque él me matare, en él esperaré» (13: 15).

64.   Gleason L. Archer, Jr., *The Book of Job* (Grand Rapids, MI, USA: Baker Book House, 1982), p. 21.

Capítulo 4

Introducción a los Salmos

Alguien ha dicho: «Los salmos hebreos han proporcionado canciones de bodas, marchas de aire marcial para batallas, cantos de peregrinación, oraciones penitenciales e himnos de alabanza de todas las naciones cristianas desde el nacimiento del cristianismo». Von Mueller observa que los salmos pueden «convertir la vida de pruebas en una vida de gozo», mientras que Le Fèvre los llama «la médula de leones».

Inigualado en tamaño por los otros libros bíblicos, excepto Jeremías, el Salterio se encuentra en el centro del Antiguo Testamento, y contiene el corazón de la revelación. A veces se denomina «la Biblia dentro de la Biblia», pues hace un resumen del contenido de los libros anteriores y anticipa el pensamiento de los posteriores. Es el único libro de las Escrituras con el cual todos los otros escritos sagrados tienen afinidad.

Muchos de los salmos son obra de israelitas de diversas épocas que vivían con profundidad una vida en la intimidad del Señor. Sus escritos «son expresión individual de sus vivencias, sin miras directas a su utilización en el culto. Sin embargo, aun estos poemas pudieron ser asimilados por la comunidad de modo que la fe, los temores, las dudas y la esperanza cantados por un individuo se convertían en temas del canto de todo el pueblo. Al parecer, había una perfecta sintonía entre el alma individual y el alma colectiva».[65]

Los salmos probablemente fueron retocados y adaptados para usarse en el culto del tabernáculo, y posteriormente del templo. Estos lugares llegaron a ser escenas de encuentros íntimos con el Todopoderoso, encuentros que exigían una respuesta humana de adoración y oración. «Los Salmos constituyen tal encuentro divino — humano en el contexto del culto formal de Israel».[66]

El leer los Salmos es como entrar en el santuario y oír la conversación

---

65. Martínez, *Hermenéutica bíblica*, *op. cit.*, p. 323.
66. Tremper Longman III. How to Read the Psalms (Downers Grove, IL, USA: Intervarsity Press, 1988), p. 11.

entre Dios y su pueblo. Martín Lutero observa acertadamente que en los Salmos podemos «mirar en el corazón de todos los santos». El libro de los Salmos es el espejo del alma del creyente. J.G.S.S. Thompson elabora este pensamiento:

> En él se reflejan los ideales de la piedad religiosa y la comunión con Dios, del dolor por el pecado y la búsqueda de la perfección, del caminar en la oscuridad sin temor, guiados por la lámpara de fe; de la obediencia a la ley de Dios, de la delicia de adorar a Dios, de la comunión con los amigos de Dios ... de la humildad bajo la vara de corrección, del saber confiar cuando triunfa la maldad y prospera la iniquidad, de mantener la serenidad cuando arrecia la tormenta.[67]

El libro de los Salmos es el himnario y libro de oración tanto para el Israelita antiguo como para el cristiano moderno. Se llama «el libro devocional por excelencia».

El pueblo hebreo en la época del Antiguo Testamento recitaba y cantaba los salmos en la liturgia del templo. Desde los comienzos de la historia de la iglesia, los cristianos han hecho lo mismo. Se lee más de este libro en los cultos evangélicos que cualquier otra parte de la Biblia. También muchos creyentes leen porciones de los salmos en sus tiempos devocionales privados. Cualquiera que sean los sentimientos de ellos, los Salmos les ayudan a dar expresión al grito de su corazón, y a la vez, les animan a confiar en Dios. Sería difícil exagerar la influencia de este libro, tanto para las devociones privadas, como para el culto público.

Al leer el Nuevo Testamento, uno se da cuenta de que la mente de Jesucristo y los escritores inspirados estaban impregnados de los pensamientos de los Salmos. Estos últimos y Jesucristo mismo, lo citaban más que cualquier otro libro de la Biblia. En el tiempo del Señor, seguramente era el libro de oración que usaban en los servicios de la sinagoga, y su himnario para las fiestas que se celebraban en el templo. Jesús lo utilizaba en sus enseñanzas y confrontaciones con sus enemigos, cantó el Halel al finalizar la última cena y cuando estaba en la cruz, gritó con angustia las palabras del salmista: «Dios mío, Dios mío; ¿por qué me has desamparado?»

---

67. J.G.S.S. Thomson, «Salmos, Libro de los» en Nuevo diccionario bíblico, J. D. Douglas, editor (Buenos Aires: Ediciones Certeza, 1991), p. 1218.

A. Los nombres

Puesto que este libro termina en un gran clímax de «alabe al Señor» (heb. *hallelu YAH*), los israelitas le dieron el nombre *Tehilim*, el cual significa «cantos de alabanza» o, más simplemente, «alabanzas». En cambio, muchos de los salmos son *tefilot* o *tefilah* (oraciones). La segunda división fue llamada «las oraciones de David, hijo de Isaí» (72:20).

La antigua versión griega del Antiguo Testamento, la Septuaginta o Versión de los Setenta, le puso el título de *Psalmoi* y *Psalterion*, expresiones de las que derivan nuestros términos *Salmos* y *Salterio*. El vocablo griego *psalmos* y el término hebreo *mizmar* se referían originalmente a un poema para ser cantado al son de instrumentos de cuerda, y el *psalterion* al nombre del instrumento que acompañaba a los cantos. Sin embargo, ahora se emplea el término *Salterio* como un sinónimo del libro de los Salmos, y la palabra *salmo* para designar cada uno de los poemas que lo integran.[68]

B. Autores, colecciones y fechas

1. La paternidad literaria de los Salmos. La mayor parte de las composiciones del Salterio tienen unas indicaciones de índole histórica, musical o literaria. No pocos salmos son atribuidos a determinados personajes del Antiguo Testamento, como David, Salomón y Moisés. Sin embargo, estudiosos modernos tienden a dudar que estos títulos son de valor porque les parece que casi todos los títulos fueron puestos en los salmos muchos años después de su composición.

John Sampey presenta la otra cara de la moneda. Es evidente que estos títulos son muy antiguos porque los traductores de la Versión griega del siglo dos antes de Cristo, la Septuaginta, no entendieron muchos de ellos. Lo peor que se puede decir sobre los títulos es que pueden haber sido adivinanzas de los escribas y redactores hebreos en un período muy anterior al de la traducción de la Biblia griega. Los escribas que las pusieron no tendrían motivo para escribir cosas insensatas en su himnario y libro de oración. Todas estas indicaciones tenían gran significado cuando fueron escritas. Nos conviene prestar atención primero a las opiniones de los antiguos eruditos hebreos antes

---

68. «Salmos» en La Biblia de estudio, Dios habla hoy (s.l.: Sociedades Bíblicas Unidas, 1994), p. 667.

de considerar las especulaciones sobre la paternidad literaria y las fechas de los salmos individuales.[69]

Los títulos atribuyen a David no menos de 73 salmos. Otros autores que se nombran son: Asaf (50; 73-83), los hijos de Coré (42-49; 84-85; 87-88), Salomón (72; 127), Hemán (88), Etán (89) y Moisés (90). Los hijos de Coré y Asaf se refieren a familias de levitas cantores (véase el título de los Salmos 42 y 76), y Hemán y Etán eran ezraítas o miembros de una familia pre-israelita (véase 1 Cr 6:39-44; 15:16-19; 16:5, 41-42; 25:1-5).

No se cree que los hijos de Coré y Asaf necesariamente compusieran los salmos atribuidos a sus nombres, sino que es probable que formaran las colecciones, las cuales fueron empleadas en la liturgia del culto del templo. El resto de los salmos, 49 en total, se llaman a veces «salmos huérfanos» porque son anónimos. Algunos de ellos, sin embargo, pueden haber sido compuestos por David, pues el Nuevo Testamento atribuye los salmos anónimos, 2 y 95, al poeta religioso por excelencia de Israel (Hch 4:25-26; He 4:7).

Además de las colecciones de los cantores del templo y la de David, había algunos salmos llamados «aleluyáticos», porque empiezan o terminan con la exclamación litúrgica *Aleluya*, «Alabado sea Jehová» (104-106; 111-117; 135; 146-150), y otra de salmos «graduales» o «de peregrinación» (120-134), los cuales eran cantados por los israelitas cuando «subían» a Jerusalén para las grandes fiestas.

Los críticos liberales muy a menudo han negado la paternidad literaria davídica a la mayor parte de las composiciones del Salterio; tienden a retrasar la época de su composición hasta el período persa y aún macabeo, 500 hasta 800 años después del tiempo de David. Consideran que los títulos son dignos de poca confianza y los rechazan. Quieren eliminar el nombre de David como experto musical en Amós 6:5. Argumentan que el salmista David de aceptación popular no se asemeja en absoluto al David guerrero de los libros de Samuel y Reyes. Tampoco creen que la atribución *le dawid* (de David) constituye necesariamente una indicación de paternidad literaria, sino que es simplemente un encabezamiento para indicar que ciertos salmos estaban destinados a algún ritual, como la coronación de un «David» (el rey davídico) del momento.[70]

---

69. John Sampey, «Psalms, Book of» en *The International Standard Bible Encyclopaedia*, Vol. 4, James Orr, editor (Grand Rapids, MI, USA: Wm. B. Eerdmans Publishing Co., 1949), p. 2487.
70. Thomson, «Salmos, Libro de los», *Nuevo diccionario bíblico, op. cit.*, p. 1218.

El erudito conservador J.G.S.S. Thomson, de Glasgow, Escocia, pone en tela de juicio la noción de estos críticos liberales: «Los intentos de algunos estudiosos de refutar la paternidad literaria davídica atribuida a 2 S 22:1ss; 23:1-7; y de eliminar las palabras 'como David' de Am 6:5 (donde se hace referencia a la tradición de David y su música y canciones unos 300 años después de su muerte) tienen un aire de argumentos espaciosos».[71]

Otra autoridad evangélica, J. Oswalt, agrega: «Se sospecha... que tales negaciones nazcan del prejuicio evolucionario, el cual no quiere admitir como davídicos los avanzados conceptos espirituales que las Escrituras asignan a la era 1.000 años A.C».[72] (Julius Wellhausen, racionalista y gran crítico bíblico, reconstruyó la historia de la religión de Israel para que se conformara a la idea de la evolución. Pensaba que el monoteísmo y desarrollo del culto del templo fueron el resultado de un largo proceso de evolución en la historia hebrea. Sin embargo, no hay evidencia alguna de que su teoría tuviera razón.)

2. La evidencia de que David pudo ser el autor. A pesar de que algunos salmos de la colección davídica recibieron sus títulos muchos años después de la muerte de este rey, «no debemos rechazar esos testimonios sin razones serias, y siempre deberemos reservar a David... un papel esencial de la lírica religiosa del pueblo elegido» (*Biblia de Jerusalén*).[73] Además, la erudición moderna ya no tiende a asignar varios salmos a períodos avanzados en la historia de Israel porque el lenguaje de ésos contiene muchos arameísmos.[74]

Si tomamos en serio lo que dice la Biblia, hay evidencia contundente de que David es el autor de gran parte de los salmos que son atribuidos a él.

a. Se le describe como «el dulce cantor de Israel» (2 S 23:1).

b. El espíritu profundamente poético y el temperamento generoso que caracterizan el lamento de David por la muerte de Saúl y Jonatán (2 S 1:19-27) nos preparan para aceptar otros salmos atribuidos a David que tienen las mismas características. «Las últimas palabras de David» es otro poema davídico en los libros históricos (2 S 23:1-7).

c. David gozaba de una buena reputación como un hábil músico en

---

71. Thomson, *Ibid.*
72. J.B. Payne, «Psalms, Book of» en *The Zondervan Pictorial Encyclopedia of the Bible*, Vol. 4, Merrill C. Tenney, editor (Grand Rapids, MI, USA: Zondervan Publishing House, 1975), p. 925.
73. «Introducción a Los Salmos» en *Biblia de Jerusalén*, *op. cit.*, p. 659.
74. *The Zondervan Pictorial Encyclopedia of the Bible*, *op. cit.*, p. 926.

la corte de Saúl (1 S 16:18). El profeta Amós se refiere a la capacidad de David para inventar instrumentos musicales (6:5). El historiador judío Josefo asevera que «David compuso cantos e himnos para Dios en compás variado». El cronista inspirado indica que David, además de acumular materiales y preparar planes para el templo de Salomón, organizó el culto, incluso los cantores (1 Cr 25).

d. La época de David sería un período ideal para la creatividad artística. Recién se había establecido la monarquía, Israel gozaba prestigio nacional y prosperaba. El rey David daría liderazgo al movimiento creativo en ese momento.

e. Hay una relación estrecha entre los sucesos en la vida de David y el contenido de ciertos salmos atribuidos a este monarca. Por ejemplo, el Salmo 51, expresa el arrepentimiento de él referente a su pecado contra Betsabé y Urías (2 S 11:2-12:25). Ecos de otras experiencias de David como pastor, fugitivo y guerrero, se encuentran en muchos salmos atribuidos a él.

f. Los escritores del Nuevo Testamento autentican repetidamente la paternidad literaria davídica de varios de los salmos (véase Sal 16 — Hch 2:25; Sal 32 — Ro 4:6; Sal 69 — Hch 1:16, Ro 11:9; Sal 110 — Mt 22:44, Mr 12:36, Lc 20:42, Hch 2:34). Está claro en la última cita que el Nuevo Testamento no emplea simplemente «terminología davídica», sino que declara abiertamente la paternidad davídica, pues la fuerza del argumento del Señor depende de que David sea la persona que llama «Señor» a su hijo (véase Lc 20:44).

3. La fecha. Parece que el gran critico moderno de los Salmos, Hermann Gunkel, tiene toda razón cuando asevera que «la edad clásica de la salmografía es el período de la monarquía». Gran parte de los salmos fueron compuestos en aquel entonces. No cabe duda alguna, sin embargo, de que el Salmo 137 es del exilio, y que el Salmo 126 alude al retorno de los judíos después de la cautividad babilónica. Probablemente son los últimos que fueron añadidos a la colección final.

Se cree que los títulos de los salmos muestran que estos poemas, «antes de formar parte de un solo libro, estuvieron agrupados en distintas colecciones independientes; que se fueron formando en distintas épocas para responder, sobre todo, a las necesidades del culto en el templo de Jerusalén».[75]

---

75. Biblia de estudio, Dios habla hoy, op. cit., p. 667.

La coexistencia de varias colecciones se demuestra por el hecho de que el contenido de los Salmos 14 y 40:14-18, encontrados en el primer libro del Salterio, es repetido en los Salmos 50 y 70 respectivamente en la segunda división.

Otra evidencia de que existen colecciones en el Salterio se halla en el uso particular del nombre de la deidad. En el primer libro o división (Sal 1-41) se emplea el título personal *Yavéh*, mientras que en los libros 2 y 3 se prefieren *Elohim* o simplemente «Dios».

Finalmente, el hecho de que un escriba nota, «Aquí terminan las oraciones de David» (Sal 72:20) — mientras se encuentran otros salmos davídicos en partes posteriores a este salmo — nos indica que por lo menos algunas de estas colecciones existían por separado hasta que fueran incluidas en la colección final. El Salterio que tenemos es el resultado de este largo proceso.

La gran cantidad de salmos davídicos contenidos en la primera sección (capítulos 1-42) del Salterio, parece indicar que ésa fue completada muy temprano, posiblemente hacia fines del reinado de David. Según la tradición judía, Esdras llevó a cabo la organización y redacción final de libro de los Salmos.

4. El rol divino. En todo el proceso, el Espíritu Santo desempeña un papel importante. Después que David fue ungido por Samuel (1 S 16:13), el Espíritu vino sobre él con gran poder (heb. *titslah*) y habitaba en él en manera siempre creciente, desde aquel momento en adelante.

Una y otra vez brotaban cantos de su interior, inspirados por el Espíritu Santo y acompañados de su arpa. Expresaron su gozo y su tristeza; su confianza y sus dudas; y sobre todo, su alabanza a Dios y su fe inquebrantable en él. En la víspera de su partida de este mundo, podía decir: «El Espíritu de Jehová ha hablado por mí, y su palabra ha estado en mi boca»(2 S 23:2).[76] Los salmos a menudo son oraciones del pueblo de Dios, en las que «el mismo Dios inspiró los sentimientos que sus hijos deben albergar con respecto a él y las palabras de que deben servirse al dirigirse a él».[77]

Desde la composición de los salmos hasta la formación del libro que lleva este nombre, el Espíritu Santo inspiró a los autores y guió a los que compilaron y organizaron los poemas sagrados del Antiguo Testamento.

---

76. Stanley Horton, «*The Psalms*», en *Dictionary of Pentecostal and Charismatic Movements*, Stanley M. Burgess y Gary B. McGee, editores (Grand Rapids, MI, USA: Zondervan Publishing House, 1988), p. 741.
77. *Biblia de Jerusalén* (1967), *op. cit.*, p. 660.

C. División en cinco libros

La colección completa del Salterio se divide en cinco libros, probablemente a imitación de los cinco del Pentateuco. Cada división termina con una doxología, y el Salmo 150 es la doxología para todo el libro. Las cinco divisiones de los Salmos son estas:

Libro 1 = Salmo 1 - 41
Libro 2 = Salmo 42 - 72
Libro 3 = Salmo 73 - 89
Libro 4 = Salmo 90 - 106
Libro 5 = Salmo 107 - 150

D. La clasificación según los temas

Debemos mucho a Hermann Gunkel, un crítico de formas, por darnos una comprensión más amplia de los salmos. Hasta principios del siglo veinte, el método de estudiar los salmos era considerar el título y contenido de cada poema y luego tratar de establecer una situación histórica para cada uno. En cambio, Gunkel categorizó los salmos según su uso en el culto, aunque reconoció que muchos eran composiciones independientes. Los clasificó en cinco categorías: himnos, lamentaciones comunales, lamentaciones individuales, salmos reales y cantos de acción de gracias.

El gran valor de la obra de Gunkel consiste en considerar los salmos, no como meras obras literarias, sino composiciones que reflejan las verdaderas experiencias de sus autores; incluso sus emociones y ánimos. Presentamos una clasificación adaptada para los intereses populares evangélicos.

1. Los himnos o cantos de alabanza. Son los Salmos 8, 19, 29, 33, 46-48, 76, 84, 87, 93, 96-100, 103-106, 113, 114, 117, 122, 135, 136, 145-150. El título hebreo, *alabanzas,* define acertadamente la mayor parte del contenido del Salterio. Cada una de las primeras cuatro divisiones del libro termina con una doxología y la última sección concluye con cinco salmos; cada uno de ellos comienza y termina con dos aleluyas.

Estos salmos exaltan la grandeza, el poder y el amor divinos, manifestados en las obras de la creación y en la historia de Israel, desde su comienzo como nación. Todos comienzan con una exhortación a la alabanza a Dios. El cuerpo del poema cuenta los motivos de esta alabanza: las grandes obras divinas realizadas en la naturaleza y en especial en la creación, en la historia y particularmente la salvación concedida a su pueblo. La conclusión se asemeja a la introducción o consiste en una oración.

En este conjunto se destacan dos grupos particulares: (a) los cánticos de Sion que se refieren a la ciudad santa que es morada del Altísimo y meta de las peregrinaciones (Sal 46; 48; 76; 87; 122); y (b) los salmos del reino de Dios que aclaman al Dios de Israel como Rey universal (Sal 47; 93; 96-99). Algunos de ellos anuncian la futura renovación universal, o sea, la era mesiánica.

Los eruditos liberales tratan de relacionar estos salmos con una supuesta fiesta de la entronización de Jehová. Suponen que se celebraba anualmente en Israel, como se hacía en Babilonia con el dios Marduk, debido a que estos poemas empleaban el vocabulario y las imágenes de la subida de los monarcas humanos a su trono. Sin embargo, esta teoría carece de evidencia alguna. Se explica la imaginería de estos salmos como el uso de antropomorfismos, es decir, el atribuir a Dios rasgos humanos, a fin de hacer comprensibles y vívidas las cosas divinas.

J. B. Payne, en *The Zondervan Pictorial Encyclopedia of the Bible*, vol. 4, página 946, pone en tela de juicio este concepto con tres argumentos:

a. Es sumamente improbable que el pueblo de Dios tomara prestado de la liturgia de Babilonia, no solo en su forma externa sino en el significado profundo de la fiesta pagana.

b. No hay ninguna referencia a tal fiesta en las Escrituras, algo extraño si fuera tan importante y divulgada como asevera el crítico Mowinckel.

c. Finalmente, la idea de que el gobierno de Dios se limita a un área local, de que los hombres son capaces de entronizar a la deidad o de que Dios aun necesita una ceremonia de entronización, contradicen claramente la teología del Antiguo Testamento.

Muchos de los críticos modernos son escépticos y contrarios a todo lo sobrenatural hasta el punto de que rechazan la inspiración divina de la Biblia. Prefieren creer en sus propias suposiciones, especulaciones e invenciones más bien que en lo que enseñan las Sagradas Escrituras. Insisten en que todo salmo refleja una situación histórica porque no creen en la profecía de largo alcance. Rechazan como proféticas las citas de los salmos que hay en el Nuevo Testamento, considerándolas como simples coincidencias. Parece que se deleitan en procurar desacreditar las fuentes de la fe cristiana. Aunque son valiosas algunas de sus observaciones, en general tienden a destruir más bien que confirmar la creencia en la Biblia. Irónicamente, son sostenidos por la Iglesia, a la que ellos perjudican.

2. Las súplicas: salmos de sufrimiento o lamentaciones. Estos poemas no cantan las glorias de Jehová sino consisten en invocaciones, súplicas y lamentaciones que se dirigen a él. La Biblia de Jerusalén describe su estructura:

> Generalmente comienzan con una invocación, a la que acompaña una petición de ayuda, una oración o una expresión de confianza. En el cuerpo del salmo se intenta conmover a Dios pintando la triste situación de los que suplican... Hay protestas de inocencia... y confesiones de pecado. . . Se le recuerdan a Dios sus antiguos beneficios o se le reprocha porque parece olvidadizo o ausente. .. Pero también se afirma la confianza en él.[78]

Se dividen estos salmos en dos categorías, individuales y colectivos:

a. Las súplicas individuales expresan el clamor de los pobres, los enfermos, los perseguidos y los oprimidos. Piden la intervención salvadora de Dios. La causa del justo es la causa del Señor, por eso le imploran que sean castigados sus opresores. Algunos salmistas reconocen que sus calamidades son castigos por sus pecados y los confiesan a Dios pidiendo misericordia (véase los Salmos 3-6; 9-10; 22; 42-43; 51; 54-57; 69-71).

b. Las súplicas colectivas, nacionales o de toda la comunidad son oraciones que «surgen con motivo de una angustia colectiva del pueblo: una derrota, una mala cosecha, una invasión de langostas»[79] (véase Salmos 12; 44; 60; 74; 79-80; 85; 106; 123; 129; 137). Se pide la liberación divina y restauración del pueblo. El Salmo 85 es una confesión general de los pecados de la nación; expresa los sentimientos de los repatriados.

3. Los cantos de acción de gracias. Ejemplos son Salmos 18; 21; 30; 34; 40; 65-68; 92; 116; 118; 124; 129; 138; 144. Casi todos los salmos de súplica concluyen con agradecimiento a Dios por haber escuchado la oración del suplicante. Pero en los poemas de acción de gracias, este agradecimiento se convierte en lo esencial del Salmo.

Son de doble índole, individuales y colectivos. En los colectivos el pueblo agradece a Dios por la liberación de un peligro, por la abundancia de las cosechas u otro beneficio otorgado a ellos. Los individuales comienzan describiendo su angustiada situación anterior, para hacer

---

78. *Biblia de Jerusalén, Ibid,* p. 656.
79. «Salmos» en la Sagrada Biblia traducida por Eloíno Nácar Fuster y Alberto Colunga, segunda edición (Madrid: Biblioteca de Autores Cristianos, 1959), p. 618.

hincapié en la grandeza de su liberación. Luego expresan su agradecimiento y exhortan a los fieles a alabar a Dios con ellos. Un ejemplo del espíritu de esta clase de salmo se ve en las palabras de David: «Este pobre clamó, y le oyó Jehová, y lo libró de todas sus angustias... Dichoso el hombre que confía en él» (34:6, 8b).

4. Los salmos reales y los salmos mesiánicos. Estos salmos no se caracterizan por su forma literaria uniforme, sino porque en ellos se destacan el rey, la naturaleza de su dominio y su relación a Dios. Fueron compuestos para diversas ocasiones como la entronización de un nuevo monarca (2; 110) y una boda de un rey (45). Hay profecías en favor del rey (2 y 110), plegarias por el rey (20; 61; 72 y 84), una acción de gracias por el rey (21), oraciones del monarca (18; 28; 63; 101), un himno real (144) y un canto real de procesión (132).

Al leer estos salmos, nos parece que el lenguaje empleado por el salmista indicaría que el puesto del monarca davídico era sagrado y absoluto en poder. Por ejemplo, dice el salmista: «Tu trono, oh Dios, es eterno y para siempre» (45:6), «mi hijo eres tú; yo te engendré hoy» (2:7) y «te ungió Dios, el Dios tuyo» (46:7b). Aunque la evidencia del Antiguo Testamento señala que la monarquía en Israel fue apoyada por la naturaleza de la relación de Dios con su pueblo mediante el pacto, es evidente que los reyes hebreos nunca fueron divinizados ni poseían poder absoluto.

El Nuevo Testamento indica claramente que estas aseveraciones se refieren al último heredero del trono de David, «a un descendiente privilegiado, en quien Dios habría de complacerse especialmente y a quien elegiría para ejecutar sus designios de salvación; es decir, el Ungido por excelencia, el Mesías».[80] (En relación con el Salmo 2, véanse Hch 13:33; He 1:5; 5:5; con relación al Salmo 45 — He 1:8-9; con relación al Salmo 110 — Mt 22:43-45; Hch 2:34-35; He 1:13; 5:5-10; 6:20; 7:21). Los escritores inspirados del Nuevo Testamento identificaban estos salmos como mesiánicos porque el Señor mismo dijo que los Salmos hablaban de él (Lc 24:44).

En los Salmos 2 y 110, la mente del salmista se proyecta directamente sobre la persona del Mesías como lugarteniente de Jehová y real sacerdote perpetuo de su reino universal. La justicia y la verdad serán las dos bases de su reinado en la tierra (45:6, 7). «En contrapartida del

---

80. *Biblia de Jerusalén* (1967), *op. cit.*, p. 658.

Mesías-Rey triunfador sobre los enemigos está el 'Justo doliente' del Salmo 22, que es tipo del Mesías doliente, anunciado en los fragmentos del 'Siervo de Yahveh' del libro de Isaías».[81]

5. Los salmos sapienciales o didácticos. A la manera de los maestros de la sabiduría, algunos salmistas enseñan lecciones indispensables para gozar de la vida. El Salmo 1, la introducción a todo el Salterio, hace un contraste entre el camino del justo y el del pecador; mientras los salmos 127 y 128 se concentran en las bendiciones de las que disfrutan los piadosos. Las excelencias de la ley revelada por Dios a su pueblo son temas de Salmos 19:7-11 y 119.

El problema perenne de por qué sufren los justos y prosperan los malos se trata en los Salmos 37, 49 y 73.

6. Los salmos históricos. En un sentido, esta categoría pertenece también al grupo de salmos didácticos pues demuestra que la historia de Israel, como el pueblo elegido a menudo reaccionó a los beneficios divinos con ingratitud e infidelidad. Sin embargo, es obvio que los hebreos se deleitaban en oír la narración de su historia y, en especial, la de su salvación.

Los salmos principales y los períodos que describen son: Salmo 78, del éxodo hasta el establecimiento de la monarquía davídica; Salmo 105, desde Abraham hasta la conquista de Canaán; Salmo 106, desde Egipto hasta el tiempo de los jueces; Salmo 136, desde la creación hasta la tierra prometida.

7. Los salmos alfabéticos o acrósticos. Son los que en cada verso, o en el caso del Salmo 119, cada estrofa, comienzan con una letra del alfabeto hebreo, en su debido orden. Se cree que el propósito era ayudar a la memoria en el aprendizaje de estos poemas. Ellos son el 9; 10; 25; 34; 37; 111; 112; 119; 145.

8. Los salmos imprecatorios. El término «imprecación» se refiere a maldición. En más de 20 salmos, el poeta respira un manifiesto espíritu de venganza hacia sus enemigos; pide su derrota y destrucción. Las más duras maldiciones se encuentran en los Salmos 35; 69; 109 y 137, aunque se hallan también imprecaciones en los Salmos 5; 7; 28; 54; 55; 58; 59; 79; 83; 101 y 139. Un ejemplo de las imprecaciones de David es esto: «Derrama sobre ellos tu ira, y el furor de tu enojo los alcance. Sea su palacio asolado; en sus tiendas no haya morador» (69:24-25).

---

81. *Sagrada Biblia* Nácar-Colunga (1959), *op. cit.*, p. 619.

Tales expresiones parecen ser contrarias a la exhortación de Cristo — «Amad a vuestros enemigos» — y hieren nuestra sensibilidad cristiana. ¿Cómo se pueden armonizar las imprecaciones del salmista con las enseñanzas del Sermón del Monte?

a. Las imprecaciones de los salmos son poesía que suele expresar las ideas con frases radicales, exagerando la pasión para impresionar al lector. Por ejemplo: «Ciertamente Dios herirá la cabeza de sus enemigos ... tu pie se enrojecerá de la sangre de tus enemigos» (68:21, 23). «Esta exageración sistemática — fruto de una imaginación ardiente y de un temperamento fogoso — es muy corriente en los escritos bíblicos».[82]

b. Algunas de estas imprecaciones vibran con la pasión de la guerra. Se dirigen contra los enemigos de Dios y de su pueblo, los cuales quieren destruir a Israel. Son hombres que han violado toda ley moral y desafían a Dios. El salmista se identifica con Jehová y ora para la derrota de los enemigos de Dios. Dijo: «¿No odio, oh Jehová, a los que te aborrecen, y me enardezco contra tus enemigos?» (139:21).

c. Los salmistas se dieron cuenta de que Jehová es aquel «cuyos ojos son demasiado puros para mirar el mal» (Ha 1:13), que no puede soportar la iniquidad, la violencia y la injusticia. La santidad y justicia son atributos divinos. Y esto es lo que provoca el clamor de venganza de los salmistas sobre los malvados. El carácter mismo de Dios lo exige.

d. En ciertas circunstancias, el salmista se encuentra totalmente indefenso frente a la maldad y violencia de sus enemigos, y por eso, no solo clama a Dios para que le salve a él y a su pueblo, sino que le pide que haga caer sobre ellos los peores males.[83]

e. En las Escrituras se ve que el salmista David no fue vengativo contra sus enemigos personales, sino que mostró un espíritu de perdón muy notable hacia ellos (véase 1 S 24; 26:5-12; 2 S 1; 2:5; 9). El dulce cantor de Israel supo la verdad neotestamentaria: «Mía es la venganza, yo pagaré, dice el Señor» (Ro 12:19).

f. El salmista pide que Dios castigue a sus enemigos, en lugar de hacerlo él mismo.

g. En la época de los salmistas, no había una revelación clara del castigo de los malos después de la muerte. Se creía que el castigo se efectuaría solo en esta vida. Por otra parte, la retribución de los inicuos enseñada

---

82. *Ibid.*
83. *Biblia de estudio, Dios habla hoy, op. cit.*, p. 670.

por Jesucristo, es decir, el infierno, es mucho más terrible que cualquier castigo que pidieron los salmistas.

h. La revelación divina es progresiva. Ross explica:

La elevada norma del amor a nuestros enemigos no se había revelado todavía... Los salmos imprecatorios contienen expresiones más realistas y vivas que en el Nuevo Testamento, porque los salmistas vivieron en un nivel más bajo de moralidad y de privilegios que el que nosotros tenemos.[84]

i. Las imprecaciones expresan el hambre y sed de justicia, el ardiente deseo de que Jehová se manifieste como justo Juez. El amor a los enemigos no significa indiferencia frente al mal, y cuando triunfan la injusticia, la violencia, la opresión de los más débiles y el desprecio de Dios, el cristiano puede decir al Señor:

Tú eres el Juez del mundo;
¡levántate contra los orgullosos
y dales su merecido!
¿Hasta cuándo, Señor,
hasta cuándo se alegrarán los malvados?

SALMO 94:2-3 (VP)[85]

Así que el salmista reconoce que el bien no puede triunfar, sin que de hecho se derrote al mal y se castigue al malhechor.

En estos tiempos modernos, muchos creyentes están propensos a tolerar y aun pasar por alto la inmoralidad, la injusticia y la maldad que caracterizan este siglo. Nos conviene recordar que la ira de Dios se revela «contra toda impiedad e injusticia» (Ro 1:18). El leer los salmos imprecatorios puede servir para reavivar la memoria referente al odio de Dios por el pecado. Nos conviene tomar en serio la admonición del Salmo 97:10: «Los que amáis a Jehová, aborreced el mal».

---

84. Guillermo A. Ross, *Estudios en las Sagradas Escrituras*, Tomo 3, *Los libros poéticos* (México, D.F.: El Faro, 1956), p. 76-77.
85. *Biblia de estudio, Dios habla hoy, op. cit.*, p. 561-562.

E. Características literarias

Desde el principio hasta el fin, el Salterio es poesía. En las composiciones poéticas, lo intuitivo y lo afectivo suele primar sobre lo lógico y didáctico.

El poeta se deja llevar de impresiones íntimas y religiosas difíciles de concretar, de vivencias profundas… «El salmo es un poema que se presenta desde dos puntos de vista: la experiencia interna, que es algo real y tiende a unirse en la forma externa, busca el modo de presentar lo eterno en algo concreto, palpable, viviente y muchas veces pintoresco».[86]

Los pensamientos de los salmos son apasionados, vívidos y ricos en imágenes, figuras retóricas y comparaciones. Los salmistas emplean asonancia, aliteración y juegos de palabras. Para completar un cuadro verbal, usan repetición, una secuencia de sinónimos y cosas complementarias. Emplean palabras clave para enfatizar temas de importancia referentes a oración o cantos. Repiten a menudo una palabra clave al final del poema, la cual habían usado en el principio de la composición, y así concluyen la obra dándole unidad.[87]

La poesía hebrea carece del ritmo y la métrica que caracterizan las obras poéticas modernas; depende más bien del ritmo que resulta de la acentuación de las sílabas del ritmo conceptual, del contrabalanceo de frases. Es lo que se llama *paralelismo de los miembros*. La expresión típica de la poesía está construida por dos o tres frases paralelas, «que se corresponden mutuamente por su forma y contenido y se equilibran como los platillos de una balanza. De este modo, la idea no se expresa toda de una vez, sino, por así decirlo, en dos tiempos sucesivos»[88] (véase la sección sobre paralelismo en el primer capítulo de esta obra).

Al estudiar las formas de los salmos, se ve que los salmistas van ideando esmeradamente un plan para estructurar todo su poema, especialmente en los casos de los salmos acrósticos. También se emplean otras formas. Por ejemplo, el Salmo 44 es una oración con una estructura como un zigurat (una pirámide escalonada o torre-templo construido por los babilonios). Los salmos también se caracterizan por la simetría. Hay composiciones que dedican la misma cantidad de frases a cada estrofa (véase 12:41), o lo hacen también variando solamente la estrofa

---

86. *Sagrada Biblia Nácar-Colunga* (1959), *op. cit.*, p. 615.
87. «Introduction: Psalms» en *The NIV Study Bible, New International Version*, Kenneth Barker, ed. (Grand Rapids, MI, USA: Zondervan Bible Publishers, 1985), p. 783.
88. *Biblia de estudio, Dios habla hoy, op. cit.*, p. 560.

introductora o la última (véase Sal 38; 83; 94). Otros equipan la estrofa introductora y última estrofa y logran un equilibrio con las que forman el cuerpo del poema (véase Sal 36; 86).[89] Algunos salmistas forman sus composiciones ubicando la frase temática en el centro de su obra y van «dando las ideas por entregas, en círculos más o menos concéntricos, de forma que el pensamiento va gradualmente avanzando; a base de insistir en una idea principal que se repite, pero que es punto de partida de otra nueva o de la misma bajo otra forma de expresión»[90] (véase Sal 6).

F. Indicaciones y terminología

El lector de los Salmos puede notar que además de los títulos y ciertas indicaciones históricas y musicales en los encabezamientos, hay palabras hebreas no traducidas que acompañan las composiciones. Obviamente no son parte de las obras originales. ¿Por qué no son traducidas en lenguaje comprensible al lector? ¿Qué significan?

Algunos de estos vocablos parecen ser de sentido bien claro, mientras otros son de significado desconocido. Dado que muchos de estos términos técnicos resultaban oscuros para los traductores judíos de la Septuaginta (traducida dos o tres siglos antes de Cristo), no es de extrañarse que cualquier interpretación de ellos tenga que ser tentativa.

1. Designaciones técnicas de los Salmos.[91] El término hebreo más frecuente es *mizmar*, «salmo», palabra que sugiere el uso de acompañamiento instrumental. Otra expresión, la cual suele ir unida a la anterior, es *sir*, «cántico». Hay quince «cánticos graduales» (120-134), los cuales probablemente eran cánticos de peregrinos o, posiblemente, canciones para las procesiones relacionadas con las fiestas.

Trece salmos, la mayor parte de ellos en las divisiones 2 y 3, son llamados *masquil*, término generalmente traducido por «didáctico» o «instructivo» y puede significar «armonía que ayuda al entendimiento» (véase Sal 32; 42; 44-45; 52-55; 74; 78; 88-89; 142). Estos poemas, con la excepción del Salmo 45, «reflejan experiencias sumamente escarmentadoras».

Se denominan *mictam* a los seis Salmos 16; 56-60, término que tal vez significa «meditación» u «oración silenciosa». El crítico Samuel

---

89. «Introduction: Psalms» en *The NIV Study Bible, op. cit.,* p. 784.
90. *Sagrada Biblia Nácar-Colunga, op. cit.,* p. 615.
91. Muchos de los pensamientos de esta sección se encuentran en J.G.S.S. Thomson, «Salmos, libro de los», en *Nuevo diccionario bíblico, op. cit.,* p. 1219.

Mowinckel lo asocia con *katamu* (cubrir) o sea «expiación», ya que clasifica a todos estos salmos como lamentaciones. Sin embargo, la «cobertura» que buscan los salmistas no es expiación sino defensa, y el significado más probable es «plegaria para pedir protección».[92]

Otros títulos son «oración» (Sal 17; 86; 90; 102; 142), «alabanza» o «doxología» (Sal 145) y *sagión* (posiblemente «alabanza»). Thomson comenta que este último término «no nos resulta claro; se lo ha vinculado con *sgh*, «vagar» o tambalear, y (Mowinckel) con el acento *segu*, aullar, o lamentar. Pero tanto el Salmo 7 como Habacuc 3, aunque enfrentan situaciones desesperantes, reaccionan ante ellas con extraordinaria fe y esperanza».[93] Así que la traducción «alabanza» parece ser más correcta.

2. Indicaciones musicales. Estas son de diversa índole: alusión al músico principal o maestro del coro, a los instrumentos con que se toca el poema o a la melodía conocida a la que debe adaptarse el salmo. Algunas indicaciones son: *selah* (alzar o elevar), la cual aparece 77 veces en los salmos y probablemente indica que los instrumentos que suavemente acompañan al coro, tocan fuerte; *higaión* es otra indicación musical, como *selah*; *sobre seminit* (6; 12) puede significar «la octava», o posiblemente las notas bajas distinguiéndolas de *alamot* (46), las notas altas de las doncellas.[94]

Los siguientes términos parecen ser nombres de melodías conocidas que se empleaban para cantar las composiciones. *Gitit* (8; 81; 84) de Gat (lagar) que puede referirse a cantos de lagar o posiblemente tener relación con la ciudad de Gat; *Mut-labén* (heb. muerte al hijo), *Ajelet-sahar* (la cierva de la aurora); *sobre lirios* (45; 60; 69; 80), *Mahalat* (53; 58), y *no destruyas* (57-59; 75).

G. Ideas principales del Salterio

Es cierta la observación de C.S. Lewis de que «Los salmos son poemas, y poemas destinados a ser cantados, no tratados doctrinales, como tampoco sermones» (*Reflections on the Psalms*, 1958, p. 2); sin embargo, las composiciones contienen mucha teología. Los poetas hebreos, bajo la inspiración del Espíritu Santo, escribieron conceptos y experiencias

---

92. *Ibid.*
93. *Ibid.*
94. *Santa Biblia* (con notas, concordancia y mapas), J. Mervin Breneman, ed. (San José, Costa Rica: Editorial Caribe, 1980), p. 578.

espirituales que expresan a menudo grandes temas doctrinales. Hablan a Dios en oración y hablan acerca de Dios en sus alabanzas. La médula del pensamiento de los salmistas es Dios. Ni por un momento apartan de Dios su mirada; sus composiciones son expresiones ardientes de devoción a él. Dice Ross:

> Es a Dios a quien dirige el salmista sus pensamientos y esperanzas, a quien eleva sus ojos en busca de liberación o a quien bendice por mercedes y gracias personales y nacionales. Los salmos están llenos de expresiones de confianza en Dios en todo tiempo y en toda circunstancia. Cualquiera que sea la ocasión, de gozo o de tristeza, el salmista se abandona con toda confianza en las manos de Dios.[95]

Los problemas individuales del salmista, y la liberación de ellos, señalan que Dios siempre cuida de los suyos. La salvación milagrosa de un peligro de muerte — enfermedad grave, calamidad, hostilidad de los enemigos impíos — es una prueba de que el Señor nunca abandona a los suyos.

Algunas de las doctrinas trascendentales que se encuentran en los salmos son las siguientes:

1. Los atributos de Dios. Se destaca en los himnos de alabanza la descripción de la naturaleza y cualidades de Dios, ya sea en el testimonio acerca de él o en plegarias dirigidas al Señor. El Salmo 115 enseña que solo Jehová es Dios; los dioses de los paganos son meros ídolos (vv. 4-8). Sin embargo, se aplica el nombre general *Elohim* (Dios) a ciertos de sus representantes en la tierra: los ángeles (8:5; véase He 2:9) y los jueces (82:1; véase Jn 10:34).

Aunque se menciona la inmutabilidad del Señor (102:27 «tú eres el mismo»), se hace hincapié más bien en su adaptabilidad según la actitud del hombre (18:25, 26). El salmista emplea figuras gráficas y antropomórficas para describir a Dios, hacerlo más real y entendible (véase Sal 18).

Los salmos recalcan tres grupos de sus atributos, que son su infinidad, su justicia y su bondad. En cuanto a su infinidad, todas sus obras en los cielos, tierra y mar enumeran que es el Dios omnipotente, omnisciente y omnipresente. Por ejemplo, el Salmo 139 enseña que él sabe todo: «Todos mis caminos te son conocidos. Pues aún no está la palabra en mi lengua, y he aquí, oh Jehová, tú la sabes toda» (vv. 1-6); es todopoderoso:

---

95. Ross, *op. cit.,* p. 79.

«Porque tú formaste mis entrañas... maravillosas son tus obras» (vv. 13-18); y está presente en todas partes: «¿A dónde me iré de tu Espíritu? ... Si subiere a los cielos, allí estás tú; y si en el Seol hiciere mi estrado, he aquí, allí tú estás» (vv. 7-8).

El templo de Dios es el cielo mismo (11:4); pero en su gracia, Jehová puede localizarse con su pueblo en su peregrinaje rumbo a la tierra prometida y en el monte Sinaí (68:7-8); en Jerusalén (20:2; 27:4), o con el creyente individual (139:18; 145:18).

2. *La relación de Dios con la creación.* El sublime propósito de la naturaleza es revelar la grandeza de su Creador: «Los cielos cuentan la gloria de Dios, y el firmamento anuncia la obra de sus manos» (19: 1). Los compositores de los salmos consideraban la naturaleza como manifestación de la presencia divina.

> La tierra es el estrado de los pies del Señor. Las nubes al juntarse son las cortinas de las tiendas de Jehová. Los truenos son la voz de Dios sobre las aguas... los relámpagos son saetas del Altísimo. Dios está muy elevado, muy por encima de la naturaleza, pero echa mano de ella para manifestar su presencia y poder (18; 19; 93).[96]

Los animales silvestres pertenecen a Dios y son objeto de su tierno interés: «Mía es toda bestia del bosque... Conozco a todas las aves de los montes, y todo lo que se mueve en los campos me pertenece» (50:10-11). El salmista señala el rol de Dios en la naturaleza:

> él es quien cubre de nubes los cielos,
> El que prepara la lluvia para la tierra,
> El que hace a los montes producir hierba,
> él da a la bestia su mantenimiento
> Y a los hijos de los cuervos que claman.

SALMO 147:8, 9

También la creación existe para el bien del hombre (104:10-23) y para estimularle a alabar al Creador (v. 33). Sin embargo, los cielos y la tierra no son eternos. Algún día «perecerán», mas Dios permanecerá para siempre (102:25-27).

---

96. *Ibid*, p. 80.

3. La relación de Dios con el hombre. Aunque el salmista a veces considera al hombre como una mera parte de la creación junto con las bestias (104:14), este ser constituye también una creación especial de Dios (100:3). Es físicamente «polvo» (103:14) pero también una obra maravillosa (139:13-14). Posee un espíritu inmortal (31:5) para estar siempre en la presencia de Dios (42:12). Heredero de una naturaleza pecaminosa (51:5), el hombre puede ser redimido, lavado y transformado; pero esta es una obra de pura gracia de parte de Dios (51).

Jehová es el Dios de toda la historia, que va guiando todas las cosas hacia la meta final que se ha propuesto alcanzar. Ha elegido a Israel para ser su pueblo y su herencia (33:12); ha hecho pacto con Abraham (105:8-10). Es el rey de Israel (44:3). Su pueblo ha de vivir entre las naciones, fiel a su Soberano celestial, confiando en su protección, esperando en sus promesas y viviendo según su voluntad. Ha de rendir culto solo a él y anunciar su Gloria a todas las naciones. En el Salterio hay más de 20 salmos «nacionales» que relatan el trato de Jehová con su pueblo (véase 14; 44; 46-48; 53; 66; 68; 74; 76; 79; 80; 83; 85; 87; 108; 122; 124-126; 129). Lo libró de la opresión de Egipto; lo cuida en el desierto, y arroja de Canaán a los pueblos paganos. Pero cada vez más Israel es infiel a su Rey y se rebela contra él. Dios lo castiga entregándolo en las manos de sus enemigos, y después en su misericordia lo libera nuevamente. La infidelidad trae consigo aflicción (14:4) pero Israel puede reclamar las promesas del pacto (44:17) y rogar a Dios que lo recuerde (74:20).

Como el gran Rey de Israel, Dios elige a la dinastía de David para ser su representante real en la tierra. Dios hace pacto con David para perpetuar la dinastía de éste en el trono de Israel (89:4). Uno de sus descendientes sería elegido y adoptado como hijo real para gobernar a su pueblo en el nombre del Señor. Por medio de él, Dios le daría seguridad a su pueblo y sometería a todas las potencias que lo amenazan (Sal 2).

Jehová pone a los reyes en el trono para hacer justicia, librar a los oprimidos, proteger a los indefensos, restringir a los malvados y traer paz y prosperidad a su pueblo. El monarca debe ser como Jehová, quien es,

Padre de huérfanos y defensor de viudas...
Dios hace habitar en familia a los desamparados;
Saca a los cautivos a prosperidad.

SALMO 67:5, 6

El Señor es soberano, no solo sobre Israel, sino sobre todas las naciones (47). También es el supremo Legislador y Juez, siendo a la vez el Protector de los oprimidos y su Salvador. Así que es misericordioso, fiel, justo y recto. Sobre todo, es santo y requiere la santidad de los hombres. «¿Quién subirá al monte de Jehová? ¿Y quién estará en su lugar santo? El limpio de manos y puro de corazón» (24:3, 4). Sin la santidad del oferente, los holocaustos y sacrificios son de poco valor.

4. Sion. Dios ha elegido también a Jerusalén, ciudad de David, como capital de su reino terrenal. La esperanza del futuro de Israel se expresa claramente en los «salmos de Sion» (48; 84; 87; 122). Sin embargo, el concepto que tiene el salmista de Sion es mucho más amplio y más espiritual que el de la ciudad literal de Jerusalén y su santuario. Simboliza el estado espiritual de estar presente con Dios (46:4, 5), la ciudad universal de «los buenos» y de «los rectos de corazón».

5. La vida de ultratumba. ¿Tienen los salmistas alguna doctrina de una vida futura? Aquí la respuesta es que no tenían un concepto claro de lo que esto sería. Con los otros hebreos, ellos creían que todos los espíritus de los difuntos iban al Seol, el lugar de los muertos. Pero en el Salterio no se halla ninguna referencia *segura* a la resurrección. La queja de algunos salmistas era que toda relación significativa con Dios terminó en el Seol: «Porque en la muerte no hay memoria de ti; en el Seol, ¿quién te alabará?» (6:5; véase también 88:10-12).

Por otra parte, con el transcurso del tiempo los salmistas reconocieron que aun el Seol no estaba fuera del alcance del Todopoderoso (139:8). En ciertos salmos hay destellos de revelación o discernimiento en cuanto a la vida de ultratumba. El salmista David razonó sobre la seguridad de que la preciosa comunión con Dios no puede ser terminada por la muerte: «Se alegró por tanto mi corazón... porque no dejarás mi alma en el Seol, ni permitirás que tu santo vea la corrupción» (16:9-11; véase 49:15; 73:23-26). Se encuentra en los salmos la esperanza de un porvenir con Dios, pero no pasa de ser más que una simple esperanza. En ningún salmo se manifiesta una firme creencia en la resurrección.

6. El problema del mal. El principio social fundamental del libro de los Salmos es el de justicia y recompensa para los buenos. Por lo tanto, no es de extrañarse que en varios poemas se toca a menudo el problema del libro de Job, ¿por qué prosperan los malos y sufren los injustos? (véase Sal 37; 73; 49; 17).

En el Salmo 37 se enseña que la prosperidad de los malvados no se prolongará mucho tiempo y el castigo no tardará (vv. 1-3); en el Salmo 73, el salmista Asaf queda perplejo y aun tiene envidia de «los arrogantes», «hasta que entrando en el santuario de Dios», comprende «el fin de ellos» (v. 17). También tiene la seguridad de que «después me recibirás en gloria» (v. 24). En el Salmo 17 el salmista David es consolado por la esperanza: «En cuanto a mí, veré tu rostro en justicia; estaré satisfecho cuando despierte a tu semejanza» (v. 15).

H. Clasificando los salmos mesiánicos

Ya hemos hecho un breve estudio de los salmos reales o mesiánicos en la sección sobre la clasificación de los salmos, pero agregaremos algunos detalles más.

¿Qué quiere decir el término *mesías*? Significa «ungido» y se refiere a los sacerdotes, profetas, reyes y, sobre todo, al gran Libertador que establecería en la tierra un reino de justicia, paz y gran bendición. Los profetas y salmistas confiadamente esperaban el día cuando Dios vendría con poder y manifestaría su gloria entre los hombres.

El mesianismo abarca más que la descripción del Mesías. Incluye también la de su reinado. Sin embargo, nos interesan más los detalles que se refieren al Rey venidero.

1. Es necesario tener un contexto mesiánico. El teólogo J. B. Payne advierte que el mero hecho de que un escritor del Nuevo Testamento cite un pasaje o frase de un salmo y lo aplique a Cristo o a su reino, no hace necesariamente que el salmo en que se encuentra la cita, sea mesiánico. Por ejemplo, el apóstol Juan cita el Salmo 34:20: «No será quebrado hueso suyo» (Jn 19:36) sin prestar atención al contexto, que no es mesiánico.[97]

Tampoco debemos considerar mesiánicos los salmos que se cumplen en el reino teocrático, pero que no hacen referencia particular a Jesucristo como Mesías (véase 9:8: «El juzgará al mundo con justicia»; Hch 17:31). Finalmente, nos conviene excluir como mesiánicos los salmos con principios de aplicación universal, pero que no tienen un significado mesiánico en sí mismos. Por ejemplo, en la cruz Jesús citó el Salmo 31:5: «En tu mano encomiendo mi espíritu», mientras que el salmista no manifiesta intención mesiánica alguna en toda la composición.[98]

2. Clasificándolos según su forma literaria. Se pueden clasificar

---

97. Payne, *op. cit.*, p. 940-941.
98. *Ibid.*

los salmos por dos métodos: o de forma literaria o de su contenido.[99] El primero se lleva a cabo distinguiendo cuál es la voz que alude al Mesías, sea de la primera, segunda o tercera persona.

a. La simple referencia a Cristo puede ser de la tercera persona como en la conclusión al Salmo 2: «Honrad al Hijo». Por otra parte, puede tomar la forma indefinida: «Juré a David mi siervo, diciendo: Para siempre confirmaré tu *descendencia*» (89:4; Hch 2:30; las bastardillas son nuestras).

b. Se puede dirigir la expresión directamente a Cristo en la segunda persona. Por ejemplo, «Tu trono, oh Dios, es eterno y para siempre» (45:6). A veces la frase se encuentra en otra cita: «Jehová dijo a mi Señor: Siéntate a mi diestra, hasta que ponga a tus enemigos por estrado de tus pies» (110:11); y «Jehová me ha dicho: Mi hijo eres tú; yo te engendré hoy» (2:7).

c. El Mesías mismo habla como lo hace en el Salmo 22. En los otros cuatro salmos en los cuales Cristo habla en la primera persona (2; 16; 40; 69), él dirige la palabra solo en ciertas partes del salmo respectivo; en otras partes es el salmista que habla. Por ejemplo, solo la expresión, «No dejarás mi alma en el Seol, ni permitirás que tu santo vea corrupción» (16:10) es del Señor; lo demás es de David.

3. Clasificándolos según su contenido. Este método tiene que ver con los temas. Se categorizan los poemas según los tres oficios de Cristo: profeta, sacerdote y rey.

a. *Cristo el rey*: los salmos reales (2; 8; 45; 72; 89; 110; 132). En los Salmos 2, 72 y 110 se anuncia el gran Rey de la dinastía de David. Se describe como un ideal y divino monarca, sacerdote y juez, oficios nunca plenamente realizados en ningún rey de Israel. Solo el Mesías combina estos papeles en un reinado universal sin fin, caracterizado por la justicia y la paz. En la sección sobre la clasificación de los salmos, hemos considerado más detenidamente los salmos reales.

b. *Cristo el sacerdote*: los salmos pasionales (16; 22; 40; 69; 102; 109). Estas composiciones describen el padecimiento humano «en términos que parecen exagerados en relación a la experiencia ordinaria, pero que resultaron ser una descripción extraordinariamente precisa de los sufrimientos de Cristo. Bajo la inspiración de Dios, los salmistas

---

99. Las clasificaciones que siguen son de Payne.

escogieron palabras e imágenes que iban a adquirir un significado que nunca hubieran imaginado».[100]

Los escritores inspirados del Nuevo Testamento, y, en especial, el autor de la carta a los Hebreos, indican que los padecimientos del Señor eran redentores y así son los del gran Sacerdote divino. Por ejemplo, el Salmo 40:6-8 es citado en Hebreos 10:5-7 para describir la voluntaria entrega de Cristo al Padre a fin de ofrecerse como el único sacrificio eficaz por el pecado. Escritores del Nuevo Testamento vieron referencias a la pasión del Señor en Salmos 69 y 109 (véase 69:21 — Mt 27:48; Mr 15:36; Jn 19:28, 29; Sal 109:25 — Mt 27:39; Mr 15:29); Pedro vio la traición de Judas en Salmos 69:25 y 109:8 (véase Hch 1:20), y Pablo encontró la resurrección de Cristo en Salmos 16:10 (Hch 13:35).

Salmo 22:1-21 presenta el cuadro más detallado de la pasión del Salvador que se encuentra en los salmos. Incluye tales detalles como el clamor angustiado en la cruz (v. 1; Mt 27:46), el escarnio de sus enemigos (v. 7; Mt 27:39), el no ser ayudado por Dios (v. 8; Mt 27:43), su sed (v. 15; Jn 19:28), sus manos y pies horadados (v. 16; Jn 19: 18) y el echar suertes sobre su ropa y repartirla (v. 18; Jn 19:24).

c. *El mesías como profeta*: La segunda mitad del Salmo 22 predice la glorificación de Cristo y los resultados de su obra. El Mesías resucitado cumplirá su misión profética: «anunciaré tu nombre [el de Jehová] a mis hermanos; en medio de la congregación te alabaré» (v. 22; véase He 2:12).

Así que en el Salterio se enfocan los temas principales de la profecía mesiánica del Antiguo Testamento. Los profetas posteriormente agregaron muchos más detalles, pero los salmistas ya habían establecido las bases. El Mesías sería tanto humano como divino, tanto perseguido como conquistador y tanto rey como sacerdote. En él se combinarían los tres oficios: profeta, sacerdote y rey.

---

100. «Cristo en los Salmos» en *Manual bíblico ilustrado*, *op. cit.*, p. 329.

Capítulo 5

Los himnos y oraciones de Israel — Primer Libro

Salmos 1 — 41

No es nuestro propósito dar una exposición amplia de todos los salmos; trataremos solo algunos importantes. Nos limitamos a hacer un breve sumario de los demás poemas con algunos comentarios y notas para que el lector pueda comprender mejor las ideas y verdades expresadas.

Los salmos del primer libro del Salterio se caracterizan por lo siguiente: (a) Se usa casi siempre el nombre Jehová; este título aparece 272 veces y el término genérico Elohim (Dios) solamente 15 veces. (b) Se atribuyen todos los salmos a David, salvo 1, 2, 10, 33. (c) Parece que los primeros dos fueron añadidos a los otros cuando se formó el Salterio. (d) La mayoría de los salmos del primer libro son espontáneos, aunque los Salmos 9, 10, 25, 34 y 37 son acrósticos, o sea, alfabéticos.

Se clasifican los poemas de este libro según su tema:

• El contraste entre los justos y los inicuos (1, 5, 10, 37).

• El clamor de los justos ante los sufrimientos y tristezas de la vida (3, 4, 6, 7, 12, 22, 31, 38, 39, 40).

• La gloria de Dios en la naturaleza (8, 19, 29).

• La ley (1, 19).

• El Rey (2, 18, 20, 21).

• La vida futura (16).[101]

Salmo 1: Los dos caminos

Parece que este salmo fue compuesto especialmente para ser la introducción a todo el libro de Salmos. Alguien ha dicho que «El Salmo 1 es a todo el Salterio lo que el texto es a un sermón». En cambio, el Salmo 2 proporciona una introducción al primer libro de Salmos. Juntos, los primeros dos salmos forman el prólogo a las cinco colecciones de poemas.

---

101. Ross, op. cit., p. 84.

El Salmo 1 nos recuerda a los proverbios por su tono sapiencial y didáctico. Como el proverbista, el salmista contrapone los dos caminos, el de los pecadores y el de los justos, y señala el resultado de cada uno: la felicidad para «el justo» (v. 1), y la perdición («desastre», DHH), para los malos (v. 6; véase Pr 2:12-14, 20-22). Sin embargo, la sabiduría que recomienda el salmista se arraiga en la Ley de Jehová (v. 2), y no en la sagacidad humana.

Los versículos 1-3 describen al hombre feliz que evita conformarse al mundo en tres aspectos: aceptando sus consejos, participando en sus costumbres y adoptando lo peor de sus actitudes, la burla a Dios. La «ley de Jehová» contrapone el escarnio de los pecadores y es la respuesta a los consejos de ellos. El Salmo 1 recalca una gran verdad: en lo que piensa el hombre es lo que determina su manera de vivir. Por lo tanto, el justo, como Josué (Jos 1:8), medita y se deleita continuamente en la Ley (instrucción o enseñanza), algo que implica «adhesión gozosa y obediencia fundada en el amor».[102] Resulta que el justo es como el árbol que tiene sus raíces en la orilla de un arroyo y no está afectado por los períodos de sequedad ni deja de llevar fruto a su tiempo. «Todo lo que hace prosperará». El Señor «cuida» su camino (v. 6, DHH).

1:2 *La ley de Jehová* (instrucción o *enseñanza).* El vocablo «ley» (hebreo *torah*) está utilizado en el Antiguo Testamento con diferentes acepciones. Algunas son (1) el Pentateuco, o sea los primeros cinco libros de la Biblia, siendo los Diez Mandamientos su corazón; (2) las Escrituras Sagradas del Antiguo Testamento y las normas que la tradición hebrea fue agregando a lo largo de los siglos; (3) las ordenanzas y estatutos del Antiguo Testamento; (4) instrucción, sabiduría, preceptos o enseñanza. El último uso se encuentra con más frecuencia en el Salterio y los libros sapienciales.

Salmo 2: Las cuatro voces

Este es el primer salmo real en el Salterio y es claramente mesiánico en carácter. Aunque no hay inscripción en el poema mismo para identificar a su compositor, se le atribuye a David en Hechos 4:25. Es muy citado en el Nuevo Testamento, tanto por sus afirmaciones sublimes

---

102. Nota en *La Biblia de estudio, Dios habla hoy, op. cit.*, p. 671.

referentes al «Ungido» (Mesías) de Dios como por su visión de su reino universal[103] (véase Hch. 13:33; He 1:5).

Según la erudición moderna, este salmo fue compuesto para la ceremonia de entronización de un nuevo monarca perteneciente a la dinastía davídica. Sin embargo, no se encuentra en la historia de los reyes davídicos ninguna situación semejante a la que se describe en este poema; es decir, el levantamiento de las naciones tributarias o simplemente enemigas de Israel en el tiempo de la coronación de un nuevo rey. También, sus perspectivas son mesiánicas y escatológicas. Cualquiera que fuera la ocasión de la composición del Salmo 2, es claro que enseña la entronización de Cristo en Sion como Rey universal. Si tenía situación histórica, ésta tendría un sentido típico, algo que se cumple en Jesucristo; lo interpretamos como pura profecía.

Se distinguen cuatro voces que hablan en Salmo 2:

1. *La voz del mundo rebelde* (2:1-3). El «por qué» del versículo 1 expresa el asombro del salmista sobre la locura de las naciones que se han juntado contra Dios y su Mesías. Estas piensan romper las «ligaduras» de Dios y sacudir su yugo. La Iglesia apostólica vio el cumplimiento de estos versículos en la crucifixión de Jesucristo y la persecución de sus seguidores (Hech. 4:25-28). En un sentido, Dios se burló de los gobernantes y romanos, levantando a Jesús de entre los muertos.

Es probable, sin embargo, que el pasaje también se refiere al antagonismo y rebelión de las naciones contra la Iglesia y la Ley de Dios en los últimos días; antes de la Segunda Venida (Ap 13). Ya vemos los intentos de la sociedad mundana de sacar todo refrenamiento de la inmoralidad, la homosexualidad, la sodomía, los abortos y la violencia «justificada».

2. *La voz del Padre* (2:6). La risa divina se debe más a la arrogancia de los gobernadores y naciones que a su castigo: «... hacen planes sin sentido» (v. 1:1, DHH). ¡Imaginémonos cuán inútil es que los hombres débiles se lancen contra el Dios todopoderoso! Sería tan ridículo como una hormiga sobre el riel del ferrocarril desafiando al tren que se acerca. El Padre se burla de ellos hablándoles y turbándoles en su ira y poniendo a su Hijo como rey sobre las naciones. Entonces serán exaltados los perseguidos y castigados los perseguidores (véase 2 Tes 1:6-10; Ap 11:18; 18:20).

---

103. Derek Kidner, «Psalms 1-72» en Tyndale Old Testament Commentaries, D.J. Wiseman editor (London: Intervarsity Press, 1973), p. 50.

3. La voz del Hijo (2:7-9). El ungido de Jehová habla. Dios le ha constituido rey sobre las naciones. El «decreto» que él anuncia se refiere al pacto davídico por el cual Dios prometió adoptar como hijo al heredero del trono de David (2 S 7:12, 14, 16). Se lee así:

> Yo levantaré después de ti uno de tu linaje...
> él edificará casa a mi nombre... yo le seré
> a él padre, y él me será a mí hijo...
> Y será afirmado tu casa y tu reino
> para siempre delante de tu rostro, y
> tu trono será establecido eternamente.

Se desprenden algunas verdades de este pasaje cuando se le interpreta a la luz del Salmo 2:7,12.

a. El rey que ha de cumplir la esperanza mesiánica de Israel será un hijo (descendiente) de David.

b. La relación de padre-hijo que Dios establecerá con el rey davídico se cumplirá en un futuro monarca ideal en el sentido más profundo e íntimo (Sal 2:7, 12). La descendencia (simiente) de David, la cual es el objeto de la promesa, no será un solo gobernador, sino una dinastía de reyes (véase 2 S 7:16, DHH). Sin embargo, entre los descendientes de David será uno cuyo trono será para siempre. Esta profecía se cumplió en Jesucristo (véase Lc 4:16-21).

Los profetas y salmistas recalcan cuatro temas de la esperanza mesiánica. Son la estabilidad eterna del reino de la dinastía davídica (Sal 89: 19-37; 132: 11; Is 9:6, 7; 11:1-10), la filiación divina del rey (Sal 2:7), su entronización a la derecha de Dios (Sal 110:1) y su dominio universal (Sal 2). Es interesante notar que el Salmo 2 es la fuente de dos de los cuatro temas.

Se cita la frase «Mi Hijo eres tú, yo te engendré hoy» varias veces en el Nuevo Testamento. Hechos 13:33 y Romanos 1:4 declaran que Cristo fue aclamado como Hijo por la resurrección, mientras Hebreos 1:5 y 5:5 citan la expresión como algo relacionado respectivamente con la encarnación y sacerdocio del Señor. Es obvio que en el Salmo 2 la frase se refiere a la entronización de Jesucristo, pues recibirá «por herencia las naciones y... los confines de la tierra». En cambio, el versículo 9 le presenta como un rey-guerrero que quebrantará las naciones con «vara [cetro] de hierro», una acción que acompañará la Segunda Venida (Ap

2:27; 19:15). El libro de Apocalipsis señala claramente que el versículo 9 se refiere al reino triunfante de Cristo (12:5).

4. La voz del Espíritu Santo (2:10-12). A la luz de lo que sucederá, los reyes que se rebelan son advertidos de que su única esperanza es someterse y servir a Jehová, y honrar (heb. «besad») al Hijo. Puesto que el glorificar a Cristo es obra del Paracleto (Jn 16:14), se cree que el que habla en este pasaje es el Espíritu mismo.

2:2 Su Ungido. Es «Mesías» en lengua hebrea, y «Cristo» en lengua griega. Se llamaba al rey de Israel el «ungido de Jehová» porque en el momento de recibir la investidura real era ungido con aceite consagrado por un sacerdote o profeta (véase 1 S 10:1; 16: 13).

2:6 Sión, mi santo monte. A veces este término se refiere a la colina sobre la cual Salomón edificó el Templo (Sal 78:68-69) y en otros pasajes a Jerusalén, la ciudad santa, o el Templo, morada del Altísimo y meta de las peregrinaciones (véase Sal 48:12-14; 132:13).

2:12 Honrad al Hijo (heb. «rendir homenaje», o «besar»): Los reyes en la antigüedad, al ser conquistados, a menudo besaban los pies de su conquistador como una señal de sometimiento.

Salmo 3: Oración matutina del Justo perseguido

Según el título de este salmo, es de David y proviene del episodio cuando huía de Absalón (2 S 15:1-19:33). El salmista describe a sus enemigos, los peligros que le amenazan y la protección divina. Consta de cuatro estrofas: (a) la multiplicación de sus enemigos, vv. 1-2; (b) la confianza de David en la protección de Dios, vv. 3-4; (c) su experiencia en la presencia de Dios, vv. 5-6; (d) su oración pidiendo ayuda, v. 7a; y (e) su seguridad de salvación, vv. 7b-8.

En esta súplica animada de un profundo sentimiento de confianza en Jehová, David describe al Señor como su «escudo» en los momentos de peligro y su «gloria» en la humillación (cuando David huía de su hijo Absalón, «subió la cuesta de los olivos... llorando, llevando la cabeza cubierta y los pies descalzados» 2 S 15:30). En aquel momento, confía en que desde «su monte santo» (Sión o Jerusalén donde está el santuario) saldrá el rescate de Jehová, y no los decretos de Absalón. Por lo tanto puede dormir tranquilamente a pesar de la persecución de sus enemigos.

Salmo 4: Plena confianza en Jehová

Se cree que el Salmo 4 es compañero del poema anterior. Los dos salmos tienen mucho del mismo carácter, pero hay ciertas diferencias. En el Salmo 3, el peligro es físico; es decir, los enemigos de David buscan su vida. En el Salmo 4, sus adversarios le calumnian, mienten y aman las cosas vanas (v. 2). Aparentemente no temen a Dios y no son sinceros (vv. 4-5).

Mientras su carácter es puesto en tela de juicio por sus enemigos, David apela primero a la bondad y sentido común de ellos y les exhorta a cambiar su conducta, reverenciar a Dios y confiar en él (vv. 2-5). Luego apela a Jehová y expresa alegría (vv. 6-7). Finalmente, con buena conciencia y confianza sublime en la protección divina, se acuesta y duerme tranquilo.

4:2 Hijos de los hombres («Ustedes que se creen grandes señores», DHH). El salmista reprende a personas que ocupan puestos altos en la sociedad. Parece que han perdido su confianza en el Señor y han hablado precipitadamente contra él (véase 4:4).

4:4 ¡Temblad y no pequéis! El vocablo traducido «temblad» quiere decir «ser profundamente conmovido» y puede ser aplicado a cualquier emoción. Aquí se refiere a ser conmovido con temor o consternación. La expresión en este contexto es una admonición a no hablar temerariamente, aun en momentos de aflicción o angustia. Es mejor callarse y reflexionar en su cama (v. 4b). El apóstol Pablo cita esta frase, pero con un enfoque diferente (Ef 4:26).

4:6 Alza sobre nosotros, Jehová, la luz de tu rostro (hebreo: «haz resplandecer su rostro»). Es una expresión bíblica, frecuente en el Salterio, de la benevolencia de Dios o de los reyes. Cuando Dios hace resplandecer su rostro sobre una persona, vienen liberación y bendición (véase Nm 6:25-26; Sal 31:16; 13:1).

Salmo 5: Plegaria pidiendo la ayuda de Dios

Este poema es una súplica matutina del salmista, acusado injustamente, que acude a Dios para que le haga justicia. El salmo entero expresa el espíritu de su grito en el versículo 2: «Rey mío y Dios mío». Así destaca la relación personal con Jehová y su señorío sobre la vida. Es el primer salmo imprecatorio en el Salterio. Realmente no maldice a sus acusadores, sino que pide que el Señor los castigue.

La *Santa Biblia con notas Harper/Caribe* divide el poema en tres partes: «(1) Dios oye la oración, 1-3; (2) Dios aborrece la maldad, 4-6; y (3) Dios bendice al justo, 7-12».[104]

104.   Santa Biblia (con notas), J. Mervin Breneman, ed., op. cit., p. 581.

La expresión, «guíame Jehová, en tu justicia, a causa de mis enemigos; endereza delante de mí tu camino» (v. 8) expresa el deseo del salmista de ser guiado como por un pastor, en sendas de justicia. «Endereza delante de mí tu camino» significa: Que el camino por el cual me guíes, sea recto, llano y libre de obstáculos y tentaciones. El salmista pide que Dios le guíe de tal manera que sus enemigos no tendrán causa por la cual podrán acusarle.

5:9 *Porque en la boca de ellos no hay sinceridad... sepulcro abierto es su garganta... con su lengua hablan lisonjas.* El arma más mortífera y que se usa con más frecuencia contra los santos es la lengua (véase Sal 12; 57:4). Es probable que el salmista apela a Dios porque solo él puede desagraviar el daño hecho por la lengua.[105]

Salmo 6: Una oración de angustia

El Salmo 6 es el primero de los siete poemas llamados salmos penitenciales. Los otros son 32, 38, 51, 102, 130, 143. David está gravemente enfermo, al punto de morir, y sus enemigos aprovechan la oportunidad de descargar su rencor burlándose de él. Sin embargo, lo que le aflige más es la preocupación de que no ha agradado a Dios y que éste le disciplina. El salmo se divide en dos secciones: (1) el enfermo implora a Dios, vv. 1-7; y (2) expresa confianza en que Dios le había escuchado, vv. 8-10.

En el versículo 2, el salmista pide la misericordia de Jehová. La palabra traducida aquí «misericordia» (heb. *jésed*) expresa primordialmente la idea de un vinculo, de un compromiso. «En el aspecto profano viene a designar la amistad, la solidaridad, la lealtad, sobre todo cuando estas virtudes proceden de un pacto».[106] Una versión de la Biblia inglesa la traduce «amor constante». *Jésed* abarca todo el amor, bondad y misericordia del pacta que Dios hizo con Israel y la dinastía de David (véase Dt 7:9, 12; Sal 89:24, 28, 33; 2 S 7:15; Is 55:3). La petición del salmista se basa en este amor fiel. David pide que Dios no le imponga el pleno rigor de su castigo por el pecado, pues esto resultaría en su muerte.

6:5 *En la muerte no hay memoria de ti.* Parece que el salmista creía que la muerte acababa con todo, que no había vida de ultratumba (v. 5). Pero no es así. En el Antiguo Testamento, el «Seol» se describe como la morada de los muertos, como un lugar oscuro y sombrío. Aquí David dice que la muerte le quitaría la memoria de Dios y convertiría sus alabanzas

---

105. Nota en The NIV Study Bible, op. cit., p. 790.
106. Nota en *Biblia de Jerusalén* (1967) , op. cit., p. 1228.

en silencio. Sin embargo, tales expresiones reflejan primordialmente la angustia de la persona; no son negaciones de la soberanía divina más allá de esta vida. El «seol» y «el abismo» están a la vista del Señor (Pr 15:11) y él está allí (Sal 139:8). Si Dios ya no se acuerda del difunto (Sal 88:5), no es porque le olvida como hacen los hombres; más bien, es porque sus intervenciones salvíficas terminan con la muerte, porque para Dios el recordar significa siempre actuar (véase Gn 8:1; 30:22). Aunque los antiguos no tenían un concepto claro de la vida de ultratumba, para ellos la muerte no era el fin de toda esperanza. Cosas gloriosas les esperaban a los justos al partir de este mundo (véase Sal 16:9-11; 17:15; 49:14-15; 73:24).

Salmo 7: Un clamor por justicia

Este salmo contiene una súplica a Dios como el Juez justo, para que él proteja al salmista en contra de un enemigo calumniador y cruel. La justicia involucrará la salvación del inocente, pues las dos coinciden cuando Dios somete a juicio al perseguidor de un justo. El nombre Cus (véase el título) no aparece en las crónicas de la época, pero él pudo ser un partidario del extinto Saúl, como era Simei (2 S 16:5). El poema progresa desde el clamor de un hombre traicionado y hostigado, hasta que éste llega a la convicción de que Jehová es el Juez de toda la tierra y de que la malicia de los inicuos labra su propia ruina.

Un bosquejo del salmo puede ser así: (a) David pide a Dios que lo ayude contra sus enemigos, vv. 1-3; (b) David protesta su inocencia, vv. 4-6; (c) David conjura al Juez celestial a que haga justicia, vv. 7-10; (d) David asevera que Jehová es el Juez justo y Salvador de los perseguidos, vv. 11-14; (e) David observa que los malvados caerán en su propio hoyo, vv. 15-16; y (f) David, confiando en la justicia divina, promete un sacrificio de alabanza, v. 18.

La protesta de inocencia de parte de David nos parece un poco chocante; sin embargo, está la otra cara de la moneda. Una nota en la Biblia de estudio, *Dios habla hoy* explica: «Al hacer esta profesión de inocencia, el salmista no pretende declararse libre de todo pecado (cf. Sal 130:3; 143:2); lo que quiere decir es que no tiene que reprocharse nada que pueda justificar los violentos ataques de sus enemigos (cf. Sal 17:3-5; 26:3-5)».[107]

---

107. *Biblia de estudio, Dios habla hoy, op. cit.*, p. 674.

Salmo 8: La gloria de Dios y la dignidad del hombre

Ross dice: «Este salmo es un poema de maravillosas alabanzas inspiradas por el pensamiento de la supremacía y honor que Dios le ha concedido al hombre, quien por sí mismo tiene un lugar tan insignificante en el universo».[108]

Se cree que David lo escribió cuando era un joven pastor. Al contemplar el inmenso cielo tachonado de estrellas, fue impresionado por dos cosas: (1) la gloria de Dios reflejada en los cielos, y (2) la condescendencia asombrosa de Dios se expresa en su solicitud por el hombre débil, al crearlo casi como un dios («poco menor que los ángeles») y al concederle dominio real sobre sus criaturas. Se dio cuenta de que el hombre es más importante que todas las maravillas de la creación, pues fue hecho a la imagen de Dios y es el rey sobre la naturaleza (véase Gn 1:26-28).

El escritor de la carta a los Hebreos eleva el pensamiento del salmista hasta el hombre por excelencia, que es Jesucristo (He 2:5-9). Cita primero la versión griega (donde *Elohim* [heb. «Dios, dioses o seres celestiales»] es traducido «ángeles»), y luego basa su argumento sobre una exégesis literal del versículo 6b: «Todo lo pusiste debajo de sus pies». El apóstol Pablo lo considera también una profecía mesiánica: «Porque preciso es que él [Cristo] reine hasta que haya puesto a todos sus enemigos debajo de sus pies» (1 Co 15:25).

El encarnado Hijo de Dios es tanto el hombre representativo de la humanidad como la persona en quien el destino divino del hombre será plenamente realizado. Así el autor neotestamentario «muestra que el dominio atribuido al hombre es ideal, siendo realizado en el hombre, perfecto, Jesús».[109]

F.B. Meyer comenta sobre el contraste entre la naturaleza finita del hombre y la majestad infinita de su Creador:

> La comparación de los versículos 3 y 4 es llamativa. Es el gran descenso desde *Adonai*, por encima de los cielos, hasta el hijo de *Adán* (polvo). Pero el Rey ama a sus hijos más que a su palacio. ¡Cuál será el valor del hombre al que Dios valoriza tanto! La corona de la creación fue puesta en su cabeza. El pecado la arruinó pero el Hijo del Hombre la alcanzó

108. *Ross, op. cit.,* p. 86.
109. Gillis, *op. cit.*, p. 289.

de nuevo (Mt 28:18; Is 11:6-9; Ro 8:19-22). El alma santa tiene el talismán de reinar (1 Co 3:22).[110]

8:2 *De La boca de los niños ... para hacer callar al enemigo.* En su entrada triunfal en Jerusalén, Jesús citó el versículo 2 para callar a sus críticos (Mt 21: 16). Aunque la alabanza a Dios sale de la boca de «las que maman», (los sencillos y débiles) es una fuerza irresistible en contra de sus enemigos.

8:9 *Cuán glorioso es tu nombre.* En el pensamiento bíblico, el nombre es mucho más que la palabra que se emplea para llamar a una persona; es más bien una revelación de su naturaleza o carácter (Gn 32:29; Éx 3:13-14). «Bendecir, invocar o conocer el nombre del Señor es bendecirlo, invocarlo y conocerlo a él mismo, y no solamente a la palabra con que lo nombra (cf. Sal 103:1; 113:1; 135:1, 3; 138:2)».[111] Por tanto, el salmista señala que la gloria o majestad es parte de la naturaleza divina.

Salmo 9: Dios: Juez y Rey

En la versión griega, la Septuaginta, y en la antigua versión latina, la Vulgata, este salmo se halla unido al Salmo 10; pero son dos en el moderno texto hebreo. A favor de la teoría de que formaban originalmente un solo poema, está el hecho de que son alfabéticos, o sea acrósticos. Sin embargo, varias de las letras no tienen sus correspondientes estrofas en el texto recibido, el cual se encuentra en mal estado.

Los que creen que son dos salmos separados señalan que se tratan respectivamente de temas algo diferentes. La oración del Salmo 9 es contra los enemigos *de* Israel mientras que la plegaria del Salmo 10 es principalmente contra los inicuos *en* la nación misma; es decir, el noveno salmo es nacional y el décimo es personal.

El Salmo 9 es el canto de alabanza de un monarca que ha triunfado sobre sus enemigos. El salmista contempla a Dios que, desde su trono alto, gobierna la humanidad. Comienza dándole gracias por la victoria otorgada a Israel, sobre las naciones que fueron tomadas en sus propios lazos (vv. 1-3). El honor y gloria de Dios se vindican cuando él juzga y castiga a los malvados (vv. 4-18). El poema termina con una plegaria por el juicio de Dios sobre las naciones enemigas (vv. 19-20).

---

110. F.B. Meyer, *Bible Commentary* (Wheaton, IL, USA; Tyndale House Publishers, s.f.), p. 232.
111. Nota en la *Biblia de estudio, Dios habla hoy, op. cit.,* p. 674.

9:2 *Altísimo* (heb. *Elyón*): «título muy antiguo de Dios, que afirma su autoridad y dominio universales» (véase Gn 14:18; Sal 47:2; 83:18).[112]

9:11 *Cantad a Jehová, que habita en Sion* («que reina en Sion» DHH). El trono de Dios en el cielo (v. 7) tiene su contraparte en el templo de Jerusalén donde reina sobre las naciones (véase Sal 3:4; 11:4; 20:2).

9:12 *El que demanda la sangre* (heb. «las sangres»): Dios es el «vengador de sangre»; es decir, el que no deja sin castigo a los asesinos. En el antiguo Israel no había policía; el *goel* o pariente más cercano de la víctima ajusticiaba su muerte (véase Nm 35:19-21). «La palabra sangres, en plural, designa siempre, en el lenguaje bíblico, la sangre derramada mediante la violencia (cf. Gn 4:10)».[113]

Salmo 10: Oración pidiendo ayuda contra los opresores

El salmista se queja por la aparente impunidad con la cual los inicuos oprimen a los pobres. Los malos se jactan de su perversidad y se comportan como si no existiera Dios. Tratan a los indefensos como si fueran su presa natural. Una de sus armas principales es su lengua (v. 7). Se describen sus víctimas como el ***inocente***, el ***pobre***, el ***desvalido*** y los ***desdichados*** (vv. 8, 9, 10 y 14). El escritor se aflige porque Dios no actúa para defender a los oprimidos y juzgar a los malos. Termina pidiendo socorro y expresando confianza en una respuesta de Dios: ***tú... haces atento tu oído*** (v. 17b).

La expresión, ***Quebranta tú el brazo del inicuo*** (v. 14) parece brutal, pero quiere decir «romper su poder» (véase Sal 44:3). El salmo concluye con una referencia a la fragilidad del opresor: ***el hombre, hecho de tierra*** (v. 18, DHH). No obstante, cuán lejos puede estar el día de justicia, hay una promesa a los humildes perseguidos que no se demora; ***tú los animas***, (v. 17, DHH). Es una respuesta parecida a la que Pablo tuvo que aceptar y aprender a valorar cuando pidió liberación del aguijón en la carne (2 Co 12:7-10).

Salmo 11: Un cántico de constancia

David escribió este salmo cuando se encontró en gran peligro de perder su vida. Tal vez esta crisis se relaciona con la época en que David estuvo en la corte de Saúl (véase 1 S 18:11; 19:10), «pero el salmo

---

112. Nota en Santa Biblia, Reina-Valera 1995, Edición de estudio, op. cit., p. 666.
113. Nota en *La Biblia de estudio, Dios habla hoy, op. cit.,* p. 676.

corresponde a todas las ocasiones cuando los poderes del mal amenazan la seguridad y el bienestar del pueblo de Dios».[114] Este poema refleja la serena confianza en Dios que tenía el salmista en el momento que sus amigos le aconsejaron que huyera del peligro inminente. El rehúsa huir, diciendo que su confianza está en Jehová.

11:3 *Si son destruidos los fundamentos, ¿qué puede hacer el justo?* Cuando los cimientos morales de la justicia y el orden público son quebrantados, los justos son indefensos y reina el caos (véase Sal 82:5).

11:6 *La porción de su copa* es una metáfora común en la Biblia que se refiere al destino que Dios asigna a los hombres.

11:7 *El hombre recto mirará su rostro* (el rostro de Dios) probablemente se relaciona con la expresión «ver el rostro del rey», la cual significa tener acceso al rey (véase Gn 43:3, 5; 2 S 3:13), o estar en su presencia como siervos confiables ante un señor benévolo (Sal 15:1). Aquí David habla del libre acceso que tiene el justo al trono de Dios.

Salmo 12: Oración contra lenguas maliciosas

Este poema habla específicamente sobre el daño a los piadosos que resulta de las mentiras de los impíos (vv. 1-2). Abrumado por la corrupción de la sociedad el salmista pide que Dios acabe con la adulación, jactancia y arrogancia (vv. 3-4). Esto es el primer salmo que contiene una respuesta inmediata del Señor (v. 5). No sabemos si fuera por un profeta en el templo o por el Espíritu Santo hablando directamente a David. Otros ejemplos de este fenómeno se encuentran en los Salmos 60, 81, 95. El salmista termina el poema expresando su confianza de que Dios salvará a los menesterosos (vv. 6-8).

12:1 *Piadosos:* los fieles, los que mantienen su integridad moral.

12:2 *Con doblez de corazón:* «hablan... con doble sentido» (DHH).

12:6 *Plata refinada en horno de barro purificado siete veces.* Las palabras del Señor son tan puras como plata refinada en el horno siete veces (número que suele simbolizar la perfección y plenitud, pero aquí se refiere a la purificación cabal).

Salmo 13: Clamor confiado

Oprimido por sus enemigos, David lamenta su desolación e implora

---

114. Leslie S. M'Caw y J.A. Motyer, «Salmos, Introducción» en Nuevo comentario bíblico, D. Guthrie y J.A. Motyer, editores (El Paso, TX, USA: Casa Bautista de Publicaciones, 1977), p. 347.

auxilio. Las frases claves son: «¿Hasta cuándo Jehová?», expresión que se repite cuatro veces (vv. 1-2). El padecimiento del salmista había llegado a ser insoportable. David tenía muchos enemigos (v. 4) pero indica uno en particular (v. 2) que probablemente era Saúl (véase 1 S 21-27, durante el período de su huida de él). Termina el poema expresando confianza en la misericordia de Jehová.

13:4 *Para que no diga mi enemigo: «lo vencí».* El motivo principal del salmista para ser salvado de la muerte es que no quiere dar a su adversario motivo de alegrarse.

Salmo 14: El hombre sin Dios

El salmista pinta un cuadro de una condición social corrupta en que la gente sin Dios oprime a su pueblo. Según Pablo, esta descripción se refiere a la humanidad como un todo y no meramente a un período de decadencia moral extrema en Israel (Ro 3:10-12).[115] El hombre sin Dios es un insensato. Alguien ha observado:

> Más que hacer una profesión de ateísmo, el necio niega o pone en duda que Dios intervenga activamente en los asuntos humanos. La consecuencia inmediata de esta negación práctica de Dios es una conducta perversa.[116]

Con ciertas variaciones, este poema aparece en el Salmo 53.

Salmo 15: Requisitos para tener comunión con Dios

Es probable que este poema fuera escrito para celebrar el traslado del arca de Jehová a Jerusalén (véase 1 S 6:12-19). Se emplearía para instruir a los fieles sobre las condiciones morales necesarias para participar dignamente en el culto de Dios (véase Sal 24:3-6; Is 33:14-16). No bastan sacrificios o pureza ritual para gozar de acceso al Señor, es necesario practicar la ética requerida por Dios.

15:4 *Los que temen a Jehová* se refiere a los que son fieles y sumisos al Señor. Esta expresión que se encuentra a menudo en los salmos es sinónimo de fiel, piadoso, devoto.

---

115. *Ibid.*, p. 348.
116. Biblia de estudio, Dios habla hoy, op. cit., p. 678.

Salmo 16: Jehová, la porción de mi herencia

Carroll Gillis asevera:

> El Salmo 16 es uno de los más hermosos de la Biblia, especialmente por sus expresiones de confianza en Dios, sus recuerdos de las bendiciones de Jehová, su afirmación de fe en él y la decisión de seguirle fiel, y especialmente por su confianza en la resurrección. [117]

Se puede dividir este salmo en tres secciones: (a) Las señales del creyente, vv. 1-4; (b) las bendiciones actuales del creyente, vv. 5-8; y (c) las perspectivas del creyente, vv. 9-11.[118]

Este poema es un canto de confianza y gozo de un hombre que sirve al Señor con todo su corazón. Él vive en una época en que sus contemporáneos tratan de unir la adoración de Jehová con el culto de dioses locales. Pero David no quiere tener nada que ver con los ídolos e idolatras. El camino de ellos solo conduce a la multiplicación de dolores. Más bien, se deleita en los hombres que no solamente tienen un buen nombre, sino que también son «íntegros» en carácter. Su suprema delicia, sin embargo, es Jehová, su **Señor** soberano. Para él, Jehová es su todo: «No hay para mi bien fuera de ti» (v. 2).

Saúl y sus siervos le han desheredado en Israel. David les dice: «Me han arrojado hoy para que no tenga parte en la heredad de Jehová diciendo: Ve y sirve a dioses ajenos» (1 S 26:19). Pero el joven fugitivo puede afirmar, como los levitas que no recibieron terreno cuando Josué repartió Canaán: «Jehová es mi herencia» y él añade que es «hermosa» (vv. 5-6; véase Nm 18:20).

¿Cómo puede el alma humana heredar al Eterno? ¿Cómo puede Dios ser su porción? En las relaciones humanas, posesionamos a las personas a quienes comprendemos, simpatizamos y amamos. El amigo posesiona el corazón de su amigo. Y la posesión es recíproca. El Señor es la heredad de su pueblo, y su pueblo es la heredad de Dios. Le posesionamos y él nos posesiona.

También Dios es la **copa** de los que le sirven (v. 5). ¿Qué significa esta metáfora? Se refiere a veces a lo que el anfitrión da a su visita para tomar. A los piadosos, el Señor les ofrece la copa de bendición (Sal 23:5), o

---

117. Gillis, *op. cit.*, p. 294.
118. M'Caw y Motyer, *op. cit.*, p. 349.

de salvación (116:13). A los malos los hace beber de la copa de su ira (Jer 25:15; Ap 14:10; 16:19). Sin embargo, es probable que aquí se refiere al destino del bebé. Jesús oró: **Padre, si quieres, pasa de mí esta copa** (su destino de morir en la cruz). El destino del justo es glorioso.

David halla en Dios no solo abundantes bendiciones para la vida presente sino también la seguridad de que la vida verdadera continuará más allá de esta existencia (vv. 9-10). Para David, la comunión preciosa con Dios tendría que ser una relación indisoluble, permanente, no terminada por la muerte. Casi mil años antes del apóstol Pablo, el salmista expresa la misma fe sublime de éste: «Estoy segura de que ni la muerte, ni la vida, ni ángeles... ni lo presente, ni lo porvenir... ni ninguna otra cosa creada podrá separarnos del amor de Dios» (Ro 8:35-39).

El vocablo «alma» (heb. *nefesh*) no siempre significa la parte espiritual del hombre en distinción del «cuerpo», sino que a menudo se refiere a la persona entera. Algunas versiones traducen «Seol» como «fosa» o «sepulcro», lo que sería posible si este versículo no fuera citado dos veces en Hechos como una profecía de la resurrección de Cristo (2:25-27; 13:35).

Algunos expositores modernos sostienen que este pasaje se relaciona exclusivamente a David, algo que queda contradicho expresamente por los apóstoles. No se puede aplicar al dulce cantor de Israel porque su cadáver vio «corrupción». Tiene que referirse a Aquel que es más que David. Entonces, ¿habla el poema exclusivamente de Cristo, o habla solo la segunda parte (vv. 9-10) de él? Algunos estudiosos tratan de solucionar el problema señalando que David es un símbolo profético de Cristo y las palabras se aplican a ambas personas. Es probable que el inspirador del canto, el Espíritu, convirtió las palabras del salmista acerca de sí mismo en un anuncio profético de la resurrección de Cristo.

16:6 Las cuerdas me cayeron en lugares deleitosos. «La mención de la **heredad** en la línea siguiente parece indicar que se alude al uso de **cuerdas** para medir y distribuir las tierras, como en tiempos de Josué (Jos 14-19; cf. Nm 18:20)».[119]

Salmo 17: Oración contra perseguidores

El salmista escudriña su corazón. Al sentir que su piedad no es irreal, apela a la justicia de Dios (vv. 1-5) e implora la ayuda divina contra sus enemigos (vv. 6-9) que le persiguen (vv. 10-12); estos «mundanos» serán

119. Nota en *Biblia de estudio, Dios habla hoy, op. cit.,* p. 679.

castigados, mientras el salmista disfrutará de la presencia de Dios después de la muerte (vv. 13-15).

17:15 Veré tu rostro... cuando despierte a tu semejanza habla de la recompensa del amor. Algunos expositores sugieren que la frase «cuando despierte» solo significa despertarse de su sueño, pero otras expresiones muy fuertes en los Salmos indican que se refiere a la resurrección (véase 16:9-11; 11:7). La muerte a menudo se compara con el sueño (véase Sal 76:5; Is 26:19; Dn 12:2).

En los versículos 14 y 15, David hace un contraste entre la herencia de los hombres mortales y la de los justos de Jehová. La porción de ésos se limita a este mundo: ¡*quede su suerte en esta vida! ¡De sus reservas llénales el vientre, que sus hijos se sacien, y dejen las sobras para sus pequeños!* (v. 14, BJ). Pero la herencia del justo solamente empieza con su resurrección y luego incluye la visión sublime del rostro de Dios, que es, según Spurgeon, «el cielo de los cielos». Para ver a Dios tenemos que ser limpios de corazón (ver su rostro «en justicia»); esto insinúa la transformación a su semejanza (véase 2 Co 3:18; 1 Jn 3:2).

Salmo 18: Un canto de victoria

Este es un poema de acción de gracias, un salmo triunfal de un monarca. En 2 Samuel 22 se encuentra una copia de esta composición con unas pocas variaciones que son sin importancia. El título lo atribuye a David «siervo de Jehová», término que «denota el carácter inspirado del cántico, como la producción de uno encargado de la ejecución de la voluntad de Dios. No fue favorecido por Dios, porque le sirviese, sino que le servía porque fue escogido y encargado por Dios en su soberana misericordia».[120]

El salmo puede dividirse en cinco partes: (1) la introducción: la afirmación del salmista de que ama a Dios, vv. 1-3; (2) la liberación divina de sus enemigos mortales, vv. 4-19; (3) la declaración de su propia inocencia, vv. 20-28; (4) un cántico real de la victoria obtenida con la ayuda divina, vv. 29-48; y (5) la conclusión, vv. 49-50.

David comienza su poema declarando con ternura su amor a Dios. No es posible describir el rol de Jehová en ayudar a los suyos con una sola metáfora. Es *roca mía* (literalmente roca agrietada, para escondite),

---

120. Roberto Jamieson, A.R. Fausset y David Brown, Comentario exegético y explicativo de la Biblia, Tomo 1 (El Paso, TX, USA: Casa Bautista de Publicaciones, 1981), p. 446.

castillo mío (baluarte o refugio de los fieles), *mi libertador* (literalmente «cuerno de salvación». El cuerno, el medio de ataque y defensa de los más fuertes animales es símbolo frecuente de poder o de fuerza eficazmente ejercida),[121] *mi escudo y la fuerza de mi salvación*, y mi *alto refugio* (lugar alto fuera del alcance de los peligros).

En los versículos 7-19 se describe poéticamente la teofanía victoriosa de Jehová que viene en ayuda del que le es fiel. El salmista termina con el final mesiánico: «Yo te confesaré entre las naciones» (v. 49), frase citada por Pablo como profecía de que Cristo vino tanto por los judíos como por los gentiles (Ro 15:8-12).

Salmo 19: Las dos revelaciones divinas

F.B. Meyer lo describe como «el salmo de dos libros»: la naturaleza, y las Escrituras. La primera revelación se expresa en los cuerpos celestiales y, en especial, en el sol (vv. 1-6); la segunda en la claridad de la Palabra escrita (vv. 7-14). La última sección se divide en dos partes: (a) alabanzas a la ley (vv. 7-11), y (b) la plegaria del salmista para que Dios le guarde del pecado (vv. 12-14). El pensamiento de la última mitad del poema se amplía grandemente en el Salmo 119. El filósofo Emanuel Kant expresa casi la misma idea del salmista en otras palabras: «Dos cosas me llenan de asombro: el cielo tachonado de estrellas por encima de mí y la ley moral dentro de mí».

En ellos [Dios] *puso tabernáculo para el sol* (v. 5). Una nota sobre este versículo y el siguiente en una Biblia de estudio observa: «El sol es presentado poéticamente como un héroe que recorre cada día la inmensidad del cielo. En los pueblos del Antiguo Oriente se consideraba que el sol era un dios; aquí se lo presenta, en cambio, como parte de la creación de Dios».[122]

Jamieson, Fausset y Brown analizan los versículos 7-11:

A la ley se la describe con seis palabras, con epítetos, y con sus efectos (testimonio, mandamientos, preceptos y juicios). Es una regla, el testimonio de Dios en apoyo de la verdad, su prescripción especial y general del deber, el temor (como su causa), y la decisión judicial. Es clara y cierta, digna de confianza, justa, pura, santa y verdadera. Por tanto

---

121. *Ibid.*
122. Biblia *de estudio, Dios habla hoy, op. cit.,* p. 683.

reanima a los deprimidos por las dudas, hace sabios a los indoctos (2 Ti 3:15), regocija al amante de la verdad, fortalece a los desanimados (13:4; 34:6), provee principios permanentes de conducta, y por la gracia de Dios trae rica recompensa.[123]

Salmo 20: Oración por la victoria

Este salmo parece ser la oración del pueblo congregado ante el templo pidiendo que Dios proteja al rey que sale a la batalla. Están conscientes que sus victorias y su buen gobierno dependen en gran medida del bienestar y la felicidad de sus súbditos. Una nota en una Biblia de estudio comenta que los versículos 7-8 «expresan una idea fundamental de la Biblia: la verdadera fuerza del pueblo de Dios no radica en la eficacia de armas o de otros medios puramente humanos, sino en el poder de Dios y en la ayuda que procede de él (Cf. 1 S 17:45-47; Sal 33:16-17; Zac 4:6; 1 Co 1:25)».[124]

Salmo 21: Acción de gracias por la victoria

Se cree que los Salmos 20 y 21 son complementarios y tienen una estructura similar. El primero se canta antes de la batalla y pide que Dios le conceda al rey la victoria; el salmo siguiente, cantado después de la batalla, da gracias a Dios por la victoria (vv. 2-7), y nuevamente invoca la bendición de Dios sobre el rey (vv. 8-12). Ambos salmos terminan con un refrán cantado por el pueblo.

Salmo 22: La pasión y triunfo del Mesías

Este poema es uno de los salmos mesiánicos más importantes. Se cita más en el Nuevo Testamento que cualquier otro. Derek Kidner observa aptamente: «Ningún cristiano puede leerlo sin ser confrontado vívidamente con la crucifixión. No es solamente un asunto de la profecía minuciosamente cumplida, sino de la humildad del sufriente».[125] No hay referencia del pecado como causa de la aflicción, ni protesta de inocencia, ni pretensión de ser justo ni el deseo de venganza. Además, el salmo incluye la visión de la recolección de los gentiles. Por lo tanto, las expresiones corresponden particularmente a Jesucristo.

---

123. Jamieson, Fausset y Brown, *op. cit.*, p. 447.
124. *Biblia de estudio, Dios habla hoy, op. cit.*, p. 683.
125. Kidner, *op. cit.*, p. 105.

Algunos estudiosos lo consideran como la oración angustiada de David cuando este sufrió los ataques feroces y prolongados de sus adversarios. Sin embargo, no se encuentra en la Biblia un incidente en la vida del salmista que se compare con la descripción aquí mencionada. El poema contiene muchos detalles que no pueden ser aplicados a otra persona sino a Cristo; por ejemplo, el repartir su ropa y sobre ella echar suertes. También el lenguaje del salmo refuta llanamente cualquier explicación naturalista.

Es mejor interpretarlo según la aseveración del apóstol Pedro referente a otro salmo: David «siendo profeta... viéndolo antes... habló de Cristo» (Hch 2:30-31). Probablemente todo el salmo se refiere a Cristo y es profecía pura. Nuestro Señor mismo, en su crucifixión, citó la primera frase del salmo y algunos otros versículos están citados directamente o por lo menos aludidos en el Nuevo Testamento, como referencias a su pasión. No hay que extrañarse que los estudiosos piadosos a través de los siglos hayan creído que el Salmo 22 se refiere exclusivamente a Jesucristo.

En los relatos de los cuatro evangelistas, los padecimientos del Señor se describen desde el punto de vista de los testigos oculares de la crucifixión; en el Salmo 22 se narran desde el punto de vista de aquel que los experimenta. El salmo nos da una visión de su angustia intensa, su humillación y su dolor insoportable. Sin embargo, no explica la causa de sus sufrimientos; queda para el cuarto «canto del Siervo sufriente» hacerlo (Is 52:13-53:12), pero sí cuenta de los frutos de su aflicción y su regocijo en el triunfo.

El «príncipe de los predicadores», Carlos Spurgeon, capta elocuentemente la visión de este poema:

> Es un cuadro de las horas más tristes de la vida de nuestro Señor, el testimonio de sus palabras al morir, el vaso que recoge sus últimas lágrimas, el recordatorio de sus gozos al expirar... Ante nosotros tenemos una descripción de las tinieblas y la gloria de la cruz, los sufrimientos de Cristo y la gloria que siguió después de ellos. ¡Oh, si tuviéramos gracia para poder acercarnos y contemplar esta gran visión! Leeríamos con reverencia, quitándonos el calzado como Moisés ante la zarza ardiente, porque si hay un lugar santo en algún punto de la Escritura está en este salmo.[126]

---

126. C.H. Spurgeon, *El tesoro de David*, Vol. 1 (Tarrasa [Barcelona]: Libros CLIE, s.f.), p. 152.

Presentamos una exposición del Salmo 22:

A. Los padecimientos del Mesías (vv. 1-21)

1. Desamparo (vv. 1-5). Este pasaje describe la terrible soledad del alma del Señor y su perplejidad: *¿Por qué me has desamparado?* ... *¿No respondes?* ... *¿No hay para mí reposo?* El silencio total de Dios es punitivo. Jesús ha tomado nuestro lugar, *hecho por nosotros maldición* (Gá 3:13). Es abandonado porque nuestros pecados se han interpuesto entre nosotros y nuestro Dios.

Al reflexionar sobre la fidelidad de Dios para librar a los suyos en años anteriores, el sufriente cobra ánimo. Sobre todo reafirma la santidad y justicia divinas: *Pero tú eres santo, tú que habitas* [entronizas] *entre las alabanzas de Israel* (v. 3).

2. Oprobio de los hombres (vv. 6-11). Ahora él desvía su vista de Dios y contempla su situación propia. Se angustia. Es despreciado como un «gusano», no le tratan como un ser humano; es el *hazmerreír de la gente* (v. 6b, DHH). *Todos ... me escarnecen*; los sacerdotes, el pueblo y los soldados se unen en su mofa general (véase el cumplimiento asombroso de los vv. 7-8 en Mt 27:39-44).

Nuevamente el Perseguido dirige su atención a Dios, acordándose de experiencias anteriores del socorro divino. Él toma como ejemplo especial de ello el período de su impotente infancia: *me hizo estar confiado desde que estaba a los pechos de mi madre*. Luego renueva su súplica señalando la proximidad de la pena, y la ausencia de todo ayudador (vv. 9-11).

3. Sufrimientos físicos y emocionales (vv. 12-21). Se comparan sus atormentadores con animales feroces, *toros silvestres, león rapaz y rugiente, perros me han rodeado*, los cuales están listos para devorarle. *Una banda de malvados* (BJ y DHH) le rodean y horadan sus manos y pies (v. 16). El vocablo hebreo en la versión masoreta traducido aquí como «horadar» es «como león» y no tiene sentido. La Biblia *Dios habla hoy* lo traduce: *me han desgarrado las manos y los pies*, la *Biblia de Jerusalén*: *atan mis manos y pies*, y la *Nueva Versión Internacional*: *me han traspasado las manos y los pies*. Puesto que en la versión hebrea el significado es oscuro, nos conviene aceptar la traducción de la versión griega, la Septuaginta, la cual es *horadar*. La profecía se cumple con el clavar las manos y los pies de Jesús en la cruz.

La descripción de los padecimientos de nuestro Señor es vívidamente gráfica (vv. 14-17):

> Su completo agotamiento y su debilidad desesperada... se exponen en las figuras más expresivas: la solidez del cuerpo queda destruida, y viene a ser como agua; los huesos se abren; el corazón, el mismo asiento de la vitalidad, se derrite como cera; todos los jugos del sistema se secaron; la lengua ya no funciona y yace rígida y seca.[127]

Así, el que no conoció pecado fue herido por nuestras rebeliones, molido por nuestros pecados y el castigo de nuestra paz fue sobre él. ¡Qué amor más grande y sublime! Nos constriñe a rendirnos totalmente a él.

B. El triunfo del Mesías (vv. 22-31)

1. El testimonio del liberado (vv. 22-26). El voto de anunciar la liberación de Jehová constituye la transición de los sufrimientos del Señor a las expresiones de alabanza. **Anunciaré tu nombre a mis hermanos** (22). Es interesante notar que entre las primeras palabras que habló Jesús, después de su resurrección, se encuentran éstas, **Id a mis hermanos**. El término **mis hermanos** indica tanto la condescendencia del Hijo de Dios como la exaltación de los hijos de los hombres.

La frase en el versículo 25, **mis votos pagaré**, nos indica la costumbre relacionada con el anuncio de la liberación divina. El israelita, cuya plegaria fue atendida, cumplió su voto ofreciendo un sacrificio de acción de gracias, seguido por una fiesta de uno o dos días (Lv 7: 16). Compartió su gozo con otros invitando a los pobres, a las viudas y especialmente a los levitas para comer ante el Señor (Dt 12:17-19; Sal 22:26). En este evento anunció lo que Dios había hecho. Así la predicación del evangelio también es como el invitar a los menesterosos al banquete mesiánico (véase Is 55:1-2).

2. La salvación de Jehová incluirá todos los confines de la tierra (vv. 27-31). El Siervo sufriente no ha padecido en vano: «verá el fruto de la aflicción de su alma» (Is 53:11). **Razas y naciones todas, gente de todos los rincones de la tierra** son invitados a venir a él y arrodillarse delante de él, **Porque el Señor es el Rey, y él gobierna las naciones** (27-28, DHH). ¡Qué triunfo más grande! ¡Aleluya!

127. Jamieson, Fausset y Brown, op. cit., p. 449.

Salmo 23: Jehová el pastor y huésped de su pueblo

El Salmo 23 ha sido siempre el más conocido y predilecto del pueblo de Dios. La solicitud amorosa de Dios por los creyentes se describe bajo la doble figura del pastor (vv 1-4) y del huésped que generosamente le ofrece un banquete (vv. 5-6). Señalan M›Caw y Motyer:

> Este poema debe mucho de su encanto a la habilidosa combinación de imágenes contrastantes que cubren los mayores aspectos de la vida, o sea la vida al aire libre (vv. 1-2) y bajo techo (v. 6b); la paz (v. 2) y el peligro (v. 4b); la posibilidad del mal (v. 4b) y la perspectiva del bien (v. 5); épocas de refuerzo para el alma (v. 3a) y épocas de ominosas (mal agüero) tinieblas (v. 4a); la experiencia de seguir adelante (vv. 1-2) y una vida de estable seguridad (v. 6b). Sin embargo, todas las facetas literarias de esta joya lírica están enfocadas en el Señor cuyo cuidado tierno, su vigilancia incesante y su presencia perpetua imparten a la vida todo su color y satisfacción.[128]

Se destaca la actividad múltiple del Pastor divino en la primera sección de esta hermosa obra (vv. 1-4). En el calor del día, él *conduce* a sus ovejas a un lugar de refrigerio, *aguas de reposo*, tranquilas que contrastan con las corrientes ruidosas por una parte, y con las repugnantes aguas estancadas por la otra.[129] Allí las *reaviva*, es decir, les da nuevas fuerzas. Las *guía* por sendas de justicia *haciendo honor a su nombre* (v. 3b, DHH). La justicia y las buenas obras de los cristianos reflejan el carácter de Dios y traen honor a su nombre. Las *acompaña* en los momentos más terribles de dolor y peligro en el *valle de sombra de muerte*. Las ovejas no se espantan pues su vara, instrumento usado por el pastor para contar, dirigir, rescatar, castigar y proteger a sus animales, y su cayado les *inspiran* confianza.

En la segunda parte del salmo (vv. 5-6) Jehová como huésped benévolo *prepara* un banquete para el justa *ante los ojos* de sus enemigos. En los tiempos de la Biblia la invitación a comer era no solo un gesto de hospitalidad, sino también de solidaridad y alianza (véase Gn 18:5-8; 19:2-3; Lc 22:17-21).[130] El *verter* aceite perfumado sobre la cabeza del

---

128. M'Caw y Motyer, *op. cit.,* p. 353.
129. Jamieson, Fausset y Brown, *op. cit.,* p. 450.
130. Nota en *Biblia de estudio, Dios habla hoy. op. cit.,* p. 686.

invitado es otro signo de amistad. Tal aceite era símbolo de regocijo (Is 61:3 *óleo de gozo*). Por la abundancia en el festival, la copa del invitado *rebosa*. Los ángeles gemelos, *el bien y la misericordia*, le *acompañan* a lo largo de su vida. Y su destino maravilloso es *vivir por siempre* en la casa de Jehová.

Salmo 24: Adoración

C.O. Gillis afirma que este salmo «es uno de los más nobles de todo el Salterio. En lenguaje elegante y sublime se describe la entrada del Rey de gloria».[131] Se cree que fue escrito por David con ocasión de haber llevado el arca de la casa de Obed-Edom al tabernáculo que le había preparado en el monte Sion (2 S 6: 12-15). Consta de tres partes: (a) un canto de alabanza al Dios creador, vv. 1-2; (b) la descripción de los requisitos morales, para prestar culto a Dios, vv. 3-6; y (c) las palabras que se cantaban cuando el arca, representando la presencia de Dios, fue llevada al santuario, vv. 7-10. Es probable que fue cantado antifonalmente por los levitas que traían el arca y llegó a ser un himno procesional empleado en el culto israelita.

Salmo 25: Oración en el peligro

El Salmo 25 es uno de los salmos acrósticos (alfabéticos), considerado compañero del Salmo 35. Se divide en tres partes: (l) la súplica por dirección y perdón, vv. 1-7; (2) una meditación sobre la bondad divina hacia los justos, vv. 8-15; (3) una plegaria para protección y consolación, vv. 16-22.

En el versículo 10 — *Todas las sendas de Jehová son misericordia y verdad, para los que guarden su pacto...* — se encuentra uno de los numerosos casos en los que aparece el binomio hebreo *jésed* (misericordia o amor constante) y *emet* (verdad, o mejor dicho «fidelidad»). Son términos que se complementan mutuamente para resumir las características más esenciales de la acción de Dios en favor de los hombres que han entrado en pacto con él (véase Sal 89:14; Pr 14:22).

Salmo 26: Oración confiada del justo

Este poema consiste en la súplica del salmista de que el Señor tome en cuenta la integridad moral de su siervo David, su confianza

---

131. Gillis, *op. cit.*, p. 297

inamovible y su deleite en él. En contraste con el salmo anterior, éste no contiene confesión de pecado o reconocimiento de error. No es que el salmista pretenda ser perfecto sino que afirma su inocencia referente a las acusaciones y calumnias de sus enemigos, vv. 4 y 9 (véase 41:12). Es una oración para ser vindicado y ser liberado de la muerte de los impíos (vv. 9-11). El amor del salmista por el templo testifica de la autenticidad de su piedad (v. 8).

26:12 *Mi pie ha estado en rectitud* (heb. «en suelo llano») significa que anda seguro, sin peligro de tropezar o caer. El hombre que vive rectamente no tiene que preocuparse acerca de ser destruido por los adversarios. Dios le protegerá.

Salmo 27: Confianza y entrega a Dios

El Salmo 27 exalta la devoción en la casa de Dios. La primera parte (vv. 1-6) expresa la gran confianza del salmista en su Dios; la segunda, (vv. 7-14) revela el estado de angustia en que los enemigos le tienen puesto.[132] Tan grande es el contraste entre las dos secciones que muchos estudiosos de la Biblia piensan que el Salmo 27 consiste en dos poemas. Gillis explica como éste puede ser uno solo, a pesar de las dos partes contrastantes: «... podemos ver en este salmo dos puntos de vista que el mismo autor habría podido tener en diferentes ocasiones, en dos días seguidos, o aun en el mismo día. Después de su arrebato de gozo supremo, le vienen momentos de tristeza y de desánimo».[133]

El secreto de su confianza en el Señor se halla en su deleite en tener comunión con él (vv. 4-5). David quiere, sobre todo, estar siempre en su presencia (*la casa de Jehová*), contemplar su hermosura y buscarle en su templo. La expresión **buscar el rostro de Dios** (v. 8) significaba en un principio «ir a consultar a Jehová en su santuario» (2 S 21:1), pero también tomó el significado adicional de tratar de conocerle, vivir en su presencia y servirle fielmente (véase Dt 4:29-30; Sal 40:16; Am 5:4-6).

El soliloquio de fe (él habla consigo mismo) del salmista (vv. 1-6) testifica elocuentemente de su confianza absoluta en Jehová y es la introducción de la plegaria de (vv. 7-12). La conclusión de ésta (vv. 13-14) hace eco de la confianza de la primera parte del salmo y añade el diálogo

---

132. Nota en *Sagrada Biblia Nácar Colunga, 2a.* ed. (Madrid: Editorial Católica, 1959), p. 623.
133. Gillis, *op. cit.,* p. 298.

consigo mismo; la fe exhortando a la fe a fin de esperar pacientemente por lo que es cierto, pero no se ve todavía (véase Sal 42-43; He 11:1).[134] **27:2 *Para comer mis carnes*:** destruirle completamente. **27:13 *En la tierra de los vivientes*:** o «a lo largo de la vida» (DHH).

Salmo 28: Súplica y acción de gracias

El peligro mortal en que se encuentra el salmista, le hace clamar por la ayuda divina y suplicar que Dios castigue a los malhechores que son la fuente de su aprieto (vv. 1-5). Luego la oración se convierte en alabanza por la seguridad de una respuesta favorable y añade una plegaria por todo el pueblo de Dios (vv. 6-9).

28:2 *Alzo mis manos hacia tu santo templo*. Cuando los israelitas oraban levantaban las manos y miraban hacia el santuario.

28:9 *Salva... bendice... Pastoréalos y susténtalos para siempre*. De vez en cuando había situaciones en que era necesario que Dios les librara de sus enemigos, pero todos los días los hebreos necesitaban la bendición de ser pastoreados y sustentados por el gran Pastor.

Salmo 29: La majestad divina en la tormenta

El Salmo 29 es un canto de alabanza que celebra el poder y la gloria de Jehová, manifestados en el estruendo de la tempestad. Aunque se emplea el vocablo «tronar» solo una vez, la expresión *voz de Jehová*, que significa lo mismo, se usa siete veces. Por esto, Delitzsch llama a este poema, «El salmo de los siete truenos».

La figura de Dios, entronizado sobre el terrible fragor de los elementos, probablemente servía como un testimonio y una protesta contra el culto de la divinidad cananea, Baal, el cual fue adorado como el dios de las tempestades. El salmo comienza llamando a las huestes celestiales a que alaben a Dios (vv. 1-2); luego describe la manifestación del poder divino en la tormenta (vv. 3-10); y termina con la afirmación que Dios bendecirá a su pueblo (v. 11).

29:1 *Hijos de los poderosos* (literalmente hijos de Elohim; Dios). A veces esta expresión se refiere a los seres celestiales (Job 1:6; 2:1; 38:7) pero aquí se refiere a hombres piadosos, tal vez a los sacerdotes.

29:2 *En la hermosura de la santidad*. El significado no es claro. Puede traducirse de dos maneras: «en su hermoso santuario» (véase la

---

134. Nota en *The NIV Study Bible, op. cit.*, p. 811.

traducción de la Biblia de Jerusalén) a «vestidos con ropas sagradas», tales
como usaban los sacerdotes.

Salmo 30: Acción de gracias por la liberación de la muerte

El salmista anuncia su tema en los versículos 1-5, dando gracias a
Dios por sanarle cuando estaba en los umbrales de la muerte. Admite
que los tiempos fáciles habían creado un sentido de autosuficiencia (v.
6). Pero esta experiencia ha colocado la vida en perspectiva (v. 5) y ha
mostrado al salmista su propia impotencia. En su desesperación él clama
a Dios (vv. 7-10). Ahora que el Señor le ha liberado, él se alegra y abiertamente le agradece.

Salmo 31: Aflicción y confianza

Este poema es la oración de un creyente en tiempo de profundo dolor. El título lo atribuye a David, hombre que tenía muchos enemigos
los cuales se burlaban de él y le amenazaban. La conspiración de ellos era
tan fuerte y abierta que todos sus amigos le abandonaron (vv. 11-12).
Sin embargo, la confianza del salmista se agranda al recordar el trato recibido de Jehová en el pasado (vv. 3-5). David invoca a Dios con tanta
confianza que habla como si ya hubiera obtenido la liberación que pide
(vv. 7-8, 21-22). Termina el salmo alentando a otros a confiar en Dios y
amarle (vv. 23-24).

31:5 *En tu mano encomiendo mi espíritu.* En la cruz nuestro Salvador citó estas palabras (véase Lc 23:46). No las usó como si fueran
proféticas sino, como en el caso de muchos piadosos, para expresar su
confianza inquebrantable en Dios.[135]

31:15 *En tu mano están mis tiempos* indica que todos los eventos
y circunstancias de la vida del creyente están en la mano del Señor (véase
Ro 8:28).

Salmo 32: Confesión y perdón

El Salmo 32 es un canto de acción de gracias del salmista que ha con-
fesado sus pecados a Dios y ha obtenido el perdón divino. Es probable
que la composición naciera del pecado de David con Betsabé (véase 2 S
11-12). Este poema es uno de los siete salmos denominados penitenciales. David expresa la dicha enorme de ser perdonado (vv. 1-2); el dolor de

135. Jamieson, Fausset y Brown, *op. cit.*, p. 452.

la convicción (vv. 3-4); su confesión y su confianza de que ha sido perdonado (v. 5). Luego señala que Dios es el único refugio **en la inundación de muchas aguas** (vv. 6-7). El canto de acción de gracias concluye con la exhortación de someterse a la voluntad de Dios (vv. 8-10), y de alegrarse en él (v. 11).

En el versículo I se encuentran dos metáforas para describir los resultados de la expiación de pecados. El término hebreo traducido **perdonados** significa «quitados»; el segundo, **cubierto**, quiere decir que sus pecados no serán vistos más. Es el concepto de sacrificio del Antiguo Testamento. La sangre cubre el pecado. Dios verá la sangre y pasará de ellos (la figura de la pascua, Éx 12:13). En el Nuevo Testamento se encuentra su cumplimiento: «la sangre de Jesucristo... nos limpia de todo pecado» (1 Jn 1:7).

El primer término, «quitar», corrige cualquier idea de que los pecados están escondidos, pero que todavía existen. En Romanos 4:6-8, el apóstol cita los dos primeros versículos de este salmo para enseñar que Dios no tomará en cuenta el pecado del pecador arrepentido, y en otra parte enseña que Dios tomará en cuenta la fe como justicia (v. 24). Así que las palabras de David insinúan la doctrina de la justificación por la fe.

Notamos también que en los versículos 1 y 2 el salmista emplea cuatro palabras que expresan bien la naturaleza de la causa de su culpa: **transgresión**, **pecado**, **iniquidad** y **engaño**.

Transgresión significa desobediencia voluntaria o rebelión. **Pecado** se refiere al acto externo, «errar», «errar el blanco» o sea no alcanzar la meta. Todo pecado, sea grande o pequeño, es un desatino; nunca alcanza el fin divino de la creación del hombre, el cual es glorificar a Dios y disfrutarle para siempre. **Iniquidad** significa torcedura o perversidad y habla de la corrupción interior del hombre. En este contexto **engaño** probablemente sugiere decepción de sí mismo.

Salmo 33: Alabanzas al Creador y Preservador

Este es un himno de alabanza pura en que el justo es invitado a cantar las glorias de Dios. Las razones para cantar son varias: porque el Señor cumple sus promesas (vv. 1-3), es el Creador todopoderoso (vv. 4-5) y el gobernador soberano y sabio de este mundo (vv. 8-12), quien ve y conoce todas las cosas (vv. 13-15), y de quien viene la victoria y salvación (vv. 16-19). El canto termina con una expresión de confianza y expectación de la bondad divina (vv. 20-22).

33:6 Todo el ejército de ellos. Se describen las estrellas innumerables en el cielo como si fuera un ejército enorme.

Salmo 34: La protección divina

Este es un salmo alfabético en que el salmista prorrumpe en acción de gracias a Dios por haberle liberado de sus enemigos. El título menciona la ocasión como aquella cuando David se retiró de la presencia de Abimelec, ante quien había fingido sufrir un ataque de locura (véase 1 S 21:10-22:1). Realmente, el nombre del rey ahí es Aquis. Es probable que Abimelec fuera el título de los soberanos filisteos como Faraón o César (véase Gn 21:22; 26:1). El Salmo 34 se divide en dos partes: (a) un cántico de acción de gracias a Jehová que escucha el clamor de los humildes, vv. 1-10, y (b) una exhortación a otros a que hagan prueba de su cuidado, enseñándoles cómo conseguirlo, vv. 11-22. El que quiere ser feliz debe temer a Dios, porque él paga con justicia a los buenos y malos.

34:8 El ángel de Jehová [que] *acampa alrededor de los que le temen* probablemente se refiere a los ángeles, pues ángel se usa colectivamente para todos los ángeles (He 1:14)».[136] Una nota en una Biblia de estudio comenta:

En los textos bíblicos más antiguos (c.f. Gn 16:7; Éx 14:19), el ángel del Señor no es un ser distinto de Dios, sino el mismo Señor que se manifiesta y hace que los seres humanos experimenten su presencia de manera sensible. Aquí en cambio, la expresión designa a un miembro de los «ejércitos celestiales» (véase Sal 103:20), enviado por Dios con la misión de ejecutar sus órdenes y proteger a sus fieles (c.f. Sal 35).[137]

Salmo 35: Oración a Dios para que defienda al justo

Este es un salmo imprecatorio en que una persona acusada falsamente, víctima de la ingratitud de sus enemigos, que le devuelven mal por bien, pide a Dios que les pague con su propia moneda para de ese modo vindicar su nombre.

El poema se desarrolla así: El salmista clama a Dios a fin de que éste le defienda, vv. 1-6; describe la maldad de sus enemigos, vv. 7-12; su mal agradecimiento, vv. 13-16; y entonces vuelve a pedir la ayuda divina, vv. 17-28.

---

136. *Ibid.,* p. 453.
137. *Biblia de estudio, Dios habla hoy, op. cit.,* pp. 692-693.

35:19 Guiñen el ojo. Un gesto de complicidad (Pr 6:12-14; 10:10).[138]

Salmo 36: Maldad del impío y bondad de Dios

El Salmo 36 presenta el contraste entre la maldad de los pecadores y la bondad abundante de Dios. Contiene una plegaria para la fiel protección divina. El poema puede dividirse en tres partes: (a) la condición malvada del hombre que no tiene a Dios, vv. 1-4; (b) la bondad multifacética de Jehová, vv. 5-9; y (c) una oración para que el salmista siga disfrutando de las bendiciones divinas, vv. 10-12. El salmista emplea metáforas hermosas y significativas. Por ejemplo, dice que **los hijos de los hombres se amparan bajo la sombra de tus alas** (v. 7). Es la figura de la gallina que protege a sus polluelos bajo sus alas cuando una serpiente u otro animal depredador se acerca (véase Mt 23:37). Se refiere a Dios como **el manantial de la vida**, o el que provee el agua de la vida (v. 9; véase Jer 2:13; 17:13). **En tu luz veremos luz** (v. 9). Se usa a menudo el término «ver» para significar varias ideas: «experimentar», «tener», «disfrutar» (como en Salmos 16:10; 27:13; 34:8, 12; 90:15; 106:5); «vislumbrar» (Job 9:25); «gozar» (Ec 3: 13). Luz simboliza verdad, conocimiento y gozo. Cristo pretende ser el manantial de la vida (Jn 4:10, 14; 7:37-39) y la luz del mundo (Jn 8:12); el resultado de acercarse a la luz verdadera consiste en obtener la vida eterna, mientras que el alejarse de Cristo significa volverse a las tinieblas de ignorancia espiritual, pecado, sufrimiento y muerte. Mediante la luz de la revelación divina veremos o experimentaremos la luz de vida, Jesucristo nuestro Señor.

Salmo 37: Destino del impío y del justo

Es un salmo didáctico, escrito en forma alfabética, lleno de dichos proverbiales que tanto gustaban a los escritores sapienciales. Como el libro de Job, este poema trata el problema del mal: en un mundo bajo el gobierno divino se ve con frecuencia padecer a los justos y prosperar a los malos. El compositor pregunta dolorosamente si es verdad que Dios gobierna con justicia o aún gobierna.

El salmista contesta señalando que Jehová sí gobierna y lo hace para el bien de los justos. Los que *confían* en él, *hacen* el bien, se *deleitan* en él, *encomiendan* su camino a él y *esperan* en él siempre son vindicados y liberados. Por otra parte, la prosperidad y felicidad de los malos es pasajera: los malignos, *como hierba serán pronto cortados* pero *los que esperan en Jehová heredarán la tierra... la heredad de ellos será para siempre*. Por lo tanto, no hay que impacientarse a causa de los malvados. En efecto, tal enojo es una expresión de pecado y empeora las cosas (v. 8, DHH).

Lo que toca al justo es encomendar su camino a Jehová y seguir confiando en él (v. 5), pues él proveerá (v. 25). Por esto Tertuliano llamó este salmo «el espejo de la providencia».

Jesús nos enseña a no preocuparnos de las cosas materiales (Mt 6:25; Lc 12:22) y otras Escrituras abundan en promesas referentes al suministro de las necesidades materiales del pueblo de Dios (véase Fil 4:19; Sal 23:1; 2 Co 9:8). «Lo que *creemos* necesitar puede ser distinto de lo que Dios *sabe* que necesitamos. Pero todo creyente puede reclamar las promesas de Dios para aquella provisión legítima; Dios provee a cada creyente según sus reales necesidades».[139]

El salmo puede dividirse en cuatro partes: (a) Razones para no tener envidia de los malignos, vv. 1-11; (b) el destino trágico de los inicuos, vv. 12-22; (c) el destino bueno de los justos, vv. 23-31; y (d) un contraste entre el castigo de los impíos y la recompensa de los buenos, vv.32-40.

Salmo 38: Súplica de un pecador arrepentido

Esta composición es el tercer salmo penitencial y es acróstico. Consiste en una súplica urgente de David quien padece, además de una grave enfermedad, el abandono por parte de sus amigos y la persecución despiadada de sus adversarios. El salmista reconoce que su enfermedad dolorosa es el resultado de su pecado y pide ayuda a Dios.

Salmo 39: Súplica del justo afligido

Algunos temas de este poema lo hacen un compañero del anterior. La interrogación candente es por qué disciplinaría Dios a una criatura tan frágil y pasajera como el hombre. El salmista lucha por contener sus pensamientos por temor de deshonrar a Dios. Pero al fin, cansado ya de tanto sufrir, expresa su queja a Dios y le pide una explicación (vv. 1-4). Siente que la muerte se acerca y que la vida es tan insustancial como la sombra (vv. 5-6). Reconoce su pecado y clama a Dios para que lo perdone y quite sus desgracias (vv. 7-11).

---

139. Nota en *La Santa Biblia* (con notas), J.Mervin Breneman, ed., *op. cit.*, p. 600.

El Salmo 38 habla del silencio del salmista ante el enemigo, mientras que el 39 de su silencio delante de Dios. En ambos, el salmista reconoce su culpa y atribuye su dolencia a la corrección del Señor; y en ambos el escritor expresa su confianza inquebrantable en Dios. Como en el libro de Job, la respuesta del misterio de la fragilidad de la vida demora hasta la resurrección de *aquel que quitó la muerte y sacó a la luz la vida y la inmortalidad por el evangelio.*

Salmo 40: Alabanza, consagración y súplica

Este poema consta de dos partes muy diferentes en contenido: la primera es un himno de acción de gracias (vv. 1-10); la segunda es una petición apremiante de alivio de los peligros inminentes y el regocijo de amigos compasivos (vv. 13-17). Los versículos 11-12 sirven como lazo de unión entre ambas partes.

El escritor de la Carta a los Hebreos ve en los versículos 6-8 algo más que la consagración de David; aplica el pasaje a Jesucristo (He 10:5-10), y en este sentido el salmo es mesiánico. La obediencia es mejor que sacrificio. La obediencia sumisa de Jesucristo a la voluntad del Padre es muchísimo mejor que todas las ofrendas del Antiguo Testamento, puesto que estas eran solamente preparatorias y pasajeras, anticipando el único perfecto y final sacrificio del Hijo encarnado de Dios.

40:6 *Has abierto mis oídos.* No es claro si la expresión es una alusión a la costumbre de horadar la oreja de un esclavo en señal de esclavitud voluntaria y perpetua (Éx 21:6). Probablemente se refiere a la abertura del oído, como en Isaías 48:8; 50:5, la cual significa hacer capaz y deseoso a uno para escuchar la voz de Dios y obedecerla perfectamente.

40:7 *He aquí, vengo.* Probablemente se refiere a la consagración de David al ser entronizado y llega a ser una profecía de la dedicación absoluta de Cristo al encarnarse. El término *el rollo del libro* sugiere la copia de la ley que los reyes hebreos recibían cuando eran coronados (véase Dt 17:18-20; 2 R 11:12). De esta manera el monarca podía leer diariamente la Palabra divina con el fin de temer a Dios, de sujetarse a la ley revelada y de hacer sus decisiones conforme a la voluntad de Dios.

Los versículos 13-17 de este salmo se repiten en Salmo 70.

Salmo 41: Oración de un enfermo abandonado

Este poema consiste en una oración de un hombre gravemente enfermo. El reconoce que su pecado es la causa de su enfermedad (v. 4).

También el autor es acechado por sus enemigos, los cuales desean que le sobrevenga mal (v. 10). En su presencia le hablan bien, pero tras sus espaldas hablaban mal de él (v. 6). Aun su amigo íntimo lo había traicionado (v. 9), algo citado por Jesús con referencia a la traición de Judas (Jn 13:18). Este salmo concluye la colección de cuatro salmos unidos por temas similares y también constituye la conclusión del primer libro del Salterio. Se termina con una doxología (v. 13).

Capítulo 6

Los himnos y oraciones de Israel — Segundo Libro

Salmos 42 — 72

Los salmos de este libro son atribuidos a varios autores: los hijos de Coré, músicos en el templo (42-49); Asaf, fundador de otro grupo que cumplía diversas funciones en el templo (50); David (51-65; 68-70); Salomón (72). Hay también salmos anónimos: 66, 67, 71.

Se pueden clasificar los salmos del libro segundo así: (a) Los Salmos 45 y 72 son mesiánicos; (b) los Salmos 42, 43, 51, 55, 56, 57, 59, 61, 64, 69, 70, 71 son oraciones y súplicas para ayuda y liberación personales; (c) los Salmos 44, 46, 47, 48, 62 son acciones de gracias; (d) el Salmo 49 es un discurso didáctico, semejante en su forma a los Proverbios; y (e) el Salmo 65 es una acción de gracias para el tiempo de cosecha.

En contraste con el primer libro, que menciona con más frecuencia el nombre de Jehová o *Yahvéh* (272 veces) que el de Dios o *Elohim* (15 veces), el segundo emplea *El* o *Elohim* 164 veces, mientras que el nombre *Yahv*éh es usado 30 veces.

Ross comenta sobre las características de las composiciones del segundo libro:

> Los autores de los salmos de este libro manifiestan la misma fe en Dios, la misma confianza en que su poder les salvará de todas sus aflicciones, manifestada en el Primer Libro. Varios de estos salmos contienen altos conceptos de la naturaleza espiritual del culto a Dios. El deseo del verdadero israelita no es solamente ir al templo, sino llegar a la presencia del Dios vivo (42:4). Los sacrificios consumidos en el altar son de poco valor a los ojos de Aquel que es dueño del mundo y de todo lo que contiene (50:7-14). El sacrificio agradable a Dios es el corazón quebrantado (51: 17).[140]

---

140. Ross, op. cit., p. 93.

Salmos 42 y 43: Nostalgia por la casa de Dios

Estos dos salmos comparten el mismo tema y el mismo estribillo (42:5, 11; 43:5). Se encuentran tan íntimamente relacionados que se cree que originalmente constituían un poema. El salmista está exiliado en el norte, lejos del santuario donde Dios reside (42:6), rodeado de paganos que se mofan de él diciendo, *¿Dónde está tu Dios?* (42:3, 10). Siente una gran nostalgia por el templo y la presencia de Dios. Alguien ha descrito este salmo como «una bellísima explosión de los suspiros y anhelos del salmista por el templo donde siente la presencia de Dios, en quien se goza».[141] Pero en medio de su desánimo se acuerda de Dios y dice a su alma: *Espera en Dios* (42:5, 11; 43:5).

Es probable que el salmista fuera un levita, porque el salmo fue escrito por «los hijos de Coré» (nótese el título del Salmo 42). En la época de David, los hijos de Coré cumplían diversas funciones en el templo en relación con la música (1 Cr 6:37; 26:1; 2 Cr 20:19).

El estribillo divide el salmo en tres partes iguales: (a) La sed del salmista por Dios, 42:1-5; (b) la queja de que Dios se ha olvidado de él, 42:6-11; y (c) la súplica por la liberación de sus enemigos y restauración al templo, 43:1-5.

42:2 *¿Cuándo vendré y me presentaré delante de Dios?* es un modismo que quiere decir «visitar el templo» (véase Éx 23: 17).

42:7 *Un abismo llama a otro a la voz de tus cascadas; todas tus ondas y tus olas han pasado sobre mí.* La primera frase se refiere probablemente al rugido de las olas del mar en una tormenta. En su totalidad, el versículo habla de un alma afligida por pruebas.

Salmo 44: Oración por la salvación de la nación

El Salmo 44 consiste en una súplica a Dios por su ayuda. El pueblo de Dios ha sufrido una derrota desastrosa y está desorientado. La memoria de las hazañas divinas en la salida de Egipto y en la conquista de Canaán están siempre en la mente del israelita fiel. Por eso se maravilla de que ahora Dios los haya abandonado entregándolos a sus adversarios.

Puesto que el salmista indica que su pueblo había sido fiel al pacto, no se puede relacionar la derrota con el juicio divino (vv. 17-18). Tal vez se refiere a una experiencia nacional del reino de Judá durante el reinado de Josafat o Ezequías.

---

141. Nota en Sagrada Biblia Nácar Colunga (1959), p. 93.

Nuestro bosquejo es: (a) Recuerdo de los tratos benignos de Dios en tiempos anteriores, vv. 1-8; (b) cuadro de las calamidades y el abandono de Dios, vv. 9-16; (c) afirmación de la fidelidad del pueblo, vv. 17-22; y (d) urgente pedido a Dios para librarse de sus enemigos, vv. 23-26.

Salmo 45: Canto nupcial real

Este poema es un canto de alabanza al rey en el día de sus bodas. Los eruditos piensan que la ocasión pudo ser las bodas de Salomón y la hija de Faraón, las de Acab con una princesa tiria (1 R 16:31) o las de otro monarca de la dinastía davídica. Sin embargo, al rey de este salmo se le da el nombre de Dios y se sienta sobre un trono eterno (vv. 6-7), un honor que jamás se dio a un monarca hebreo. Desde el exilio en adelante, los judíos interpretaban este poema como una alegoría mesiánica. El escritor de la Epístola a los Hebreos lo aplica a Jesucristo (He 1: 8-9). Dice Charles Spurgeon:

> Algunos ven aquí a Salomón y la hija de Faraón solamente: son cortos de vista; otros ven a Salomón y a Cristo: ven doble, son bizcos; los ojos espirituales bien enfocados solo ven a Cristo, o si Salomón está presente en algún punto, ha de ser como las sombras borrosas de los que pasan por delante del objetivo de la máquina fotográfica y apenas son visibles en el paisaje fotografiado. «El Rey», Dios, cuyo trono es para siempre, no es mero mortal, y su dominio perdurable no está limitado por el Líbano ni el río de Egipto. Esto no es un canto epitalámico de unas bodas terrenales, sino el de la esposa celestial y su esposo elegido.[142]

La interpretación de Spurgeon armoniza con la enseñanza del Nuevo Testamento de la Iglesia como la novia de Cristo (véase 2 Co 11:2; Ef 5:31, 32; Mt 22:2-4; 25:1-3; Ap 16:6-9). Se considera que el Salmo 45 es un poema didáctico que debe ser interpretado alegóricamente:

Aquí se describen la gloria y la unión de Cristo y la Iglesia. Se le aclama como rey dotado de todas las gracias esenciales, como conquistador exaltado sobre un trono de gobierno justo y eterno, y como novio de esplendor nupcial. La Iglesia está representada en la pureza y la hermosura de una novia regiamente adornada y acompañada, invitada

---

142. Spurgeon, *El tesoro de David, op. cit.,* p. 338.

a abandonar su hogar y a compartir los honores de su novio y señor. El cuadro de un casamiento oriental así expuesto, ha de ser completado con la representación de los regalos de felicitación de los ricos que honran la ocasión, de la procesión de la novia en su atavío esplendoroso, atendida por sus compañeras vírgenes, y de la entrada de la multitud gozosa al palacio del rey. En lugar del deseo comúnmente expresado al respecto (Génesis 24:60; Rut 4: 11, 12), se cierra el Salmo con la predicción de una prole numerosa y distinguida.[143]

El versículo 6 es variadamente traducido por los expositores contemporáneos. Unos ven en él una expresión elíptica que se declara así: *Tu trono es trono de Dios, divino*. Otros en el *Elohim* (Dios) ven una glosa del copista por *Yahvéh*, y dan a esta palabra el valor del verbo ser, lo que daría este sentido: *Tu trono es, o será por los siglos*. Una tercera opción se apoya en Salmo 82:6; 8:5, de donde los jueces son llamados *Elohim* e «hijos del Altísimo». Así los modernos procuran evitar el sentido claro que da el escritor neotestamentario (He 1:8-9). El erudito conservador, Derek Kidner, asevera: «El hebreo resiste aquí todo intento de ablandar [la frase]; y es el Nuevo Testamento y no las versiones nuevas, lo que lo aprecia debidamente cuando lo usa para comprobar la superioridad del Hijo de Dios a los ángeles (He 1:8-9)».[144]

A la luz del Nuevo Testamento, que identifica el rey de este salmo con el Hijo encarnado de Dios, la esencia misma de su reinado es justicia (v. 6). *Has amado la justicia y aborrecido la maldad*. No basta que amemos la justicia, también debemos odiar el mal y luchar contra él. La indiferencia al mal caracteriza una iglesia fría e impotente (Ap 2:18-23). *Por tanto te ungió Dios, el Dios tuyo, con óleo de alegría más que a tus compañeros* (v. 7). La unción del Espíritu se relaciona con este aspecto del carácter de Cristo. Es probable que el «óleo de alegría» tipifica el Espíritu Santo el cual nos unge también (véase 1 Jn 2:20, 27; Ro 14:17).

El contenido es lo siguiente: (a) Introducción, v. 1; (b) aclamación del novio real, vv. 2-9; (c) aclamación a la novia real, vv. 10-15; y (d) promesa de hijos distinguidos y alabanza perpetua, vv. 16-17.

---

143. Jamieson, Fausset y Brown, op. cit., p. 458.
144. Kidner, *Psalms 1-72* en *Tyndale Old Testament Commentaries, op. cit.*, p. 172.

45:2 *La gracia se ha derramado de tus labios.* Esta expresión nos hace recordar la primera reacción de los nazarenos cuando Jesús leyó el rollo en la sinagoga: «estaban maravillados de las palabras de gracia que salían de su boca» (Lc 4:22).

45:4 *Cabalga sobre palabra de verdad, de humildad y de justicia.* El reinado del Rey ideal cumplirá las más altas expectativas de su pueblo. «La instauración de un orden social y justo y la defensa del derecho de los más pobres era lo primero que el pueblo esperaba de su rey», [145] (véase Sal 72:1-4).

45:9 *Oro de Ofir.* El oro de Ofir era de óptima calidad. No se sabe con certeza dónde se ubicaba la región de Ofir.

Salmo 46: Dios, el amparo de su pueblo

Este salmo es un canto de victoria cuya nota dominante es el refrán, «Jehová de los ejércitos está con nosotros» (vv. 7, 11). El gran himno de la Reforma escrito por Martín Lutero, *Castillo fuerte es nuestro Dios* se basa en él. Parece que este poema fue escrito para celebrar una liberación espectacular que Dios había realizado por su pueblo, sea de un ataque devastador de un enemigo o de una catástrofe natural. Exalta la gloria de Jerusalén como «ciudad de Dios» y testifica de una fe absoluta en el poder de Jehová, quien está siempre presente en medio de su pueblo para librarlo de todo peligro. Es el primer cántico de Sion. Los otros son 48; 76; 87; 122.

Primero, vemos a **Dios en el tumulto** (vv. 1-3). El cuadro de este pasaje presenta la agitación de dos cosas que son consideradas como las más inamovibles e inmutables de la naturaleza: la tierra y los cerros. Tal vez se refiere a los trastornos sociales pues «las más violentas conmociones civiles son ilustradas por las mayores conmociones físicas». [146]Cualquiera que sea el motivo para la tribulación, solo basta la ayuda de Dios; sus siervos hallan seguridad en él.

En segundo lugar, vemos a **Dios en su ciudad** (vv. 4-7). Jehová habita en Sion y la protege. Hay un río cuyas corrientes alegran la ciudad. Puesto que Jerusalén no está situada sobre un río — como en el caso de Nínive, Babilonia y Tebes — el río simboliza la efusión incesante de las bendiciones divinas, las cuales recrean y sostienen al pueblo de Dios y fecundan la ciudad de Dios como los ríos lo hicieron en el Edén (véase

145. Nota en *Santa Biblia Reina Valera 1995, edición de estudio, op. cit.*, p. 693.
146. Jamieson, Fausset y Brown, *op. cit.*, p. 459.

Gn 2:10; Is 33:21; 51:3; Ez 31:4-9). ¿No es la ciudad de Dios en la tierra un tipo de la Nueva Jerusalén de Apocalipsis 21?

Finalmente, vemos a **Dios exaltado en toda la tierra** (vv. 8-10). Aquí se presenta una visión escatológica y mesiánica. *Yahvéh Sebaot* pone fin a las guerras hasta el último rincón de la tierra, no por medios pacíficos sino por la fuerza, desarmando las naciones (véase Is 9:1-7; Sal 2:8-9; Ap 19:11-21) y estableciendo un reinado de paz (Is 11; Dn 7:9-14).

46:7 Jehová de los ejércitos (*Yahvéh Sebaot*). En este título divino, «los ejércitos» se referían inicialmente a las huestes israelitas (1 S 17:45; 4:4-5), pero incluía también el ejército de seres celestiales (véase 2 R 6:15-17). Algunas versiones traducen el título como «Dios todopoderoso».

Salmo 47: Jehová, el monarca universal

El Salmo 47 pertenece al grupo de cantos de alabanza denominados «los salmos del reino de Dios, que aclaman al Dios de Israel como Rey universal» (Sal 93:96-100). Este poema sirve para vincular Salmo 46 con 48, identificando el Dios que reina en Sion con el **Rey grande que reina sobre toda la tierra** (v. 2b).

El himno llama a todas las naciones de la tierra para reconocer a Jehová de Israel como el único Dios verdadero, y alabarle como tal (vv. 1-2). Su pueblo es distinto de las otras gentes que se someten a él (vv. 3-4). El gran Rey sube al templo con cortejo triunfal en medio de aclamaciones (vv. 5-7). Su imperio se extiende a todas las gentes que vendrán a sumarse al pueblo suyo. Innumerables príncipes y gentes han de llegar a ser un solo pueblo: ya no serán ajenos al pacto sino partícipes de él pues se reúnen «como pueblo del Dios de Abraham» (vv. 8-10). Así se cumple la promesa del Génesis 12:3: los gentiles por fe en Cristo llegarán a ser hijos de Abraham (Ro 4:11; Gá 3:7-9).

Salmo 48: Sion, la ciudad del Gran Rey

Este canto ensalza el monte Sion, ciudad de Dios y emplazamiento del templo. Es un himno de acción de gracias, cantado en el templo después de que Jerusalén fue liberada de un ataque por una confederación de reyes hostiles. Fue compuesto para ser cantado cuando los israelitas subían a Jerusalén, con motivo de las grandes fiestas de peregrinación (Éx 23:14-19; Dt 16:1-17).

Este magnífico cántico de triunfo empieza con alabanzas a Dios, pues él es el verdadero baluarte de Israel (vv. 1-3); luego el salmista narra brevemente cómo el ataque de los enemigos fue rechazado (vv. 4-7); entonces atribuye la gran victoria a Dios (vv. 8-11); finalmente, él invita al pueblo a ver las fuertes defensas de la ciudad (vv. 11-14).

48:10 *Así es tu loor hasta los fines de la tierra.* Tal vez esta es la contraparte del Antiguo Testamento de la evangelización del mundo que enseña el Nuevo Testamento.

Salmo 49: La vanidad de las riquezas

El Salmo 49, como el 37 y el 73, es un poema didáctico, o sapiencial, que trata del problema más agudo de la vida, el por qué los malos prosperan y los rectos sufren. La respuesta aquí es que las riquezas no pueden salvar a nadie de la muerte, pero hay esperanza de la vida de ultratumba para el justo: *Pero Dios redimirá mi vida del poder del Seol, porque él me tomará consigo* (v. 15).

El salmista, después de invitar a todos los pueblos a escuchar sus palabras sabias (vv. 1-4), enseña que no se debe envidiar al injusto rico porque todos los hombres morirán y dejaran a otros sus riquezas (vv. 5-12). Luego hace un contraste entre la muerte triste del malo y la redención del bueno (vv. 13-20).

Salmo 50: Dios juzgará a su pueblo

Este poema tiene un propósito didáctico y se relaciona estrechamente con la profecía (véase Is 1:11-17). Dios no desea culto carente de espiritualidad ni sacrificios vacíos, sino la religión del corazón que le alabe y le obedezca.

El salmo comienza con la escena de una teofanía majestuosa similar a la de Sinaí. Dios aparece en fuego y tempestad en el monte Sion para convocar al juicio a todos los habitantes terrenales. Llama a la tierra y los cielos para servir como testigos. Pero «el juicio comienza por la casa de Dios», *su pueblo, los santos, los que hicieron pacto* con él (vv. 4-5).

No son los sacrificios de los toros los que agradan a Dios, puesto que él no come carne ni bebe sangre. Lo que Dios realmente desea es el verdadero sacrificio de alabanza, oración y obediencia. Lo que vale es un corazón agradecido, no simplemente la ofrenda de acción de gracias (vv. 7-15). El Señor reprende al hipócrita (vv. 16-21), porque sin el culto verdadero, acompañado de la moralidad verdadera, no puede haber salvación (vv. 22-23).

50:1 *El Dios de los dioses* (*El Elohim Yahvéh*). Este título divino es una forma hebrea de expresar el superlativo, como cuando se llama a

Cristo *Rey de reyes y Señor de los señores*. «Por lo tanto, esta expresión no afirma ni niega nada acerca de la existencia o no existencia de otros dioses además del Señor (c.f. Dt 10:17; Jos 22:22; Sal 95:3; 136:2; Dn 2:47)».[147]

Salmo 51: Oración de arrepentimiento profundo

Este es el cuarto y más conocido de los salmos llamados penitenciales; se llama la «oración penitencial por excelencia». El título lo relaciona con el episodio en que Natán reprende a David por su adulterio con Betsabé (2 S 12:1-15). La plegaria de perdón incluía arrepentimiento por arreglar la muerte de Urías, con el fin de ocultar su traición a su soldado fiel (v. 14a).

El Salmo 51, según Gillis, «es una de las más altas y vívidas expresiones en toda la literatura humana del anhelo del alma penitente para el perdón».[148] Un escritor explica:

El salmo mismo es profundamente conmovedor. Nos deja penetrar en el alma de un hombre que ha amado a Dios pero que ha caído en pecado grave. Se le ha hecho verse a sí mismo con los ojos de Dios y está desconsolado.[149]

Todo el poema es una revelación clara de que David está consciente que solo Dios puede tratar el problema del pecado y la culpa. Desde el principio hasta el fin, el salmo es una oración; petición tras petición. Es el clamor de un alma humillada y avergonzada, que no tiene esperanza aparte de la misericordia de Dios.

Nótese en versículo uno los sinónimos usados para expresar la virtud de Dios que lo impulsa a perdonar: «piedad» (compasión, DHH), «misericordia» (amor, DHH, BJ; amor constante, NVI), «multitud de tus piedades» (inmensa ternura, BJ). En diferentes partes del salmo, David también emplea varios términos por su conducta culpable: «rebelión», «maldad», «lo malo» y «pecado» (véase el significado de estas palabras en la exposición del Salmo 32). No trata de evadir su responsabilidad sobre la base de circunstancias ocasionales o el impulso del instinto humano; no culpa a Betsabé ni tampoco al diablo sino reconoce plenamente que

---

147. Nota sobre Salmo 50:1 en La Biblia de estudio, Dios habla hoy, op. cit., p. 705.
148. Gillis, Historia y literatura de la Biblia, op. cit., p. 311.
149. Manual bíblico ilustrado, op. cit., p. 338.

él mismo ha pecado. «La profundidad de su convicción es subrayada por las palabras *mi pecado está siempre delante de mí* (v. 3)».[150]

David se da cuenta de que desde el principio de su existencia el pecado está arraigado profundamente en su propia naturaleza, de que él es un ser corrupto y propenso a pecar: *en maldad he sido formado, y en pecado me concibió mi madre* (v. 5). Esto quiere decir que David, como todos los seres humanos, es heredero de la naturaleza caída de Adán, la cual se transmite de padres a hijos por la reproducción. Es la doctrina del pecado original explicada por Pablo en Romanos 5:12-21.

También el salmista comprende lo que es la esencia del pecado: es rebelión y una ofensa gravísima contra Dios. *Contra ti, contra ti solo he pecado* (v. 4). ¿No ha pecado David contra Betsabé, Urías y contra el país sobre el cual gobierna? La repuesta es sí, pero en comparación con la magnitud de su transgresión contra un ser infinito y santísimo — su Creador, su Redentor, el que le ama y le pone sobre el trono de Israel —, su ofensa contra otras personas parece poca cosa.

David clama a Dios por un perdón completo del pecado. *Borra todas mis maldades ... esconde tu rostro de mis pecados* (v. 9). La expresión «borrar los pecados» se refiere a la creencia de que Dios tiene un rollo en el cual registra todos los actos humanos (véase 56:8; 87:6; Dn 7:10; Éx 32:32-33). El salmista quiere que sus rebeliones sean borradas de este libro, es decir, perdonadas completamente y olvidadas para siempre... *esconde tu rostro de mis pecados*.

Pero el perdón no basta por sí solo, necesita también una limpieza interior: *Purifícame con hisopo, y seré limpio; lávame, y seré más blanco que la nieve* (vv. 2, 7). El pecado es visto como suciedad y el pecador como una prenda de ropa llena de mugre. El hisopo se refiere a un arbusto cuyas ramas se utilizaban en algunos ritos de purificación para rociar con sangre a las personas y ciertos objetos (véase Lv. 14:4-7, 49-53). Habla de la expiación de la maldad.

El salmista también pide a Dios que lo renueve interiormente: *Tú amas la verdad* [integridad moral] *en lo íntimo... Crea en mí, oh Dios un corazón limpio, y renueva un espíritu recto dentro de mí* (vv. 6a, 10). El verbo crear (heb. *bara*) es exclusivo de Dios y designa el acto por el cual da existencia a algo nuevo y maravilloso (véase Gn 1:1; Is 48:7; 65:17). Solo Dios puede cambiar el corazón humano. La regeneración

---

150. M'Caw y Motyer, *op. cit.*, 365.

del pecador es la obra divina por excelencia, análoga al acto creador y se relaciona con el nuevo pacto (véase Ez 36:26-27; Jer 31:33-34).

Se menciona tres veces el término «espíritu»: *un espíritu recto, tu santo Espíritu y espíritu noble* (vv. 10-12). David reconoce que, para evitar que recaiga en el fango del pecado necesita un «espíritu recto», o mejor dicho, *un espíritu nuevo y fiel* (DHH), *un espíritu firme y constante* (NVI) que no le permitirá desviarse más del camino del Señor. También precisa un *espíritu noble*, es decir, un *espíritu obediente* (NVI) para cumplir los mandatos del Señor. Esto equivale a la ley escrita en el corazón del creyente, la motivación de gratitud y amor a Dios. Finalmente se da cuenta de que, sobre todo, es la obra del Espíritu divino crear tal disposición y constancia: *No quites de mí tu santo Espíritu.*

Algunas versiones traducen el versículo 6b así: *¡instrúyame en el secreto de la sabiduría!*[151] En la frase anterior David asevera que Dios desea la verdad o sea «la integridad moral» en lo íntimo de su ser. Al pecar, David, se ha comportado en manera diametralmente contraria al deseo de Dios. Ahora ruega que Dios le enseñe la sabiduría para que actúe según el deseo divino. Cualquiera que peca es insensato; el que tiene la ley de Dios en su corazón es sabio (véase 37:30-31).

El salmista está consciente de lo que Dios desea referente a sacrificios. Los holocaustos y ofrendas que ofrecen los hombres no arrepentidos no pueden agradar al Señor. *Los sacrificios de Dios son el espíritu quebrantando y el corazón contrito y humillado* (v. 17).

En el versículo 13 se ve el objetivo secundario de las peticiones de David. Quiere que el Señor le purifique, le renueve en el interior y le haga sentir de nuevo el gozo de su salvación para que él, a su vez, pueda dar testimonio de la misericordia de Dios y trabajar por la conversión de pecadores.

Es posible que David mismo escribió los dos últimos versículos del salmo para pintar un cuadro de la situación espiritual de Sion en términos físicos. Pero es más probable que la generación de los hebreos que vivían entre la caída de Jerusalén en 587 a.C. y la restauración a la tierra santa, hicieron suyo el arrepentimiento de David añadiendo estos versículos al poema para hacer específica su oración.[152]

---

151. Véase las versiones *Nácar-Colunga* y la *Nueva Versión Internacional* (*NVI*).
152. Kidner, *op. cit.*, p. 194.

El Salmo 51 ha aportado bendiciones indecibles al pueblo de Dios. El ejemplo de David nos enseña que aun hombres profundamente espirituales a veces fallan moralmente, pero pueden ser perdonados, restaurados y cambiados. Un corazón ennegrecido por el pecado más vil puede volverse y ser «más blanco que la nieve». La misericordia divina no tiene límites. A través de los siglos, miles de almas angustiadas por sus fracasos morales han encontrado en esta oración la expresión descriptiva de sus sentimientos más profundos de arrepentimiento. Esta es la oración de arrepentimiento por excelencia.

Salmo 52: La futilidad de la jactancia del malo

Según el título de este salmo, la ocasión de escribirlo fue cuando el edomita Doeg informó a Saúl que David había recibido ayuda de los sacerdotes de Nob (1 S 21:1-7; 22:7-19). Sin embargo, hay eruditos que creen que el salmista no se dirige a una persona en particular, sino que dialoga con un personaje imaginario, que representa a todos los que solo confían en su poder y riquezas.[153]

El Salmo 52 es didáctico y también sigue el modelo de las profecías bíblicas. Primero se denuncia el pecado (vv. 1-4), y luego se anuncia el castigo correspondiente (vv. 5-7). La tercera parte describe la seguridad y bendición del hombre que confía en Dios (vv. 6-9).

En este poema se ve el contraste entre el hombre inicuo, considerado por el mundo como un «poderoso», o un «héroe», y la persona aparentemente indefensa que confía en Dios, Poniendo su confianza en sus riquezas y poder material, el impío se jacta de su poder para llevar a cabo sus planes maliciosos contra el hombre bueno. Pero su jactancia es en vano porque él es ciego al hecho de que la misericordia divina es *continua* (v. 1), y Dios destruye al malo (v. 5). Esta es la respuesta a los indefensos que tienen miedo de los malos prepotentes de este mundo.

El justo es como la planta de olivo que florece en la casa de Dios (v. 8). El olivo simboliza prosperidad y permanencia, Hay olivos que tienen centenares de años de edad. Esta figura no sugiere que había olivos en el recinto del templo, sino que el salmista ha encontrado refugio en la presencia de Dios.

---

153. *La Biblia de estudio, Dios habla hoy, op. cit.*, p. 707.

Salmo 53: Perversión del hombre

Esta composición es la repetición del Salmo 14, salvo por unas pocas variantes. Una comparación de los dos muestra como el editor del Salmo 53 emplea *Elohim* (Dios) en vez de Jehová, como en Salmo 14.

Salmo 54: Clamor al Dios justiciero

Según el título, este salmo es el llamamiento de David a Dios después de que los zifeos lo traicionaron ante Saúl (1 S 23:19-21). El salmista ruega a Dios que le salve de los enemigos que buscan quitarle la vida (vv. 1-3); y confiado de este socorro le promete un sacrificio de acción de gracias (vv. 4-7).

Salmo 55: Oración del perseguido

Este poema es una plegaria pidiendo ayuda cuando el salmista está amenazado por una conspiración poderosa en Jerusalén, la cual está encabezada por un ex amigo suyo. El contenido armoniza bien con la ocasión de la rebelión de Absalón, en la que conspiró Ahitofel, el consejero de más confianza de David (véase 2 S 15-17).

Hay agitación, confusión, peligro y violencia en la ciudad. Se han soltado rumores, mentiras y calumnias (vv. 2-3; 9-11); el colmo es la traición cruel de su amigo más íntimo (vv. 12-14). David está lleno de emociones contradictorias: temor y el deseo de huir de la ciudad (vv. 4-8); el deseo de ver la destrucción de sus enemigos (vv. 9, 15). Pero su confianza llega a triunfar (vv. 16-18, 22), «porque los amigos pueden ser infieles pero no Dios».[154] Encontró algo mejor que alas como de paloma para su liberación: *el eterno Dios era su refugio y acá abajo los brazos eternos.* Por lo tanto nos exhorta: *echa sobre Jehová tu carga, y él te sustentará.*

Las oraciones de que la muerte sorprenda a sus enemigos y que desciendan vivos al Seol, como sucedió con los partidarios de Coré y Abiram (vv. 15, 23; véase Nm 16:31-33), no significa otra cosa que una muerte repentina y prematura la cual es el castigo del impío. «Todos los males que aquí el salmista desea a estos malvados son los mismos con que los conmina [amenaza] la justicia divina en Lv. 26 y Dt 28, por no citar los profetas. El deseo, pues, del salmista se reduce al cumplimiento de la justicia de Dios para defensa del orden moral en el universo».[155]

---

154. Manual bíblico ilustrado, op. cit., p. 341.
155. Nota en Sagrada Biblia Nácar-Colunga (1959), op. cit., p. 646.

Salmo 56: Oración de confianza

Este poema consiste en una súplica por la ayuda divina, acompañada de repetidas expresiones de confianza en Dios. El título indica que el fondo del salmo es la situación difícil de David cuando se refugia entre los filisteos y algunos de ellos quieren matarle. Se finge loco, y el rey filisteo le deja salir sin hacerle daño (1 S 21:10-15).

Se divide en tres partes: (a) El salmista pide liberación de sus enemigos, vv. 1-4; (b) lamenta las maquinaciones de ellos, vv. 5-11; y (c) profesa sus votos a Dios y le alaba, vv. 12-13.

David confiesa su temor, *en el día que temo*, pero también expresa su confianza, *yo en ti confío* (v. 3). Se repite dos veces el refrán magnífico, *en Dios he confiado; no temeré; ¿que puede hacerme el hombre?* (vv. 4, 11). El término hebreo traducido «el hombre» es «carne», expresión que «pone en relieve la debilidad de los seres humanos, en contraste con el poder de Dios» (véase Is 40:6-7).[156] «¿Qué puede hacer la carne contra el hombre que confía en Dios? ¡Nada! *Ni la muerte, ni la vida... ni principados, ni potestades... ni ninguna otra cosa creada* puede dañar al hombre que hace de Dios su refugio (véase Ro 8:37-39).

56:8 Pon mis lágrimas en tu redoma (odre) expresa confianza en que Dios considera el lloro del salmista y le recompensará por su aflicción. Hagamos los versículos 12 y 13 nuestro lema en la vida, pues nuestro Dios es *Aquel que es poderoso para guardarnos sin caída* (Judas 25).

Salmo 57: Plegaria pidiendo ser liberado de los perseguidores

Este salmo se vincula estrechamente con el anterior. No es claro a qué cueva alude el título, si es la de Adulam (1 S 22:1-5) o la de Engadi (1 S 24). De todos modos, David sigue tratando de escapar de Saúl y busca refugio en la caverna. El poema es una plegaria que pide liberación de enemigos tan feroces como las fieras. El salmo refleja la imagen de una noche de gran peligro (v. 4), seguida por la aurora de salvación (v. 8, «Despierta alma mía... me levantaré de mañana»). Los versículos 5 y 11 dividen en dos estrofas este salmo en que el salmista invoca a Dios en medio de grave peligro y, luego de ser liberado, da gracias a Dios.

---

156. Nota en *Santa Biblia Reina Valera 1995, edición de estudio, op. cit.*, p. 701.

Salmo 58: Increpación contra jueces injustos

El tema de este salmo es el juicio terrible de Dios sobre los jueces y gobernantes corruptos y malos. El primer movimiento es el de vituperio contra ellos (vv. 1-5); luego el salmista pide a Dios, el justo juez, que les juzgue y castigue (vv. 6-11).

El vocablo *congregación*, «dioses» (v. 1), es una referencia sarcástica a los gobernantes y jueces de la nación hebrea. Debieran comportarse como representantes terrenales del tribunal celestial (véase Ro 13: 1). Sin embargo, son como *el áspid sordo que cierra su oído* al encantador de serpientes para desoír los ruegos de los explotados (vv. 4-5). El salmista quisiera que los oficiales crueles desaparezcan como aguas que corren o «el caracol que se deslíe caminando» (vv. 7-8, NC). Según la creencia de aquel entonces, las babosas y caracoles dejan rastros viscosos pues se derriten al moverse.

Se encuentra en todo el Antiguo Testamento la preocupación por el uso correcto del poder judicial, pues éste existía para la protección de los inocentes, los pobres y los indefensos, contra las maniobras de hombres inescrupulosos y crueles. La sociedad israelita fue perjudicada por la corrupción de los jueces desde el período de Samuel hasta el fin de la monarquía (véase 1 S 8:3; Is 1:23; 10:1-2; Ez 22:6, 12; Am 5:7, 10-13).

Salmo 59: Oración contra los impíos

Este poema es un clamor por liberación en una época en que el salmista enfrenta la amenaza de un ataque de sus enemigos. Las imprecaciones contra ellos se mezclan con las alabanzas a Dios. El título lo atribuye a David cuando éste fue salvado de la mano de Saúl por su esposa Mical (1 S 19:11-17). Sin embargo, la reiterada mención de los paganos, «naciones» (vv. 5, 8), parecería indicar que fue escrito cuando Jerusalén fue amenazada por los paganos en el tiempo de Nehemías (Ne 4). El arma principal del enemigo es la lengua, atacando con calumnia y maldiciones, algo que no se destaca en el relato de 1 Samuel 19.

El Salmo 59 incluye dos estribillos, los cuales forman dos divisiones naturales de la composición. La primera mitad del salmo es principalmente oración (vv. 1-9), la segunda expresa la confianza de liberación (vv. 10-17).

59: 11 No los mates puede interpretarse de la siguiente manera: «el salmista pide a Jehová que no destruya a sus enemigos de un solo golpe, sino que los vaya derribando poco a poco, para que su caída sirva de lección» (véase Éx 9:16).[157]

Salmo 60: Petición de la victoria después de una derrota

Este salmo supone la misma situación histórica que los salmos 44 y 80. El título probablemente alude a 2 Samuel 8 y 10. El angustiado salmista lamenta una grave derrota experimentada por su pueblo (vv. 1-5); entonces se acuerda de las promesas de Dios referentes a subyugar las naciones vecinas (vv. 6-8); finalmente pone su confianza en la fuerte ayuda de Dios (vv. 9-12).

60:6-8 Dios ha dicho en su santuario. Dios ha prometido a Israel la recuperación de sus antiguos territorios (Siquem y el valle de Sucot) y la toma de Moab; Edom y Filistea se convertían en vasallos. Moab sería reducido a trabajo servil para Israel («vasija para lavarme») y Edom sería conquistado («sobre Edom echaré mi calzado», pues el gesto de arrojar la sandalia significaba tomar posesión, véase Rt 4:7-8).

Salmo 61: Oración del rey exiliado

Lejos de Jerusalén y del templo de Dios, David anhela la ayuda del Señor y la protección de su casa (vv. 1-5). El dolor y la nostalgia le hacen sentirse como desterrado en el último rincón de la tierra (v. 2a, DHH). Clama para que Dios le lleve a una roca elevada, símbolo de un seguro refugio, el cual es probablemente Dios mismo (v. 3; véase 18:2).

Confiado de que el Señor le escuchó, ora para que Dios conceda al rey una larga vida, probablemente orando por sí mismo (vv. 6-8). Puede ser que haya ocurrido durante el tiempo de la rebelión de Absalón, cuando David estaba en Mahanaim (2 S 17:24-27).

Salmo 62: Dios, el único refugio

La palabra enfática en este poema es «solo» o «solamente»: **Solo en Dios encuentra paz** (v. 1); **Solo él me salva y me protege** (v. 2); **Solo en Dios encuentro paz... Solo él me salva y me protege** (vv. 5-6, DHH). El salmista expresa la más absoluta fe en el Señor y confianza de que él le guardaría de las maquinaciones de sus enemigos.

La expresión **Una vez habló Dios; dos veces he oído esto** (v. 11) se usa para dar énfasis al sentimiento (véase Job. 33:14; 40:5). «Destaca la importancia de lo que se va a decir y para que la idea quede bien grabada en la memoria».[158]

Salmo 63: Sed de Dios

Este poema expresa el anhelo ardiente del salmista por Dios y por la seguridad de su presencia cuando los enemigos le amenazan. Se describe este anhelo con las metáforas de sed (v. 1), y de hambre v. 5 (véase 42:1-2). Sufriendo nostalgia por el santuario (vv. 1-5), David mantiene su confianza en el Señor (vv. 6-8), pues sabe que sus enemigos serán destruidos y el rey, David mismo, se alegrará en Dios (vv. 9-11). El castigo de los enemigos: *serán porción de los chacales* (v. 10), refleja el espanto que a los antiguos les produce el pensar que sus cadáveres, en el campo de la batalla, serían alimento para las fieras. Se cree que la situación de este salmo se encuentra en el episodio en que David huye de Absalón (2 S 15:23-28; 16:2, 14; 17:16, 29).

Salmo 64: Plegaria pidiendo protección contra enemigos ocultos

Este salmo se divide en dos secciones: (1) Oración pidiendo protección de la conspiración de los enemigos, vv. 1-6; y (2) destrucción de los malos y regocijo de los justos, vv. 7-10.

Salmo 65: Acción de gracias por las bendiciones divinas

Este es un himno de acción de gracias a Dios por la cosecha abundante. Es probable que se cantara en el templo durante la fiesta de la cosecha. El bosquejo es el siguiente: (1) El pueblo humildemente alaba a Dios por el perdón de sus pecados, vv. 1-4; (2) le alaba por sus acciones admirables y dominio sobre toda la creación, vv. 5-8; y (3) le agradece por las lluvias que producen la cosecha abundante, vv. 9-13.

Salmo 66: Las obras maravillosas de Dios

En este poema se reúnen un himno de alabanza a Dios (vv. 1-7), un canto colectivo de acción de gracias (vv. 8-12); y una acción de gracias individual (vv. 13-20).[159] En la primera parte, toda la tierra está convocada a cantar la gloria del Señor (vv. 1-4). La omnipotencia divina

158. *Ibid.*, p. 705.
159. *Ibid.*, p. 707.

se revela a través de la historia, especialmente en el éxodo, el cruce del Jordán (vv. 5-7), y ahora en la liberación de su pueblo de alguna calamidad (vv. 8-12).

El salmista reconoce que la calamidad fue un castigo divino: *tú nos has puesto a prueba, ¡nos has purificado como a la plata!* (v. 10, DHH). En el día de angustia, él clama a Dios y hace votos; Dios le oye. Para él, esto es evidencia que su alma está limpia porque *Si en mi corazón hubiese yo mirado a la iniquidad, el Señor no me habría escuchado* (v. 18).

Referente al rol de los votos, G. Campbell Morgan comenta:

> El alma del hombre en las horas de angustia constantemente hace promesas a Dios en cuanto a lo que haría si este le librara de la calamidad. Tales votos son enteramente voluntarios, y no son necesarios. No influyen en lo más mínimo la acción de Dios. Es la oración la que mueve la mano de él. Sin embargo, al hacer el voto voluntario, ésto le llega a ser una obligación, la cual no debemos tratar de evitar.[160]

66:17 *A él clamé con mi boca, y fue exaltado con mi lengua*. Se traduce literalmente «alabanza estaba bajo mi lengua». Significa que mientras el salmista clama por ayuda, él ya está silenciosamente dando gracias a Dios por haberle escuchado.

Salmo 67: Que todos los pueblos alaben a Dios

En este salmo, todo el pueblo de Dios expresa su alegría y agradecimiento por la cosecha abundante. El estribillo — Te alaben los pueblos (vv. 3, 5) — exhorta a todas las naciones de la tierra a fin de que ellas alaben al Señor porque él bendice a Israel (v. 2), porque él gobierna las naciones con justicia (v. 5), y porque él da cosechas abundantes (v. 6). El salmista piensa que las bendiciones concedidas a Israel deben hacer que todas las naciones reconozcan al Señor como único Dios y Salvador (v. 2). Sin embargo, esta esperanza se cumple solo en la venida del Mesías (véase Gn 12:3; Is 42:1-4; 52:15).

67:1 *Dios tenga misericordia... haga resplandecer su rostro*. Esta expresión se inspira en la bendición sacerdotal de Números 6:23-26.

---

160. G. Campbell Morgan, Life Applications from every Chapter of the Bible (Grand Rapids, MI, USA: Fleming H. Revell, 1994), p. 172.

Salmo 68: La marcha triunfal del Dios de Israel

Desde tiempos antiguos este salmo es uno de los más grandes del Salterio. Fue el predilecto de los cruzados de la Edad Media, de los hugonotes, de Savonarola y del Cromwell. Contiene citas de la bendición de Moisés (v. 26; Dt 33:28), y del canto de Débora (v. 18; Jue 5:12).

Nadie sabe la fecha de su composición, pero se especula que fuera escrito por David cuando trajo el arca a Jerusalén (2 S 6:2-18). Probablemente fue escrito para cantar cuando el arca del pacto fue trasladada en procesión solemne, desde el tabernáculo al santuario del templo recién construido por Salomón (2 Cr 5:1-7).

Gillis señala el carácter del salmo:

> Este salmo da énfasis a la soberanía de Dios sobre las naciones, y enseña la entera sujeción de éstas a su dominio. El salmo es, pues, mesiánico, aunque no menciona directamente al Mesías, porque presenta la marcha triunfante de Dios en el establecimiento y la extensión de su reino en todo el mundo. [161]

El Salmo 68 comienza con las palabras que pronunciaba Moisés cada vez que se ponía en marcha el arca del pacto (v. 1; véase Nm 10:35). La estrofa que sigue proclama la derrota de los impíos y el triunfo de los justos (vv. 2-3). Luego se alaba la bondad de Dios (vv. 4-6), la marcha victoriosa del Señor desde Egipto a Sinaí (vv. 7-10), y la conquista de la tierra prometida (vv. 11-14).

Se refiere tanto a la elección de Dios del monte Sion para ser su morada (vv. 15-18), como a sus victorias (vv. 19-23). Finalmente, con la descripción de una procesión que sirve como un interludio (vv. 24-27); el salmista implora a Dios que extienda su gobierno (vv. 28-31) hasta que toda la tierra cante de su gloria (vv. 32-25).

Los versículos 11-14 hablan de la derrota de los reyes cananeos, cuando los israelitas comenzaron a tomar posesión de su tierra (véase Jos 10:7-14; Jue 4-5). Las mujeres israelitas participaban en la celebración de la victoria anunciando la fuga de los monarcas y repartiendo el botín (v. 12). No es claro el significado de la expresión *las alas de paloma cubiertas de plata... sus plumas con amarillez de oro* (v. 13). Algunos piensan que se refiere a un objeto precioso arrebatado al enemigo, y según otros,

---

161. Gillis, *op. cit.*, p. 320.

la paloma es Israel, o tal vez el ejército victorioso de él. Tampoco es clara la comparación de la huida de los reyes con la nevada en el monte Salmón (v. 14). Quizás los cadáveres de los soldados cananeos, en el campo de batalla, eran tan numerosos como copos de nieve en los cerros (véase Nm 21:33-35; Dt 3:1-10).

68:18 *Subiste a lo alto, tomaste cautivos. Tomaste dones de los hombres.* En Efesios 4:8, el apóstol Pablo cita este versículo de la Versión Griega como una referencia a la ascensión de Cristo y el otorgamiento de dones carismáticos a su iglesia. No se sabe si Pablo lo consideró una profecía o meramente lo citó para presentar una verdad nueva con una oración tomada del Antiguo Testamento, no obstante que no existió relación alguna entre los dos.

Salmo 69: Un grito de angustia

Este poema es una petición de que Dios tenga misericordia del salmista y le defienda de sus numerosos enemigos. Ellos conspiran contra él en el mismo tiempo que Dios le ha afligido (v. 26), por algún pecado en su vida (v. 5). Se siente en peligro de muerte a causa de su enfermedad (v. 29). Acusado y perseguido injustamente y abandonado hasta por sus amigos y parientes (v. 8), el salmista pide al Señor que lo proteja de sus enemigos. Luego se revuelve en imprecaciones contra los malvados (vv. 27-28); terminando con unos versos que hablan de los pobres y cautivos. Al fin pide la restauración de Judá.

Aunque el título del salmo lo atribuye a David, la mención de Judá en vez de Israel y la referencia a la reedificación y repoblación de sus ciudades, indica una fecha posterior a la de David. Tal vez fue escrito en la época de Ezequías después de que los asirios asolaron todas las ciudades de Judá, salvo Jerusalén (2 R 18:13; Is 36:1; 1:7-9).

69:30-31 *Alabaré yo el nombre de Dios con cántico ... con alabanza. Y agradará a Jehová más que sacrificio.* «La alabanza, lo mismo que el fiel cumplimiento de la voluntad de Dios (Sal 40:6-8) y la conversión interior (Sal 51: 17), son más agradables a Dios que todas las víctimas de los sacrificios».[162]

Salmo 70: Una súplica de socorro

Este poema es una repetición del Salmo 40:13-17, con algunas

---

162. Nota en Biblia Reina Valera 1995, edición de estudio, op. cit., p. 711.

pequeñas variaciones, como los cambios en el nombre de Dios. No se sabe la razón para la duplicación de la composición original. Es una súplica para que Dios ayude a su siervo. El Señor nunca le abandona.

Salmo 71: Oración de un anciano

Se cree que el poeta fue anciano pues mira retrospectivamente a su juventud, v. 6. Se refiere a su pasado y menciona que ha sido molestado por muchas angustias y numerosos enemigos. A pesar de que el poema se compuso en gran parte con extractos de otros salmos, «tiene una originalidad y encanto propio, siendo un salmo de la vejez».[163]

Se puede dividir el salmo en dos partes: (1) Súplica por la protección de Dios en la vejez, vv. 1-13; y (2) alabanza al Señor por su bondad en el pasado, y confianza en el porvenir, vv. 14-24.

Salmo 72: El Rey Mesías

El título de la composición es ambiguo, ya que puede interpretarse que Salomón es el autor o que es la persona a quien el salmo se dedica. Esto último parece lo más probable. El salmo consiste en una oración por el rey de la dinastía davídica, «al hijo del rey» (v. 1 a). Parece que se escribió con ocasión del ascenso al trono de él. Algunos estudiosos de la Biblia piensan que David lo escribió para la coronación de su hijo Salomón y que representa el deseo del padre para el reino de su hijo. Otros lo consideran una obra de Salomón, la cual sería una descripción glorificada de su reinado de justicia y paz.

Aunque el Nuevo Testamento no lo cita, la tradición judía y cristiana lo considera un salmo mesiánico. El cuadro del rey y su reinado está descrito con los mismos colores vívidos con que los profetas pintan el Rey Mesías y su dominio (véase Is 9:5; 11:1-5; 60-62; Zac 9:9-10). Será un reinado pacífico (v. 7), sin fin (vv. 5, 17), sobre todas las naciones (vv. 8, 11); un gobierno de misericordia, justicia e integridad (vv. 7, 12-14); un tiempo de fertilidad inigualada (v. 16). Estas expresiones no pueden ser otra cosa sino alusiones al reinado de Cristo, un monarca más grande que Salomón.

Los detalles geográficos deben ser interpretados según la manera de expresarse de los antiguos. *Dominará de mar a mar, desde el río hasta los confines de la tierra* (v. 8) indica los linderos del mundo civilizado en

---

163. Gillis, *op. cit.*, p. 322.

aquel entonces: desde el mar Mediterráneo hasta el Golfo Pérsico (el mar oriental) y del río Éufrates hasta lo último de la tierra. *Tarsis y las costas* («islas», DHH, v. 10) se refieren al lejano occidente (véase Sal 48:7); *Sabá* y *Seba* al lejano sur (véase 1 R 10:1).

72:20 *Aquí terminan las oraciones de David, hijo de Isaí.* Es una nota que indica que el Salmo 72 constituyó el último salmo de una colección de éstos. No excluye, sin embargo, la posibilidad de que otros salmos davídicos sean incorporados en colecciones que siguen.

Capítulo 7

Los himnos y oraciones de Israel
— Tercer y Cuarto Libros

Salmos 73 — 106

Puesto que los libros III y IV son relativamente breves, trataremos los dos juntos. Sin embargo, son muy diferentes en su contenido. A.F. Kirkpatrick clasifica los salmos de cada libro así: (a) los del libro I, 1-41, tienden a ser personales, (b) los de los libros II y III, 42-89, nacionales, y (c) los de los libros IV y V, 90-150, litúrgicos, es decir, se relacionan con la alabanza congregacional a Dios.[164]

A. El tercer Libro (Salmo 73-89)

Esta división contiene los salmos de Asaf (73-83) y los de Coré (84-88). Asaf era el antepasado de una familia de levitas que desempeñaban el oficio de cantores en el templo de Jerusalén; los hijos de Coré, es decir, sus descendientes (Nm 16; 26:9-11), pasaron a cumplir diversas funciones en el santuario (1 Cr 6:37; 26:1). Ambos grupos de cantores, cantaban en los cultos del templo (2 Cr 20:19; Esd 2:41; Neh 7:44).

Guillermo Ross señala las características de los salmos de Asaf:

1. Son nacionales e históricos, en que se demuestra cómo la mano de Dios obra en la historia, se exponen las necesidades nacionales y se sugieren las lecciones del pasado que pudieran ayudar en el futuro.

2. Estos salmos tienen una doctrina muy definida de Dios: (a) él es el Pastor de su pueblo Israel (Sal 80); ellos son las ovejas de su prado (74:1; 77:20; 79:13). (b) Dios es el Juez (75:7) que defiende a Israel contra sus enemigos (76:3, 6), que lleva a cabo sus juicios contra los inicuos (76:8, 9); que administra justicia en favor de los pobres, defendiéndolos de sus opresores (82:2-4).

3. Los salmos de Asaf echan mano de la historia para instrucción,

164. A.F. Kirkpatrick, *Cambridge Bible for Schools and Colleges* (s.l.: CVP, 1891-1901), p. LVIII, citado en Derek Kidner, *Psalms 73-150* en *Tyndale Old Testament Commentaries*, D.J. Wiseman, editor (Leicester, Inglaterra: Intervarsity Press, 1979), p. 327.

admonición y estímulo. Por ejemplo, el Salmo 78 es una lección de ánimo y consuelo que brota de las pasadas experiencias de la nación (véase también 77:11; 80:8-18; 81:7, 10; 83:9-12).[165] En cambio, los salmos de los hijos de Coré recalcan la excelencia del templo y su culto. Los que moran en la casa de Dios son benditos (84:4); un día en su casa es mejor que mil en otros lugares (84:10); Jerusalén es el lugar favorecido por Dios (87:2); el haber nacido allí es un privilegio especial (87:5), y se agregan bendiciones especiales a los que han tenido ese privilegio (87:6).[166]

Salmo 73: Vanidad de la dicha de los impíos

Este poema didáctico o sapiencial trata el mismo problema que el 37 y el 49, es decir, la prosperidad de los impíos y el sufrimiento de los justos. El ardiente deseo del salmista para la erradicación del mal y el castigo de los inicuos, brota de la conciencia de que Dios es un ser moral y es imprescindible que su justicia triunfe.

En los versículos 1-3, el salmista presenta su casi fatal prueba de fe: por poco tropezó espiritualmente, teniendo envidia de los impíos que aparentemente prosperaban. (Muchos hombres piadosos, al ser afligidos en la vida, tienden a fijar la mirada en la prosperidad terrenal de los malos y olvidan que esta es pasajera.) Luego describe la arrogancia y felicidad de ellos (vv. 4-14). Se siente tentado a decir cosas que mejor no se dijeran (v. 15).

Solo al acudir a Dios el salmista halla la solución: el triste destino del impío. En el templo recibe la revelación de que la condición de los malvados en el más allá será el reverso de la medalla de la de esta vida (vv. 17-22), mientras que el justo tiene su dicha suprema en estar con Dios (vv. 23-28). Aunque el escritor de este poema no refleja detenidamente sobre la vida de ultratumba de los malos sino que indica que serán **asolados de repente**, le queda solo un paso para alcanzar la creencia explícita en la resurrección de los justos (vv. 24-26; véase Salmo 16:9-11) y el castigo eterno de los impíos.

73:9 *Ponen su boca contra el cielo*. La versión *Dios habla hoy* lo traduce «atacan al cielo con sus labios».

---

165. Ross, op. cit., p. 99.
166. *Ibid.*

Salmo 74: Lamento por la destrucción del templo

Este poema es una súplica a Dios para que venga pronto en ayuda de su pueblo. El templo está profanado, incendiado, en ruinas (vv. 1-9) y su pueblo está abandonado e insultado (vv. 10-11). Aparentemente este salmo fue compuesto después de la destrucción de Jerusalén y del templo por las tropas de Nabucodonosor en el año 587 a.C. (véase 2 R 25:8-10). El autor es de los descendientes de Asaf que llevaban el nombre de su antepasado, cantor en la época de David. Es probable que el Salmo 79 se escribiera en el mismo tiempo, pues las circunstancias de esta composición son las que ya fueron descritas a propósito del Salmo 74. Gillis dice:

> El lector puede leer estos salmos, comparándolos con 2 Cr 36:17-20 y Jer 52:2-16, para concretar un cuadro de las condiciones que prevalecían en esa época. El pueblo estaba abandonado a sus enemigos, que estaban en la tierra aun cuando el salmista escribía (v. 4). Ya no había en el país las señales visibles de la presencia de Dios (v. 9). La violencia llenaba la tierra. En medio de la oscuridad y el pesimismo que prevalecía, el autor pregunta: ¿**Hasta cuándo, oh Dios...**? Y en esto hallamos el grito de su alma, buen israelita como era, y la nota clave del salmo.[167]

El salmo se divide en tres partes: (a) el salmista describe poéticamente la devastación espantosa en el templo, mientras que implora a Dios para acordarse de su pueblo, vv. 1-11; (b) entonces recuerda las obras gloriosas de liberación que el Señor ha hecho anteriormente por Israel, vv. 12-17; y (c) exhorta humildemente a Dios recordar que su honor está en juego en el destino de su pueblo escogido, vv. 18-23.

No es claro el significado de la expresión, *nuestras señales* (v. 9). Pueden referirse a las señales de la presencia de Dios, en el templo, en el arca, en el altar o pueden hacer referencia a los milagros como «signos» o «señales» de esa presencia en medio de su pueblo.

Los versículos 13-15 describen la liberación de Israel en el éxodo de Egipto, presentando al enemigo como un monstruo, luego como el leviatán, o sea, el cocodrilo del Nilo.

Una nota en la *Santa Biblia Reina-Valera 1995, Edición de Estudio* sobre el versículo 4 observa como el poeta identifica a Dios con su

---

167. Gillis, *op. cit.*, p. 325.

pueblo. «A los ojos del salmista, los enemigos de Israel son enemigos de Dios. Por eso, en su oración pone de relieve estas dos ideas: la humillación que ha sufrido Israel es una afrenta para el mismo Dios (vv. 10, 18); y, además, al salir en defensa de su pueblo, Jehová defiende su propio honor (vv. 22-23)».[168]

Salmo 75: Dios abate al malo y exalta al justo

Este cántico de alabanza a Jehová infunde confianza cuando las potencias mundanas amenazan al pueblo de Dios. Puede ser que fuera escrito en la ocasión en que el rey asirio, Senaquerib, invadió a Judá (véase 2 R 18:13-19:37). Dios es el Juez universal que rectifica las situaciones de injusticia, pero lo hace en el tiempo que él decida (v. 2). «El juicio de Dios hará que al final triunfe la justicia (vv. 7-8) y este triunfo de Dios será motivo de alegría para sus fieles (v. 9)».[169]

El himno comienza con acción de gracias a Dios (v. 1); luego Dios habla (vv. 2-3); entonces el salmista advierte a los enemigos (vv. 4-8), y anuncia el castigo de los malos y la exaltación de los justos (vv. 9-10). **75:8 *La copa está en la mano de Jehová*.** La copa aquí se refiere a la ira de Dios y a su juicio que será derramado sobre los impíos (véase Sal 60:3; Jer 25:15-16; Ap 14:10; 16:19).

Salmo 76: Canto triunfal después de la victoria

Este poema es una oda al Dios temible de Israel. Como los Salmos 46 y 75, éste parece evocar la derrota de Senaquerib a las puertas de Jerusalén (2 R 19:35), como símbolo de la salvación esperada por los humildes. Gillis nos da el siguiente bosquejo: (a) Descripción del carácter guerrero de Jehová, vv. 1-3; (b) Cuadro de la desolación del campo del enemigo, vv. 4-6; (c) el carácter irresistible de Dios, vv. 7-9; y (d) exhortación a rendir homenaje a Dios, vv. 10-12.[170]

76:2 *Salem (Jerusalén)*. Tal vez se emplea este nombre antiguo para la ciudad santa como una alusión a su carácter de paz (Salem).

76:12 *Cortará el aliento de príncipes*. Puede interpretarse «quitar la vida» (DHH) o «abatir el coraje» (NC).

---

168. Santa Biblia Reina Valera 1995, Edición de estudio, op. cit., p. 715.
169. *Ibid.*, p. 716.
170. Gillis, *op. cit.*, p. 326.

Salmo 77: Los prodigios divinos del pasado, consuelo del pueblo afligido

En una época de gran aflicción nacional, el salmista se acuerda de los beneficios pasados de Jehová en favor de Israel, las maravillas del éxodo, prenda de intervenciones futuras de Dios en favor de su pueblo. Este salmo es parecido en espíritu al poema de Habacuc registrado en el tercer capítulo de su libro. Tanto el profeta como el salmista presentan el problema moral que tiene que ver con el trato de Dios con Israel. Parece que Dios ha desechado a su pueblo para siempre. Sin embargo, el salmista cobra ánimo recordando la grandeza de la salvación de Dios a su pueblo en el pasado.

77:10 *Diestra del altísimo*. La dirección poderosa, apoyo y protección de Dios (Véase Sal 17:7; 18:35; Is 41:10).

Salmo 78: Lecciones de la historia de Israel

Este salmo es un poema didáctico en el cual el autor emplea la historia de Israel desde el éxodo de Egipto hasta la instauración de la dinastía davídica para enseñar lecciones espirituales. «El relato poético de los acontecimientos históricos va contraponiendo el amor y la fidelidad de Jehová a las constantes infidelidades y rebeldías de su pueblo (cf. Sal 105; 106)».[171] Es el más largo de los salmos históricos.

Después de presentar una introducción detallada sobre la importancia de transmitir la tradición del trato de Dios con su pueblo (1-8), el salmista señala que el reino norteño de Israel se hizo infiel a Dios (9-11), de igual manera como sus antepasados, por los cuales Dios había obrado milagrosamente en el éxodo (12-16) y en el peregrinaje en el desierto (17-31).

Estos antepasados fueron castigados por su devoción insincera (32-39). Habían sido testigos oculares del poder de Dios, manifestado en las plagas de Egipto (40-51) y en el viaje a la tierra prometida (52-55); por lo tanto, Dios rechazó a sus descendientes, los israelitas del reino norteño (56-64), y eligió a Judá y la dinastía de David (65-72).

Es edificante notar el propósito divino de contar la historia de Israel: que los padres la enseñen a sus hijos ***a fin de que pongan en Dios su confianza y no se olviden de las obras de Dios; que guarden sus mandamientos y no sean como sus padres*** (5-8).

---

171. Nota en *Santa Biblia Reina Valera 1995, Edición de estudio, op. cit.,* p. 717.

Salmo 79: Elegía nacional

El fondo histórico del Salmo 79 probablemente es la toma de Jerusalén por los babilonios el año 587, y el saqueo de la ciudad por los vecinos de Israel, Edom, Moab y otros (véase Sal 75). Los israelitas lamentan los estragos y matanza efectuados por sus enemigos (1-4); piden que Dios les vengue de sus enemigos y perdone los pecados de su nación (5-8); oran por su propio honor y gloria (9-10). Si Dios libera a los judíos cautivos y castiga a sus enemigos, ofrecerán acciones de gracias (11-13).

79:8 *No recuerdes contra nosotros las maldades de nuestros antepasados.* La idea es que los judíos tienen que pagar las culpas de sus antepasados, algo que contradicen Jeremías y Ezequiel. Estos profetas afirman enfáticamente que cada individuo, y no sus descendientes, «recibirá la justa retribución de sus buenas o malas acciones» (véase Jer 31:29-30; Ez 18:2-4).[172]

Salmo 80: Súplica por la restauración del reino norteño

Este salmo consiste en una súplica nacional en un momento de grave calamidad. Parece aplicarse al reino norteño después de su destrucción por los asirios el año 722/721 a.C. (véase 2 R 17:1-23). Se describe a Israel como una gran vid plantada por Dios (8-16), hasta que extiende hasta las montañas y cedros del Líbano en el Norte (10), al oeste hasta el Mediterráneo y al oriente hasta el río Éufrates (11), límites ideales del reino (véase Jos 1:3-4).

Se emplea con frecuencia la figura de la vid para representar a Israel (Is 5:1-7; 27:2-5; Jer 2:21; Ez 15:1-8; Os 10:1; Mt 21:33-43; Jn 15:1-6). Jehová ha plantado la vid pero sus enemigos, como animales silvestres del bosque, la han destruido. El salmista pide su restauración.

Salmo 81: Exhortación a celebrar dignamente una fiesta

El Salmo 81 es un cántico festivo que comienza con una invitación a celebrar alegremente una fiesta en honor del «Dios de Jacob» (1-5); y luego oír la voz de Dios bajo la forma de un mensaje profético (6-16).

No sabemos a ciencia cierta cuál fiesta en particular se celebraba, pero se cree que incluía la fiesta de los tabernáculos. Como memoriales de los hechos salvíficos de Dios, en el período del éxodo, las fiestas

---

172. *Ibid.*, p. 720.

nacionales llamaban a Israel a celebrar las misericordias de Jehová, y volver a consagrarse a él.

La frase *oí un lenguaje que no entendía* (v. 5b) indica un cambio de voces. Ahora habla el profeta que da el mensaje de Jehová. «Como este mensaje tiene su origen en una inspiración divina, y no procede de él mismo, el profeta aclara que antes no lo conocía».[173]

81:6 *Apartó su hombro de debajo de la carga*. Sus manos fueron descargadas de los cestos. Alusión a los trabajos forzados impuestos a Israel en Egipto.

81:10 *Abre tu boca y yo la llenaré* (con bendición). Dios dice a su pueblo que no importa cuán grande sea su deseo, él lo satisfará.

8:12 *Los dejé, por tanto, a la dureza de su corazón*. Es Dios quien «circuncida» el corazón (Dt 30:6; Jer 31:33; Ez 11:19; 36:26), de manera que el abandonar a su pueblo, no impidiendo que peque, es el peor castigo que Dios puede infligir (véase 78:29; Is 6:9-10; Ro 1:24, 26, 28).

Salmo 82: Amonestación contra los jueces malos

Este salmo es una condenación a los jueces por su injusticia y parcialidad, males severamente condenados por la Ley y los Profetas (véase Sal 58). El salmista presenta a Dios como un gran Juez que reúne a los jueces terrenales, les reprende y dicta sentencia. Se emplea dramatización poética para que la reprensión a ellos cobre más fuerza.

Los jueces se llaman dioses (vv. 1-2, 6) porque, como representantes de Dios, ellos comparten con él la prerrogativa divina de administrar justicia. Aunque el Señor reconoce la dignidad oficial de ellos, les hace recordar que son mortales; caerán y morirán (vv. 6-7). Cada uno de estos jueces tiene que rendirle cuenta sobre el ejercicio de su función. Puesto que ellos fracasan, el salmista invoca a Dios para que él mismo corrija los males del mundo (v. 8).

82:3-4 En el Antiguo Testamento la responsabilidad primordial de los gobernadores y jueces era proteger a los indefensos y débiles contra todos los que quisieran explotarlos u oprimirlos (véase 72:2, 4, 12-14; Pr 31:8-9; Is 11:4; Jer 22:3, 16).

82:5 *No saben, no entienden*. Los que debieran haber compartido la sabiduría de Dios con otros (1 R 3:9; Pr 8:14-16; Is 11:2) carecen

---

totalmente del entendimiento básico del orden moral del gobierno de Dios (véase Is 44:18). **Tiemblan todos los cimientos de la tierra** (la base de ley y orden). Cuando tales hombres administran, todo el mundo se desmorona y el caos reina. **82:6 Yo dije: Vosotros sois dioses.** Jesucristo comenta sobre este dicho: «Si llamó dioses a aquellos a quienes vino la palabra de Dios», Jn 16:34. **82:8 ¡Levántate, Dios, juzga la tierra, porque tú heredarás todas las naciones!** A la luz del Nuevo Testamento, podemos considerar que el Espíritu Santo dirige estas palabras al Hijo de Dios (véase 2:7-8; Jn 5:22.

Salmo 83: Imprecación contra los enemigos de Israel

El salmista pide la ayuda de Dios contra una confederación de las naciones vecinas, que amenazan con destruir a Israel. Le suplica que repita las proezas que realizó en el pasado para la liberación de su pueblo Puesto que no se encuentra ninguna referencia a una alianza simultánea de todos los pueblos mencionados en los versículos 6-8, se supone que no se refiere a un hecho histórico particular sino describe una situación típica.[174]

Las imprecaciones sobre las naciones paganas reflejan más el espíritu del Antiguo Testamento que el del Nuevo (vv. 9-18). El método del Señor Jesucristo es buscar la conversión de ellas más bien que su destrucción.

Salmo 84: Anhelo por la casa de Jehová

Este salmo es una oración que expresa anhelo profundo por estar en la casa de Dios y sentir su presencia. Es probable que el autor había servido como portero en el templo (v. 10), pero ahora se encuentra lejos del santuario (v. 2). Tiene envidia de los pajaritos que tienen acceso libre al Templo y sus altares, el lugar donde Israel puede disfrutar de la comunión con Dios (v. 3). Habla de la bendición de habitar allá y de la felicidad de ser peregrinos camino a Sion: **irán sus fuerzas en aumento, y en Sion verán al Dios supremo** (v. 7, DHH). Así que en este cántico «se concreta todo aquel fervor religioso que sentía el israelita piadoso del período de la monarquía hacia la casa de Dios en Jerusalén, una de las características salientes de la nación hebrea en este período».[175]

¿Por qué deseaba tan ardientemente el salmista de estar en el

174. *Ibid.,* p. 723.
175. Gillis, *op. cit.,* p. 333.

santuario? Quería permanecer cerca del «Dios vivo», cantar y alabarle, ofrecerle sacrificios y presenciar los símbolos de su gracia salvadora como el altar. Para él, el templo era la morada del Altísimo. El cristiano es motivado a asistir a los cultos esencialmente por las mismas razones, pero también por muchas más. Ahora la congregación es la morada del Espíritu, en la cual Dios se manifiesta durante la predicación de su Palabra, en el partimiento del pan y en la adoración de los santos. Bajo el antiguo sistema no hubo predicación, ni hubo comunión directa con Dios pues los israelitas se acercaban a Dios a través de la mediación del sacerdocio; tampoco hubo «comunión unos con otros». Los unos no edificaron a los otros ni sobrellevaron las cargas de los otros. Sin embargo, los adoradores israelitas viajaban a pie día tras día por las polvorientas sendas de Palestina para estar en la casa del Señor. ¡Qué ejemplo más inspirador para nosotros!

Se cree que el Salmo 84 fue cantado por los peregrinos camino a las fiestas en Jerusalén. Ellos, llenos de devoción hacia el santuario, podían expresar así sus ansias de llegar a contemplarle y ponderar la dicha de vivir cerca de él, que es como vivir en la presencia misma del Señor.

84:6 *Valle de lágrimas* (o valle de bálsamos). Probablemente se refiere a un valle cerca de Jerusalén por el cual el peregrino pasa camino a esta ciudad. Tan grande es su alegría de encontrarse pronto en los atrios del templo, que los lugares áridos y desolados le parecen convertirse en fuentes de agua. Renovado en espíritu, irá «de poder en poder».

84:9 El salmista intercede por su defensor, *tu ungido* (Mesías), el rey en Jerusalén.

Salmo 85: Oración pidiendo la salvación del pueblo

Esta es una plegaria comunal para que Dios renueve su misericordia a su pueblo en circunstancias de que vuelve a sufrir aflicción. Fue escrito por repatriados del exilio babilonio. Se divide en tres partes: (a) alabanzas por la misericordia que Jehová puso de manifiesto cuando hizo volver de Babilonia a los cautivos, 1-3; (b) pedido por la liberación de aflicciones presentes, 4-7; y (c) profecía de paz y prosperidad, 8-13.

85: 10-13 Los cuatro atributos divinos — misericordia, verdad, justicia y paz — son personificados, dándonos un cuadro hermoso del trato de Jehová con su pueblo del pacto.

Rotherham comenta: «La alabanza, la oración y la profecía conduce a reconciliación entre la tierra y el cielo».[176] G. Campbell Morgan añade:

> En estas palabras, la alabanza se fusiona con la oración. La nota de alabanza termina con la afirmación de que la ira de Dios nos ha apartado. La nota de oración comienza con la petición de que Dios nos volviera a fin de que su indignación pueda cesar. Esto es muy sugestivo. En cuanto a la voluntad y obra de Dios, él, en su gracia, ha apartado de su enojo porque ha perdonado la iniquidad y ha cubierto el pecado. Pero, para que podamos apropiarnos plenamente de esta actividad de gracia, debemos nosotros volver.[177]

Para nosotros *la misericordia y la verdad se encontraron; la justicia y la paz se besaron* en el monte Calvario; esto fue el día de las bodas del cielo y la tierra. Solo por la cruz Dios podía, simultáneamente, administrar la justicia y tener misericordia. «Por él (Jesucristo) seremos salvos de la ira, porque, siendo enemigos, fuimos reconciliados con Dios por la muerte de su Hijo» (Ro 5: 10).

Salmo 86: Súplica de un hombre afligido

Este poema a consiste casi totalmente de citas de otros salmos y otros pasajes del Antiguo Testamento. Se emplea siete veces el título divino *Adonay* (Señor), algo que insinúa una relación íntima con Dios. Es el único salmo del tercer libro del Salterio que se atribuye a David. Jamieson, Fausset y Brown lo describen así:

> Este salmo es una oración en la que el escritor, con honda emoción, confunde peticiones y alabanzas, ya en la demanda de socorro, ya en la exaltación de la esperanza, con motivo de las misericordias anteriores.[178]

Se nota que cada vez que el salmista hace una petición a Dios, también le presenta una razón por la cual su súplica debe ser oída. Puesto que conoce al Señor — «y todo su amor y bondad (5, 13, 15) y poder (8-10)

---

176. Citado en Morgan, *Life Applications from every Chapter of the Bible, op. cit.*, p. 178.
177. *Ibid.*
178. Jamieson, Fausset y Brown, op. cit., p. 473.

— puede estar tranquilo al exponer su caso (1-4, 6-7, 14), y confiar en que Dios contestará».[179]

Salmo 87: Sion, la capital del reino de Dios

El salmista presenta a Sion como la «ciudad de Dios» (v. 3), el objeto especial de su amor y la capital de su reino. Puesto que Jehová ha echado su cimiento, él ama más a Sion que a todos los otros pueblos de Israel. Se predice la incorporación de todas las naciones en esta ciudad.

Como dice Kirkpatrik: «Es una profecía en el lenguaje del Antiguo Testamento de que 'la Jerusalén de arriba libre es; la cual es la madre de todos nosotros (Gá 4:26). Mira hacia el tiempo cuando los gentiles ya no serán alejados de la república de Israel', sino 'juntamente ciudadanos con los santos' (Ef 2: 12, 19)». En el reino de Dios serán adoptados elementos de todas las naciones, como si nacieran dentro del reino.[180]

87:4 *Rahab* aquí se refiere a Egipto. Era un monstruo mítico en que estaban representadas simbólicamente las potencias enemigas del pueblo de Dios (véase Sal 89:10; Job 9:13; 26:12; Is 51:9). Los pueblos mencionados en este versículo representan a todas las naciones de la tierra.

Salmo 88: Súplica para ser liberado de la muerte

Se llama esta obra «el mas desconsolador de todos los salmos». El salmista se ve a sí mismo como un enfermo al borde de la muerte (v. 3), abandonado de Dios (v. 14) y de sus seres queridos (v. 8), afligido y sin esperanza (v. 15). Pero debe haber persistido un rayo pequeño de esperanza; de otra manera, ¿cómo se podría explicar su clamor a Dios? Su expresión «Jehová Dios de mi salvación» (v. 1) nos enseña que aunque en ciertos casos, el Señor no nos sana o nos libera de problemas físicos y situaciones difíciles, todavía es nuestra salvación. Como Job, debemos afirmar: «aunque él me matare, en él esperaré» (13: 15).

88:5, 10-12. El salmista no tiene la luz de la doctrina neotestamentaria de que habrá una resurrección y una vida de ultratumba. La revelación de Dios es progresiva.

Salmo 89: Pacto de Dios con David

Esta composición es una oración que lamenta la caída de la dinastía

---

179. Manual bíblico ilustrado, op. cit., p. 345-346.
180. Gillis, *op. cit.,* p. 335.

de David y ruega que ésta sea restablecida. El salmista está sacudido por el hecho de que el Dios fiel y omnipotente rompió su pacto, abandonó a su ungido y le ha permitido ser desprovisto de su trono. Los enemigos han abierto brechas en los muros de Jerusalén, han convertido en ruinas las ciudades de Israel y se burlan del rey caído (vv. 38-45). Por poco el lamento se convierte en reproche contra Dios. Es probable que la situación sea el ataque de Nabucodonosor contra Jerusalén y el exilio del rey Joaquín en 597 a.C. (véase 2 R 24:8-17).

El salmo comienza con alabanzas al Señor (vv. 1-2); luego anuncia el tema del poema: el pacto con David (vv. 3-4; véase 2 S 7:12-16); describe los atributos benéficos de Dios (vv. 5-18); narra detalladamente las promesas a David (vv. 19-37); da una vívida descripción de la condición pésima del rey y su pueblo (vv. 39-45); y suplica que el Señor intervenga pronto a favor de su pueblo (vv. 49-51). La doxología (v. 2) fue añadida para indicar el fin del tercer libro.

89:5-7 *Los santos... hijos de los poderosos... la gran congregación de los santos*: se refieren a los seres celestiales.

89:10 *Rahab*: véase la nota sobre 87:4.

89:16 *En tu nombre se alegrará todo el día.* La alegría era una de las características del culto público de los israelitas.

89:19 *A tu santo*: alusión al profeta Natán, quien comunicó a David las promesas del pacto (2 S 7:4-16).

89:30-38 Las promesas de Dios están condicionadas en parte y absolutas en parte. Puesto que los descendientes de David fallaron con respecto a cumplir las condiciones del pacto, Dios no les cumplió sus promesas. Sin embargo las promesas incondicionales del pacto davídico se cumplen en Jesucristo (véase Lc 1:31-33; Hch 2:29-32; 15:14-17).

B. El cuarto libro (Salmo 90-106)

La cuarta división del Salterio es realmente una parte de la colección más grande, que abarca los salmos 90-150. Parece que la división de este grupo en dos libros fue hecha solo por conveniencia, pues tanto el quinto libro como el cuarto contiene salmos de la misma índole. (Los salmos del primer libro son mayormente ***personales***, los del segundo ***nacionales*** e ***históricos*** y los del cuarto y quinto libros ***litúrgicos***.) El énfasis se pone en el culto del pueblo de Dios, en la acción de gracias y alabanzas de una forma adaptada al uso en el templo. El nombre del Dios del pacto, ***Jehová***, predomina. Aparece en todos los salmos excepto en dos del cuarto libro.

Salmo 90: La eternidad de Dios y la transitoriedad del hombre

Este salmo es una meditación sobre la brevedad e infelicidad de la vida. El salmista contrapone la eternidad de Dios a la transitoriedad de la vida humana (1-6), y considera que los sinsabores y muerte son castigo por el pecado (7-11). Ora por sabiduría (12) y apela a la compasión de Dios al pedir que se le devuelva el gozo y la alegría (13-17).

El Salmo 90 se atribuye a Moisés, algo que armoniza bien con el hecho de que, en un sentido, la obra es similar al libro de Deuteronomio. No hay de extrañar de que el peregrinaje de Israel en el «desierto grande y espantoso» (Dt 8: 15) durante 40 años, produjera el espíritu melancólico y pesimista en el gran legislador del Antiguo Testamento.

90:3-6 El hombre vive bajo la sentencia de la muerte: *Polvo eres y al polvo volverás* (Gn 3: 19).

90:7-10 La vida breve está llena de sinsabores pues Dios indaga todo pecado del hombre y le hace sentir su enojo justo.

90:14 *De la mañana*: Que llegue la aurora de tu amor para aliviar la noche larga y oscura de tu enojo. La respuesta final de esta plegaria se encuentra en la resurrección (Ro 8:18; 2 Co 4:16-18).

Salmo 91: Confiar en Dios y descansar seguro

Empleando varias metáforas, el poeta inspirado testifica sobre los beneficios de confiar plenamente en Dios (vv. 1-13), y en el epílogo, Dios mismo habla confinando las palabras del salmista (vv. 14-16). El hombre de fe cuya morada es el Altísimo, le conoce y le ama. No tiene que temer «el lazo del cazador» (las trampas de los adversarios), «la peste destructora» (las enfermedades), el «terror nocturno» (posiblemente el susto que produce el demonio; véase Job 7:13-14; Jer 49:9; Abd 5), «la saeta que vuele de día» (toda forma de violencia), y «la pestilencia que ande en la oscuridad» (las enfermedades invisibles en gran escala). «El Omnipotente» (el *Saday*) es el único refugio seguro en todas las adversidades y peligros; él es su escudo. Debajo de sus alas, el creyente está seguro; los ángeles le guardan.

Entonces, ¿el hombre de fe está exento de todo peligro y mal? Dios no lo indica así, sino que dice: «Me invocará y yo le responderé; con él estaré yo en la angustia, lo libraré... « (v. 15). La gran promesa de Romanos 8:28 «todas las cosas los ayudan a bien» incluyen «tribulación, angustia, persecución, hambre, desnudez, peligro o espada» (Ro

8:35; véase Lc 21:16, 18). Lo que el Señor nos promete es librarnos del mal. «Muchas son las aflicciones del justo, pero de todas ellas le librará Jehová»; «ninguna arma forjada contra ti prosperará, y condenarás toda lengua que se levante contra ti en juicio. Esta es la herencia de los siervos de Jehová... « (Sal 34:19; Is 54:17). En él somos más que vencedores (Ro 8:37).

91:1 *La sombra* es una metáfora hebrea para indicar protección contra opresión, como la sombra es protección contra el calor opresivo. Se decía que reyes eran «sombra» para los que dependían de su protección (Nm 14:9). El Saday es la sombra protectora de su pueblo (121:5; 49:2; 51:16).

91:4 *Plumas ... alas:* metáfora que indica la extensión del poder protector de Dios (36:7; 57: 1; Rt 1:12). Este versículo posiblemente alude a los querubines o seres alados, cuyas alas extendidas protegían el arca del pacto en el templo (1 R 8:6-7).

91:11-12 Ángeles. La doctrina de ángeles guardianes, los que abren camino o guían a los siervos del Señor, se enseña en otras partes de la Biblia (Gn 24:7; 32:1; Éx 23:20; Mt 26:53). El diablo citó estos versículos para tentar a Jesús (Mt 4:6; Lc 4:10-11).

Salmo 92: Alabanza por la bondad de Dios

Este himno de acción de gracias tiene una clara tendencia de ser didáctico o sapiencial. El salmista alaba a Dios por sus obras (vv. 1-5), nota cuán breve y pasajero es el triunfo de los impíos (vv. 6-11) y se goza en las bendiciones de los justos (vv. 12-15).

92:6 *El hombre necio... el insensato.* Se refiere a la persona que niega o pone en duda que Dios intervenga en los asuntos humanos. No sabe que Dios reina (véase Sal 14:1).

92:10 *Será ungido con aceite fresco.* Se alude a la costumbre de derramar aceite perfumado sobre la cabeza, como símbolo de alegría (23:5; 45:7, 8). Dios hizo al salmista triunfar sobre sus enemigos y le ungió con «óleo de alegría» (45:7).

Salmo 93: La majestad de Jehová

Este salmo es un himno al reino universal, invencible y eterno de Jehová. Los Salmos 47, 94 y 100 tienen el mismo tema. Juntos ofrecen una confesión de fe sobre / y esperanza para / el reino de Dios en la tierra. Fueron compuestos para la liturgia de una fiesta solemne en la cual el gobierno de Dios sobre el orden cósmico, las naciones e Israel mismo, fue celebrado anualmente.[181]

El cántico comienza con alabanza a la monarquía eterna de Jehová (vv. 1-2), quien triunfa sobre las fuerzas rebeldes en su reino (vv. 3-4); por lo tanto, Dios debe ser obedecido y adorado (v. 5).

En el libro cuatro, el Salmo 93 es el primero de un grupo de siete poemas que se llaman salmos *reales* o, mejor dicho, *teocráticos* (93, 95-100). Presentan a Jehová como Rey. Son mesiánicos en carácter, pintando un porvenir glorioso para Israel bajo el reinado de Jehová, con la destrucción de todos sus enemigos.[182]

Salmo 94: Oración que Dios castigue a los malvados y proteja a los justos

El Salmo 94 es tanto una súplica a Dios por justicia, como una denuncia contra los tiranos malvados y jueces injustos. El salmista empieza invocando a Dios para que se vengue de los opresores (vv. 1-4); entonces describe su maldad y su insensatez (vv. 5-11); luego, con más tranquilidad, habla acerca de la seguridad confiada de los justos (vv. 12-15) y finalmente expresa su confianza de que Dios castigará los malhechores y favorecerá a los piadosos (vv. 16-23).

Salmo 95: Llamado a la alabanza y obediencia

Este poema es otro de los salmos teocráticos en que Jehová es representado como Rey de su pueblo. Es un cántico de gozo en que el culto del Señor se presenta como un privilegio y una ocasión para regocijarse.

Dos veces el salmista invita a la gente a alabar y prestar culto a Jehová (vv. 1-2, 6), porque es Rey de la naturaleza (vv. 3-5) y Pastor de su grey (v. 7a). Hablando en el nombre de Dios, el salmista advierte a la gente que sean más fieles que sus antepasados, en su viaje a la tierra prometida (vv.7b-11).

95:7 *Nosotros, el pueblo de su prado y ovejas de su mano*. Los reyes orientales fueron considerados pastores de su pueblo.

95:8-9 *Meriba ... Masah*. El salmista hace recordar a Israel las ocasiones de su rebelión en el desierto (véase Éx 17:1-7; Dt 6:16; 9:22; Sal 106:32-33).

---

181. Nota en *The NIV Study Bible, op. cit.*, p. 885.
182. Gillis, op. cit., p. 338.

95: 11 *En mi reposo.* Se refiere a establecerse en la tierra prometida, donde Israel podría descansar después de su larga y fatigosa marcha en el desierto (véase Hc 4:3 donde este pasaje está interpretado alegóricamente).

Salmo 96: Cántico de alabanza a Jehová

Este himno celebra la realeza divina y el advenimiento del Juez del mundo. El salmista invita a Israel, las naciones y todo el resto de la creación a festejar alegremente la llegada del Señor, que viene a establecer su reino de justicia y verdad. En 1 Crónicas 16:23-33, se cita este salmo con pequeñas variaciones; está relacionado con la mudanza del arca a Jerusalén.

96:9 *En la hermosura de la santidad.* No es claro si se refiere al santuario en Jerusalén («atrio sagrado», BJ) o a la ropa espléndida que debían llevar los adoradores.

Salmo 97: El dominio y el poder de Jehová

Este salmo teocrático consiste en una celebración gozosa del reinado justo de Jehová sobre toda la tierra. El salmo empieza con una teofanía, presentando la llegada del Señor como un Juez (vv. 1-6); Israel se regocija para presenciar el derrocamiento de la idolatría (vv. 7-9) y la bendición divina sobre los justos (vv. 10-12).

97:7, 9 *Póstrense ante él todos los dioses ... eres muy exaltado sobre todos los dioses.* En la mitología del antiguo Oriente, los dioses aparecen a menudo rindiendo homenaje a un dios supremo. Aquí el salmista, con ironía, llama a todas las divinidades, a las cuales la gente adora insensatamente, para postrarse ante Jehová. Es una imagen poética de la derrota humillante de la idolatría (véase Is 42:17; 44:9; 45:16).

Salmo 98: Jehová triunfante

El Salmo 98 es un llamado para celebrar con júbilo el reinado justa de Jehová. Su comienzo y su término son un eco del Salmo 96. Las tres estrofas extienden progresivamente el llamamiento en círculos concéntricos, cada vez más amplios: (1) la congregación que presta culto en el templo, vv. 1-3; (2) todas las gentes del mundo, vv. 4-6; y (3) toda la creación, vv. 7-9.[183]

---

183. Nota en *The NIV Study Bible, op. cit.*, p. 889.

98:1 *Su diestra* ... *su santo brazo.* Son símbolos del poder infinito de Dios (véase Éx 15:6, 16; Sal 18:35; 89:10).

98:2 *Ha hecho notoria* ... *las naciones ha descubierto.* Los hechos salvíficos de Jehová a favor de su pueblo son su autorrevelación a las naciones.

98:9 *Vino a juzgar la tierra.* Puesto que Jehová reina sobre todo el universo, Israel tiene la esperanza de la venida del Señor. Entonces él tratará decisivamente de toda impiedad y establecerá su justicia en la tierra (véase 98:13). Se cumple con la Segunda Venida de Cristo (1 Tes 1:6-10).

Salmo 99: Jehová, rey, justo y santo

Este es el penúltimo de los salmos teocráticos, o sea, los cánticos a la realeza de Jehová. Como los otros de la misma índole, es un himno que celebra a Dios como el gran Rey en Sion, pero difiere de los demás en que se pone énfasis especial en su santidad (vv. 3, 5, 9). Al desarrollar el tema, el salmista emplea el significado simbólico del número siete (plenitud). Habla siete veces de Jehová y usa siete pronombres en el hebreo para referirse a él.[184] Cada una de las tres estrofas termina en un refrán (vv. 3b, 5, 9)

99:1 *El está sentado sobre los querubines.* Jehová está entronizado sobre el arca del pacto, el lugar donde se manifestaba en el período del Antiguo Testamento.

99:5 *El estrado de sus pies:* su trono terrenal Sion, «su santo monte» (vv.2, 9).

99:6 *Moisés* ... *Aarón* ... *Samuel.* Eran intercesores poderosos que recibían conocimiento de la voluntad de Dios para enseñar a Israel y actuar como mediadores entre Dios y su pueblo (véase Éx 32:11-14, 30-34; Nm 17:11-13; 1 S 7:5-12).

Salmo 100: Exhortación a la gratitud

Con este himno se termina la serie de salmos denominados teocráticos. Es un poema breve, pero elocuente, que «sigue la nota marcada en los salmos anteriores de este grupo, gozo, y la exhortación a alabar a Dios».[185] Fue escrito para ser cantado mientras se entraba en el templo (véase Sal 15; 24).

---

184. *Ibid.*, p. 890.
185. Gillis, *op. cit.*, p. 341-342.

El cántico comienza con un llamado a todo el mundo para alabar a Dios (vv. 1-2), pues es Creador y Pastor de su pueblo (v. 3); sus adoradores deben entrar en el templo con acción de gracias y alabanzas (v. 4), porque Jehová es bueno, misericordioso y fiel (v. 5).

Salmo 101: Los votos de un rey

En el Salmo 101, un rey anuncia sus principios referentes, tanto a la vida pública como a la privada, a fin de gobernar con rectitud y justicia. Posiblemente fue escrito por David para ser usado por Salomón en la ceremonia de entronización (véase 1 R 2:2-4). Solo Cristo, el más grande hijo de David, ha cumplido perfectamente resoluciones tan nobles.

La obra se divide en dos partes: (1) las resoluciones del rey en cuanto a su vida y conducta personales, vv. 1-4; y (2) su supresión de la maldad en otros, vv. 5-8.

Salmo 102: Oración de un afligido

Este salmo es la plegaria de un hombre muy enfermo y angustiado. Sin embargo, él ora, no solamente por sí mismo, sino también por Jerusalén que está en ruinas (vv. 13-22). Por esto se fecha el salmo después de la ruina de Judá en 587 a.C. Con tono profético anuncia la reconstrucción de Sión (v. 13). Se da cuenta de que su aflicción es a causa del enojo del Señor (v. 10).

Esta composición es uno de los *salmos penitenciales* o sea *de arrepentimiento* (Sal 6; 32; 38; 51; 130; 143). Tiene cierta afinidad con Deuteronomio, Job, Isaías 40-46, Lamentaciones y otros salmos escritos después de la destrucción de Jerusalén.

La estructura del Salmo 102 es la siguiente: (1) el salmista ruega a Dios que le escuche, vv. 1-2; (2) describe sus aflicciones: la transitoriedad de la vida, v. 3, la mala salud, vv. 4-5, la soledad, v. 6, el insomnio, v. 7, la burla de sus enemigos y la pena, vv. 8-9, y la carga de la ira divina, v. 10; (3) lamenta la fragilidad de la vida del hombre, vv. 11, 23, 24; (4) invoca la ayuda de Jehová para la restauración de Jerusalén, vv. 13-22; (4) observa que la vida del hombre es pasajera y solo Dios es eterno, vv. 24-27; (5) sin embargo, los siervos del Señor permanecerán para siempre, v. 28.

102:6 *Semejante al pelicano ... como el búho.* Se refiere a dos aves que habitan en lugares solitarios y emiten un sonido semejante a un quejido.[186]

102:12 Más tú, Jehová, permanecerás para siempre. La eternidad de Dios es la base de la confianza del salmista.

Salmo 103: El amor y la misericordia de Dios

El Salmo 103 es un himno sobre el amor y compasión de Dios hacia su pueblo. Kyle M. Yates Jr., gran erudito bíblico, dice: «Este himno de alabanza es sin igual en toda la literatura del mundo».[187] Cinco llamados para alabar a Dios determinan el tono de la obra (vv. 1, 2, 20, 21, 22). No se encuentran muestras de angustia, quejas o tristeza.

El salmista asciende comenzando con el reconocimiento agradecido por las bendiciones personales, subiendo a las bendiciones nacionales y llegando a una celebración vibrante de los atributos divinos de la gracia, como no solamente dignos intrínsecamente de alabanza, sino también especialmente acomodados a la flaqueza del hombre. El salmo termina con una invitación a todas las criaturas a unirse en su canción de alabanzas.[188]

El cántico tiene cuatro estrofas:

1. Alabanzas por bendiciones personales (vv. 1-5). El salmista primero se exhorta a sí mismo a alabar a Jehová y no olvidar ninguno de sus beneficios (vv. 1-2). Estos son seis: Dios perdona todas sus maldades, sana todas sus enfermedades, libra su vida del sepulcro, le colma de amor y ternura, le satisface con todo lo mejor y le rejuvenece sus fuerzas.

2. Alabanzas por las bendiciones nacionales (vv. 6-10). Tal como Jehová colmó la vida del salmista con bendiciones, así bendijo a su pueblo, otorgando derecho a los israelitas oprimidos en Egipto y mostrando sus caminos a Moisés. Trataba con misericordia a los israeliitas malagradecidos, no pagándoles conforme a sus maldades. «El Señor es tierno y compasivo; es paciente y todo amor» (v. 8, DHH). Castiga, sí, pero menos de lo que merece la gente.

3. Alabanzas por el amor perdonador (vv. 11-14). El salmista procura describir la grandeza del amor de Dios. Es tan inmenso como la altura del cielo sobre la tierra; es grande porque aleja tanto nuestras rebeliones, como lejano está el oriente del occidente (vv. 11-12). Es

186.   Nota en *Santa Biblia Reina Valera 1995, op. cit.,* p. 735

187.   Kyle M. Yates Jr., «Psalms» en *The Wycliffe Bible Commentary,* Charles F. Pfeiffer y Everett F. Harrison, editores (Chicago, IL, USA: Moody Press, 1972), p. 533.

188.   Jamieson, Fausset y Brown, op. cit., p. 478.

grande porque es el amor de un padre que se compadece de la flaqueza de sus hijos (vv. 13-14).

4. *Alabanza por el amor eterno* (vv. 15-18). La permanencia del amor divino contrasta vívidamente con la transitoriedad del hombre. El otorgamiento del amor del pacto está relacionado con guardar los mandamientos de Dios.

5. *El llamado a alabar a Jehová como el Rey universal* (vv. 19-22). Los ángeles y todas las criaturas de Dios son instados a reunirse en alabanza a Dios.

103:5 *Te rejuvenezcas como el águila*. Por su larga vida y sus fuerzas incansables en vuelo, el águila es símbolo de la perpetua juventud (véase Is 40:31).

Salmo 104: Dios cuida de su creación

En este magnífico himno el salmista celebra la gloria de Dios en sus obras de la creación y de la providencia. Indica que «Dios está presente y activo en todos los acontecimientos que suceden tanto en el mundo de la naturaleza como en la vida de los seres humanos»,[189] que todas las criaturas vivientes dependen de él. También contrasta la felicidad de los que alaban a Dios con el destino funesto de los impíos. El relato de la creación de este cántico sigue el orden de la cosmogonía de Génesis 1.

El contenido del Salmo 104 es el siguiente. Lleno de asombro por las obras gloriosas del Creador, el salmista pinta en colores vívidos las maravillas de la atmósfera y el cielo (vv. 1-4); de la tierra seca y el océano (vv. 5-9); de los ríos y campos que dan bebida y alimento al hombre, animal y ave (vv. 10-18); del sol y la luna, con actividades de día y de noche (vv. 19-23); y de la vida diversa en el mar (vv. 24-26). Al reconocer que es el Señor quien gobierna y sustenta sus criaturas (vv. 27-30), el salmista proclama su omnipotencia y santidad (vv. 31-35).

104:3, 5 *Establece sus aposentos entre las aguas ... él fundó la tierra sobre sus cimientos*. El salmista acepta las ideas no científicas de sus contemporáneos. Ellos creían que por encima de la bóveda celeste, había aguas sobre las cuales se erguía el trono de Dios. Pensaban también que la tierra era semejante a un edificio inmenso con cimientos. La revelación de Dios se acomoda al entendimiento humane, de otra manera sería incomprensible a los que la recibieron.

---

189. Nota en *Santa Biblia Reina Valera 1995, op. cit.*, p. 737.

104:30 *Envías tu espíritu, son creados.* El «aliento» o espíritu de Dios es el poder divino creativo, la fuente de toda vida de la naturaleza (véase Gn 1:2; 2:7). De la misma manera, el Espíritu Santo es la fuente de toda vida sobrenatural.

104:35 ¡Aleluya! Expresión hebrea que significa «Alabad a Jah», o «Bendecid a Jehová».

Salmo 105: La maravillosa historia de Israel

El Salmo 105 es una obra «de carácter histórico que relata a grandes rasgos algunos episodios de la historia de Israel, desde los tiempos de Abraham hasta la entrada en la tierra prometida».[190] Es un himno de alabanza en que se enfatizan los hechos maravillosos de Dios relacionados con cumplir las promesas del pacto abrahámico. Una parte de este poema (vv. 1-15) se encuentra en 1 Crónicas 16:8-22.

Los Salmos 105 y 106 tratan de muchos de los mismos acontecimientos, pero cada poema los relata respectivamente desde un punto de vista diferente. El Salmo 105 cuenta las obras benéficas de Dios y omite toda alusión a las infidelidades de Israel, mientras que el Salmo 106 pone el énfasis en la desobediencia continua del pueblo del pacto. Ambos poemas tienen afinidad con el Salmo 78, en el cual se encuentran los dos temas entretejidos.

El tema de este salmo es (a) la fidelidad de Dios a sus promesas y (b) los favores concedidos a su pueblo. El salmista comienza con el llamado a alabar a Dios (vv. 1-6); narra las promesas del Señor a los patriarcas (vv. 7-11); y como ellos pasaron por la tierra prometida (vv. 12-15); relata la historia de José (vv. 16-22); de los israelitas en Egipto (vv. 23-27); de las plagas en Egipto (vv. 28-38); del peregrinaje de Israel por el desierto (vv. 39-43); y de la ocupación de Canaán (vv. 44-45).

105:3 *Gloriaos en su santo nombre.* El nombre de Dios representa su carácter, por lo tanto, debemos gloriarnos en sus atributos perfectos y sublimes.

105:5 *Los juicios de su boca*: sus fallos judiciales a favor de los justos y en contra de los malos.

105:14 *Castigó a los reyes.* Faraón y Abimelec de Gerar (véase Gn 12:17; 20:6-7).

105:15 *Mis ungidos ... mis profetas.* Los patriarcas Abraham, Isaac

---

190. *Ibid.*, p. 738.

y Jacob eran en cierto sentido «ungidos», es decir, consagrados a Dios. Ellos recibieron revelaciones de Dios (véase Gn 20:7, donde el Señor califica a Abraham de «profeta»). **105:23, 25 *La tierra de Cam*.** Se refiere a Egipto. **105:28-38** Aquí, como en el Salmo 78:43-51, las plagas no siguen la secuencia del Éxodo 7:14-12:30. El salmista cuenta la historia con licencia poética.

Salmo 106: La rebeldía de Israel y la misericordia de Dios

Este salmo es una confesión de la rebelión incesante de Israel y una oración para que Dios vuelva a liberar a su pueblo. «Aquí se presenta la historia de Israel como una serie ininterrumpida de pecados, infidelidades y rebeldías, que provocaron constantemente la ira de Jehová. Pero Dios, aunque no dejó sin castigo a los culpables,... terminó siempre compadeciéndose de su pueblo».[191] El propósito del poema es inspirar al pueblo a manifestar mayor fidelidad a Dios.

El Salmo 106 es el primero de un grupo denominado *salmos de aleluya*, llamados así porque comienzan con la palabra *Aleluya*. Los Salmos 106; 111-113; 117; 146-150 caen en esta categoría.

El desarrollo del poema es el siguiente. Después de llamar a la gente a alabar a Dios (vv. 1-3), el salmista pide por sí mismo (vv. 4-5), relata la falta de fe de los israelitas en el éxodo (vv. 6-12), su deseo desordenado en el desierto por carne (vv. 13-15), la sublevación de Coré, Datán y Abiram (vv. 16-18), el culto al becerro de oro en Sinaí (vv. 19-23), la cobardía e insensatez de los israelitas en Cades Barnea (vv. 24-27), su paganismo en Peor (vv. 28-31), su provocación a Moisés a fin de que pecara en Meriba (vv. 32-33), y el mezclarse con los cananeos (vv. 34-39). Termina el relato confesando que fue la maldad de ellos lo que obligó a Dios a castigarlos con calamidades y derrotas repetidas (vv. 40-46), y ora para que Dios salve y restaure a la tierra prometida a su pueblo disperso (v. 47).

El versículo 48 es una doxología añadida al salmo para indicar que termina el libro IV del Salterio.

106:31 *Le fue contado por justicia*. Como la fe de Abraham fue contada por justicia (Gn 15:6), así el celo sacerdotal de Finees le significó el sacerdocio perpetuo (Nm 25:7-8, 15).

106:33 *Hicieron rebelar a su espíritu*, literalmente el hebreo dice

---

«se rebelaron contra (el Espíritu de Dios)», (véase Is 63:10; Sal 78:40). Es probable que sea la traducción correcta, porque el Espíritu de Dios estaba presente y activo en el peregrinaje en el desierto (véase Éx 31:33; Nm 11:17; 24:2; Neh 9:20; Is 63:10-14).

106:39 *Se prostituyeron con sus hechos*. En Israel se consideraba que la infidelidad a Jehová, es decir, el recurrir a los dioses falsos y la idolatría, era prostitución espiritual (véase Ez 3:3, 5-8; Os 5:3; 6:10).

Capítulo 8

Los himnos y oraciones de Israel — Quinto Libro

Salmos 107 — 150

El quinto libro del Salterio, como el cuarto, contiene principalmente salmos litúrgicos, o mejor dicho, congregacionales, compuestos para usarse en el culto público. También se han incorporado algunos pequeños grupos de poemas tales como los salmos de ascensiones (subidas) de los peregrinos (120-134) y los Halel, o salmos Aleluya (113-118, 146-150). El Salmo 108 se compone del Salmo 57:7-11 y del 60:5-12. El título divino, Jehová, aparece 236 veces, mientras que Elohim, solamente siete veces.

Este libro se destaca por su espíritu profundo de adoración pública, el cual llega a su clímax con la última frase del Salterio: «Todo lo que respira alabe a Jehová» (Sal 150:6).

Salmo 107: Dios libra de toda aflicción

Aunque el tema general del Salmo 107 parece ser el favor particular de Jehová para con los israelitas en la restauración de ellos del exilio babilónico, debe ser extendido a su providencia a todos los hombres, cualquiera sea su aflicción. Este cántico es una exhortación para alabar al Señor por su amor constante, el cual le conmueve para escuchar las plegarias de su pueblo que está en peligro y librarles de toda angustia.

Además del prólogo (vv. 1-3), en el cual el salmista llama a los cautivos vueltos a su tierra a que alaben a Dios, el salmo consiste en dos partes. En la primera (vv. 4-32), donde cada una de las cuatro estrofas tiene el mismo refrán y forman un doble estribillo (6 y 8, 13 y 15, 19 y 21,28 y 38), se alaba a Dios por socorrer a los fieles que se encuentran en dificultades, «sea que andan perdidos por el desierto (vv. 4-9), encerrados en una cárcel (vv. 10-16), enfermos y afligidos (vv. 17-22), o a punto de naufragar en medio de una gran tormenta (vv. 23-32)».[192] La segunda parte (vv. 33-43) describe cómo la providencia divina ha

---

192. Nota en Santa Biblia Reina Valera 1995, op. cit., p. 715.

convertido desiertos en campos fértiles (vv. 33-35), donde los menesterosos son prosperados (vv. 36-38), y cómo las víctimas de la tiranía, fueron levantadas y sus opresores castigados (vv. 39-41). Todo esto debe ser
reconocido como la mana del Señor (vv. 42-43).

Salmo 108: Oración por victoria sobre enemigos

Este poema está compuesto con fragmentos de otros dos salmos:
los versículos 1-5 reproducen casi exactamente el Salmo 57:7-11 y los
versículos 6-13 corresponden al Salmo 60:5-12. Se divide en dos partes:
alabanza al amor de Dios (1-5) y oración pidiendo su ayuda contra los
enemigos (6-13).

Salmo 109: Oración por venganza

Este poema consiste en una oración del salmista pidiendo que Dios
juzgue a los que le calumnian. De todos los salmos imprecatorios, éste es
el más largo y vehemente.

La oración formada por una larga serie de breves invocaciones (vv.
6-20) acumula, al estilo oriental, maldiciones hiperbólicas. Cuando el autor habla de sus enemigos, emplea siempre el plural (vv. 1-5, 20, 27-29),
pero la imprecación está siempre en singular (dirigida contra una persona). Por eso, se cree posible que el salmista no hace más que referir a Dios
únicamente las palabras del odio del acusador (véase 2:3), y que lo que
sigue sea la respuesta del fiel que invoca contra el adversario la aplicación
de la ley del talión, «ojo por ojo» (vv. 16-20). Acerca de los salmos imprecatorios, véase el capítulo 4, Introducción a los Salmos.

C.O. Gillis analiza el Salmo 109 en la siguiente manera: (1) Protesta
por las maquinaciones de los enemigos, vv. 1-5; (2) imprecación sobre un
enemigo principal, vv. 6-20; y (3) oración por la liberación de sí mismo,
vv. 21-31.[193]

109:6 Satanás: «el acusador», nombre que se daría después al diablo
(Job 1:6). Como los enemigos del salmista le acusaron para destruirlo,
ahora que sean confrontados por un acusador.

Salmo 110: El Mesías: Rey, sacerdote y conquistador

Este poema es uno de los más importantes salmos mesiánicos y es
citado más en el Nuevo Testamento que cualquier otro. Los críticos

---

193. Gillis, *op. cit.*, p. 325.

procuran demostrar que es meramente una composición escrita para la entronización de Salomón u otro descendiente de David. Pero la explícita aplicación de este salmo a nuestro Salvador, por él mismo (Mt 22:41-45) y por los apóstoles (Hch 2:34; 1 Co 15:25; He 1:13), no deja duda alguna de su carácter **puramente profético**. No había nada en la posición o carácter, personal u oficial, de David ni otro descendiente suyo, que justifique una referencia a los mismos.[194] Tampoco hubo hombre en la historia de Israel que sirviera simultáneamente como rey y sacerdote. Solo Jesús es Rey y a la vez «sacerdote para siempre según el orden de Melquisedec» (Sal 110:4); solo Cristo puede ser el Señor de David y a la vez su hijo (Mt 22:41-45). Además, los judíos habían reconocido que este salmo era mesiánico antes de la era cristiana.

David es reconocido universalmente como el autor del Salmo 110. No hay razón digna de consideración para dudar de la paternidad literaria davídica de esta obra. Aquí «el dulce cantor de Israel» dirige con autoridad profética un mensaje de Jehová al Señor del salmista (v. 1a). Le asegura solemnemente de su aplastante victoria sobre los enemigos (vv. 5-6; 1-2), su exaltación al trono de un reino eterno y creciente (vv. 1, 2, 6) y su elevación a un sacerdocio singular y perpetuo (v. 4). Este poema tiene cierta semejanza con el Salmo 2.

110:1 Mi Señor (heb., *Adonay*). Es un título de respeto que da la idea de soberanía, poder pleno. A veces la Biblia lo usa refiriéndose a personas (1 S 25:14-25), pero principalmente, como un título divino. Tanto Jesús como los judíos reconocen que aquí «mi Señor» se refiere al Dios de David (Mt 22:41-45). La fuerza del argumento de Jesús es la siguiente. Puesto que todos entienden que el salmo es mesiánico y que David se dirige al Mesías como a su Señor, éste es más que su hijo humano, tiene que ser deidad. El hecho de que el Mesías es tanto Dios como el hijo de David insinúa la naturaleza dual de él, o sea, la encarnación. **Siéntate a mi diestra, hasta que ponga a tus enemigos por estrado de tus pies.** «A la diestra» se refiere al lugar de honor y poder al lado del trono (1 R 2:19). «Estrado de tus pies» tiene referencia a la costumbre de los reyes victoriosos de poner sus pies sobre los cuerpos postrados de sus enemigos derrotados. Así que el versículo indica que Dios otorga al Mesías la autoridad del trono divino, pero sus enemigos todavía no son subyugados (véase Hch 2:35; 5:30-31; He 1:13; 10:13; 1 Co 15:25-26).

---

194. Jamieson, Fausset y Brown, *op. cit.*, p. 483.

110:2 *La vara de tu poder* refiere a la insignia de un rey y tiene una significación similar a la del bastón de mando (véase Sal 2:9).

110:3 *Tu pueblo se te ofrecerá voluntariamente en el día de tu mando.* El texto hebreo implica que el pueblo de Dios recibe al Mesías con gusto y se pone a sus órdenes para emprender la guerra contra los adversarios. *El rocío de tu juventud.* El significado de este versículo no es claro. Kidner piensa que presenta un cuadro del Mesías, en el vigor de su juventud, en santidad y gloria, saliendo a la batalla a la cabeza de un ejército que está tan dispuesto a exponer su vida a la muerte como estuvo el pueblo de Zabulón en los días de Débora (Jue 5: 18; véase Ap 12:11).[195]

110:4 *Tú eres sacerdote.* Hebreos 10:11-14 señala que Cristo ya ha cumplido la obra expiatoria y se ha sentado a la diestra de Dios; Romanos 8:34 añade que él lleva a cabo su ministerio de intercesión. Melquisedec es un símbolo profético de Cristo en el sentido de que este personaje era tanto sacerdote como rey.

110:5-7 *El Señor está a tu diestra*, es decir, Jehová está a la diestra del Mesías. Ahora la escena ha cambiado; ambas personas están en el campo de batalla y actúan como una sola persona. «En términos del Nuevo Testamento, hemos pasado de Hebreos a Apocalipsis, donde el cuadro del juicio y victoria no es más terrible que el del versículo 6 (véase Ap 19:11-21)».[196] El salmo termina con el cuadro del Mesías como un guerrero que persigue a sus enemigos y que solo por un momento se detiene para beber del arroyo y luego acabar con ellos (Jue 7:5; 15:19). Así es nuestro gran Líder que nos llama a seguir en pos de él.

Salmo 111: Elogio de las obras de Dios

Este salmo es un himno que alaba a Dios por la ley y el cuidado de su pueblo. Se relaciona estrechamente con el Salmo 112, y es probable que ambos fueran escritos por el mismo autor. Ambos son acrósticos, tienen 22 frases cada uno, y son semejantes en su forma, lenguaje y contenido.

Después de declarar que quiere alabar a Dios de todo corazón (v. 1), el salmista elogia a Dios por sus grandes obras en general y luego describe su justicia eterna, clemencia y compasión (vv. 2-4), su provisión de alimento y la entrega de Canaán como heredad (vv. 5-6), su

---

195. Derek Kidner, Psalms 73-150 en Tyndale Old Testament Commentaries, D.J. Wiseman, ed. (Leicester, Inglaterra: Intervarsity Press, 1979), pp. 394-395.
196. *Ibid.,* p. 396.

fidelidad (vv. 7-8), y finalmente su redención (v. 9). Termina con la elaboración de la máxima de los sabios: «El principio de la sabiduría es el temor de Jehová».

111:4 *Ha hecho memorables sus maravillas.* Las obras divinas en el éxodo fueron celebradas en las fiestas anuales (véase Éx 23: 14-17).

111:5 *Ha dado alimento.* Alusión a los milagros del maná y de las codornices en el desierto (Éx 16:1-32).

Salmo 112: La prosperidad del hombre que teme a Dios

Este salmo acompaña el anterior y se desarrolla en éste el último pensamiento del Salmo 111. El anterior alaba a Dios, y éste elogia al hombre justo. Describe la bienaventuranza del hombre que teme a Jehová, que es misericordioso, generoso para con los pobres y que ama a Dios. Termina notando la envidia del malo hacia el bueno.

Salmo 113: Nuestro Dios incomparable

Este himno inicia el *Halel*, palabra vinculada con la expresión *Aleluya* o sea *Alabad a Jehová*. Los Salmos 113-118 forman el Halel, grupo de poemas cantados en las fiestas de los tabernáculos (cosecha) y la pascua. En los hogares judíos se cantaban los Salmos 113 y 114 antes de la comida pascual y los Salmos 115-118 después de ella (véase Mt 26:30). El salmista comienza su composición exhortando a los adoradores a glorificar a Dios en todo el tiempo y en todos lugares (vv. 1-3), porque es supremo sobre las naciones (v. 4), es incomparable (vv. 5-6) y condesciende a levantar al pobre y menesteroso y dar hijos a la estéril (vv. 7-9).

113:1 *Siervos de Jehová* se refiere a los levitas y cantores del templo.

113:4 *Excelso sobre las naciones* incluye también «sobre los dioses» de las naciones.

113:9 *La estéril.* En la antigua sociedad de Israel la esterilidad se consideraba una deshonra, una maldición y la suprema tragedia para la mujer (véase Gn 30:1; 1 S 1:6-7, 10). Al llegar a ser anciana, la estéril no tendría hijos para sostenerle. «Al darle la alegría de ser madre, Dios le concede un puesto de honor en el hogar y la libra del peligro de ser abandonada por su marido».[197]

---

197. Nota en *Santa Biblia Reina Valera 1995, Edición de estudio, op. cit.*, p. 746.

Salmo 114: Las maravillas del éxodo

Este es un himno pascual que celebra los milagros que Dios hizo en el éxodo. Delitzsch lo describe: «Los hechos de Dios en el tiempo del éxodo se juntan aquí para formar en miniatura un cuadro que es tan majestuoso como encantador».[198] Referente al estilo del salmo, Kirkpatrick dice: «En perfección de forma y vividez dramática es casi sin rival en el Salterio».[199]

El salmo comienza con el éxodo de Egipto y la elección por Dios de Judá para ser su santuario (vv. 1-2); se desarrolla describiendo poéticamente el cruce del Mar Rojo y del Río Jordán (vv. 3-4) y termina «destacando, sobre todo el dominio de Jehová sobre las fuerzas de la naturaleza»[200] (vv. 5-8).

114:4-7 *Los montes saltaron como carneros... ¿Y tú, Jordán, que te volviste atrás?* Tal vez esta es una descripción poética de un terremoto efectuado por Dios en los acantilados lejos de Adam para detener las aguas del Jordán (véase Jos 3:14-16).

114:8 *Cambió la peña en estanque de aguas.* Se refiere a la provisión sobrenatural del agua de la peña de Horeb (Éx 17:1-7).

Salmo 115: La grandeza y bondad del único Dios

Parece que el autor de esta obra fue estimulado a escribirla por el escarnio de los paganos, los cuales preguntaron «¿Dónde está ahora su Dios?» (v. 2). El Salmo 115 alaba a Dios por su amor y fidelidad hacia su pueblo, virtudes que acallan la burla de las naciones enemigas. «Es una profesión de fe en el único Dios, en abierta polémica con el politeísmo y la idolatría de los pueblos vecinos».[201] El salmista no busca la gloria de Israel, sino que procura hacer que los paganos reconozcan la gloria del hombre de Jehová (v. 1). Se contrasta la impotencia de los ídolos y la insensatez de los idólatras con el poder y gloria del Señor.

Se analiza el Salmo 115 en la siguiente forma: (1) La gloria pertenece solo a Jehová, vv.1-3; (2) la futilidad de los ídolos y la fatuidad de los idólatras, vv. 4-8; (3) exhortación a confiar en Dios, vv. 9-11; (4) promesas de la bendición de Dios, vv. 12-15; o (5) un breve himno de alabanza, vv. 16-18.

---

198. Citado por Gillis, *op. cit.*, p. 350.
199. *Ibid.*
200. Nota en *Santa Biblia Reina Valera 1995, Edición de estudio, op. cit.*, p. 746.
201. *Ibid.*

115:2 *¿Dónde está ahora su Dios?* Esta pregunta insinúa que Dios no ayuda a los israelitas. Es el escarnio de las naciones cuando Israel está azotado por calamidades de la naturaleza (véase Jl 2: 17), o ha sido derrotado por sus enemigos.

115:3 *Todo lo que quiso ha hecho.* Si Israel es diezmado o destruido, es la obra de Dios. No es que Dios no puede actuar, ni tampoco la calamidad de Israel es obra de los ídolos de las naciones paganas. Cuando Israel es restaurado, también es obra de Dios y ningún otro dios puede impedírselo.

115: 11 *Los que teméis a Jehová* es probable que se refiere a los prosélitos al judaísmo (véase Hch 13:16).

115:17-18 *No alabarán los muertos a Jah ... pero nosotros bendeciremos a Jah.* Puesto que los muertos no pueden alabar a Dios, nos toca a nosotros, los vivos, alabarle constantemente.

Salmo 116: Acción de gracias por haber sido librado de la muerte

Este poema es un canto de acción de gracias por la liberación de algún peligro mortal. No se lo define exactamente, pero puede haber sido una enfermedad grave. Es un salmo personal en el cual el autor da las gracias personales y profundas. Es posible que fuera escrito por un rey (véase v. 16) como Ezequías, después de ser sanado milagrosamente (véase su salmo en Is 38:10-20). El lenguaje de este himno es semejante al del salmista David. Sin embargo, la presencia de varias expresiones arameas señala una fecha muy posterior.

Se divide este himno en cuatro partes. (1) El salmista da gracias porque Jehová ha oído su plegaria, vv. 1-2; (2) describe su angustia, v. 3; (3) describe como Dios le libró de la muerte, vv. 4-11; y (4) expresa su gratitud y promete pagar sus votos, vv. 12-19.

116:3 *Me rodearon ligaduras de muerte.* Se presenta la muerte como un cazador que echa una red sobre su víctima.

116:10 *Creí; por tanto hablé.* El salmista no dudó que Dios cumpliría su promesa.

116:11 *Dije ... «Todo hombre es mentiroso».* Tal vez sus amigos o enemigos habían dicho: «Tú vas a morir», o posiblemente sus amigos no habían cumplido una promesa de ayudarle.

116:13 *La copa de salvación* probablemente se refiere a la copa de vino que el oferente de un sacrificio derramaba sobre la víctima, como una acción de gracias por ser liberado de un mal.

116:15 Estimada es a los ojos de Jehová la muerte de sus santos.
Dios tiene un gran aprecio por la vida de sus siervos fieles, y a él, su muerte no es un asunto de indiferencia.

Salmo 117: Invitación a la alabanza

Este cántico es el más breve de los salmos y también forma el capítulo más breve de la Biblia. Es un himno que llama a todos los pueblos a alabar a Dios por su misericordia y fidelidad. La invitación aquí, a todas las naciones, se cumple en el reino universal de Jesucristo (Ro 15:11).

Salmo 118: Acción de gracias por la salvación

Este canto cierra el Halel. Como una expresión procesional y jubilosa de acción de gracias, el Salmo 118 sirve como una conclusión apropiada de la colección. Celebra una liberación de ciertos enemigos. «¿Cuál liberación celebra? Nadie sabe si es de la victoria en el Mar Rojo, de un triunfo de un rey davídico sobre una confederación de naciones o de la liberación de los repatriados en la época de Esdras o Nehemías.

Parece que el Salmo 118 fue compuesto para servir como un canto antifonal en una procesión al templo: al emprender el desfile (vv. 1-4); en el camino (vv. 5-18); al acercarse a las puertas del templo (vv. 19-26) hay un diálogo entre la figura central que representa la procesión y los que la reciben; los peregrinos exigen ser admitidos (v. 19), y son contestados y aplaudidos (vv. 20-26); al terminar su peregrinaje al altar ellos cantan juntos (vv. 27-29). El himno emplea varias voces: las del solista, del coro y de la congregación.

Se puede bosquejar este salmo de la siguiente manera: (1) Exhortación a dar gracias a Dios por su misericordia, vv. 1-4; (2) regocijo por la liberación efectuada por Jehová, vv. 5-18; (3) apertura de las puertas del templo, vv. 19-20; (4) alabanza por la salvación, v. 21; (5) reconocimiento del rol de Jehová en su salvación, vv. 22-24; (6) petición por salvación y prosperidad, vv. 25; (7) bendición sacerdotal, vv. 26-27; y (8) exaltación de Jehová, vv. 28-29.

Puede ser que Jesús y sus discípulos cantaran este himno al salir de la celebración de la pascua, en vísperas de la cruz (Mt 26:20). Predice el rechazo de Jesús por los líderes judíos (v. 22; Mt 21:42). Martín Lutero dijo que debía más a este salmo que a todos los príncipes y amigos que le apoyaban.

118:5-18. Aunque muchas de las frases son parecidas a las que se usaban en las súplicas de individuos, otras frases en este pasaje pueden indicar que el solista o cantores hablan aquí en el nombre de toda la nación (véase Neh 12:27-43). **118:10-14 *Mas en el nombre de Jehová, yo las destruiré.*** «La triple repetición de la misma frase puede indicar que en el canto de esta estrofa se iban alternando dos coros, o bien un solista y el coro formado por toda la congregación».[202] **118:15 *Las tiendas de los justos.*** Tal vez esto es un indicio de que este poema fue recitado en la fiesta de los tabernáculos, porque los judíos solían hacer cabañas hechas de ramas en aquella celebración. **118:19-20 *Abridme las puertas de justicia ... por ella entrarán los justos.*** Antes de entrar en el templo, la congregación pide a los sacerdotes y levitas que le abran la puerta. De acuerdo con lo establecido en el Salmo 24:3-6, solo el «limpio de manos y puro de corazón» puede entrar. **118:22 *La piedra que desecharon los edificadores ... cabeza del ángulo.*** La piedra angular se refiere a la pieza clave de una bóveda, la piedra de la cúspide de un arco. Estudiosos de la Biblia piensan que la expresión aquí quiere decir que Israel, un pueblo que fue despreciado por los edificadores de imperios grandes de aquel entonces, tenía la misión de tener el puesto de honor entre las naciones. Cristo lo aplica a sí mismo como una profecía. Es rechazado por los gobernadores de Israel, pero exaltado por Dios a un lugar de poder y gloria en el reino de Dios (Mt 21:42). **118:25-26 *Jehová, sálvanos ahora*** (heb., *hosanna*)... ***Bendito el que viene en el nombre de Jehová.*** La bendición sacerdotal «sálvanos» ha sido transformada en «hosanna» (Mt 21:5), y expresa el anhelo mesiánico del pueblo. Se expresa seis veces en los Evangelios porque tiene aplicación en la misión de nuestro Salvador.

Salmo 119: Elogio de la ley de Dios

Este salmo es el más largo de todos. Es un salmo didáctico y acróstico y «presenta, en la simetría y perfección de su forma poética, lo absoluto en perfección de la poesía hebrea».[203] Hay 22 estrofas de ocho versos cada una. Los ocho versos de cada estrofa comienzan por una de las 22 letras del alfabeto hebreo, y cada uno de ellos, con la única excepción del versículo 122, contiene uno de los términos sinónimos que designan

---

202. Nota en Santa Biblia Reina Valera 1995, Edición de estudio, op. cit., p. 748.
203. Gillis, *op. cit.*, p. 353.

la Ley: testimonios, juicios, camino, mandamientos, estatutos, palabras, preceptos, ordenanzas y promesas.

El Salmo 119 «es un encendido elogio de la ley divina, entendida no solamente como un código de preceptos, sino también como un conjunto de las revelaciones y enseñanzas dadas por Dios a Israel».[204] Es «el salmo por excelencia que describe, ilustra, magnifica y expone la ley de Dios, representando sus excelencias y su preciosidad».[205]

En un sentido, este poema es la confesión y el testimonio del salmista. El había andado descarriado como una oveja por un tiempo, pero volvió al redil (67); había sido abatido en espíritu (25), burlado, calumniado y perseguido por sus adversarios, los cuales le quisieran distraer (véase 51, 61, 69, 85, 95). Sin embargo, quería conocer sobre todos los caminos de Jehová y andar en ellos. Un escritor desconocido observa:

> En el salmo vemos con cuanta ansia y persistencia se aplica a la tarea de comprender la ley. La aprende de memoria. Anhela más. No permite que nade lo aparte de ella. La palabra de Dios gobierna su vida y conducta, le da esperanza y paz, lo conduce a la vida. Su confianza en ella es ilimitada, y ver que la burla lo angustia de verdad. Nosotros poseemos mucho más de la palabra de Dios de que poseyó el salmista. Pero su amor y consideración por ella a menudo nos pone en vergüenza.[206]

Algunos de los pensamientos especialmente edificantes del Salmo 119 son los siguientes:[207]

- **La bendición de obediencia** (1-8). «Bienaventurados los que andan en la Ley de Jehová».
- **El camino de limpieza** (9-16). «¿Con qué limpiará el joven su camino?»
- **Las delicias de los testimonios divinos** (17-24). «Tus testimonios son mis delicias y mis consejeros».
- **El sustento espiritual por entender la Palabra** (25-32). «Vivifícame... enséñame... hazme entender... susténtame».

---

204. Nota en Santa Biblia Reina Valera 1995, Edición de estudio, op. cit., p. 749.
205. Gillis, *op. cit.*, p. 353.
206. Manual bíblico ilustrado, op. cit., p. 350.
207. Tomado y adaptado de Yates Jr., «Psalms» en *The Wycliffe Bible Commentary*, *op. cit.*, pp. 540-541.

- *La dirección por la Palabra* (33-40). «Enséñame... el camino... y lo guardaré».
- *Denuedo para testificar* (41-48). «Venga a mí tu misericordia ... Hablaré de tus testimonios delante de los reyes».
- *La fuente de consuelo* (49-56). «Acuérdate de la palabra dada a tu siervo ... Ella es mi consuelo en mi aflicción».
- *La resolución de fidelidad* (57-64). «He dicho que guardaré tus palabras».
- *La disciplina de aflicción* (65-72). «Bueno me es haber sido humillado, para que aprenda tus estatutos».
- *La justicia de retribución* (73-80). «Sean avergonzados los soberbios».
- *La esperanza en la oscuridad* (81-88). «Desfallece mi alma por tu salvación, mas espero en tu palabra».
- *El triunfo de fe* (89-96). «Si tu Ley no hubiera sido mi delicia, ya en mi aflicción hubiera perecido ... porque con ella me has vivificado».
- *El éxtasis de la iluminación* (97-104). «¡Cuánto amo yo tu ley»!
- *La luz de vida* (105-112). «Lámpara es a mis pies tu palabra y lumbrera a mi camino».
- *La inspiración de lealtad* (113-120). «Aborrezco a los hombres hipócritas ... mi escondedero y mi escudo eres tú».
- *El momento para intervenir* (121-128). «Tiempo es de actuar, Jehová».
- *La maravilla de la iluminación* (129-136). «Maravillosos son tus testimonios ... La exposición de tus palabras alumbra».
- *El desafío de la justicia* (137-144). «Justo eres tú, Jehová».
- *La seguridad que inspira la oración* (145-152). «Clamé con todo mi corazón; respóndeme Jehová ... Cercano estás tú».
- *Consecuencia de su necesidad* (153-160). «Mira mi aflicción y líbrame».
- *La paz por el amor* (161-168). «Mucha paz tienen los que aman tu Ley».
- *La determinación de constancia* (169-176). «Mis labios rebosarán de alabanza ... Hablará mi lengua tus dichos».

Salmo 120: Queja contra la lengua tramposa

Este salmo es el primero de los llamados «graduales» o «de las subidas» (Salmos 120-134), grupo de himnos que probablemente cantaban los peregrinos que subían a Jerusalén, de todas partes de Palestina, para celebrar las tres grandes fiestas anuales. Se caracterizan por su espíritu alegre y carácter nacional. Tienen ciertos elementos poéticos en común. En muchos de ellos, el pensamiento y las representaciones se centran en la ciudad santa. Seis se atribuyen a David y dos a Salomón.

El Salmo 120 es una oración pidiendo liberación de acusadores falsos. Los salmos a menudo mencionan los pecados de la lengua: mentiras, escándalo, calumnia e hipocresía. Aquí se describe la lengua de los enemigos del salmista como *labio mentiroso, lengua fraudulenta* (v. 2; «embustera», DHH), y *lengua engañosa* (v.3). El creyente puede padecer tanto por lo que la gente dice, como por lo que la gente hace.

120:3-4 *¿Qué más puedes recibir, lengua embustera? ¡Flechas puntiagudas de guerra! ¡Ardientes brasas de retama!* (DHH). La primera frase es una fórmula de juramento imprecatorio (véase Rt 1: 17). Al pronunciarlo, se precisaban los males que se invocaban sobre la persona en cuestión. Las flechas puntiagudas y las brasas de enebro o retama (planta cuyas brasas producen un calor intenso y duradero) serían una apropiada retribución.

120:5-7 *¡Ay de mí, que moro en Mesec ... Cedar!* Mesec se encontraba en el extremo norte de Asia Menor, en las cercanías del Mar Negro; lugar de bárbaros de la tribu de Cedar (Gn 10:2; Ez 38:2, 15; Gn 25:13). El salmista se queja de la crueldad de sus calumniadores, la cual le obliga a vivir lejos de la Tierra Santa a fin de tener paz.

Salmo 121: Jehová el guardador de los peregrinos

Esta composición es un diálogo que ocurre, o en el corazón del salmista o entre dos personas. Allí se expresa confianza absoluta en Dios, el gran Ayudador de los fieles. No se encuentran palabras de quejas ni peticiones. Se adapta tanto a los peregrinos de Jerusalén, los cuales son guardados por Jehová en viajes por caminos difíciles, como a los creyentes modernos rumbo a la Jerusalén celestial.

El Salmo 121 se divide en dos partes: (1) La confianza del salmista en el socorro de Jehová, vv. 1-2; y (2) Dios guardará a los fieles en toda circunstancia, vv. 3-8.

121:1 *Alzaré mis ojos a los montes.* Esta expresión puede ser una pregunta, como en la versión *Dios habla hoy*: «Al contemplar las montañas me pregunto: ¿de dónde vendrá mi ayuda?»

121:8 *Tu salida y tu entrada*. Significa toda actividad humana. El Señor nos guarda en todo lo que hacemos en la vida diaria.

Salmo 122: La ciudad amada de los peregrinos

Este «Cántico de Sión» comienza expresando la alegría de los peregrinos que ya han llegado a Jerusalén y esperan entrar pronto en el Templo (vv. 1-2). El salmista elogia la ciudad como el factor unificador de su pueblo (v. 3), el destino de los peregrinos (v. 4) y la sede del gobierno (v. 5). Termina orando para que Dios le conceda paz y prosperidad (vv. 6-9).

122:3 *Una ciudad que está bien unida entre sí*. Aunque la ciudad fue construida muy compacta, parece que aquí el énfasis se pone, más bien, sobre su función de unificar al pueblo de Israel. El verbo hebreo *habar* traducido «bien unida entre sí» se refiere primordialmente a la unión o la reunión de personas. La Versión *Dios Habla Hoy* lo traduce, «ciudad construida para que en ella se reuniera la comunidad». Como la capital de la nación hebrea y el centro religioso del pueblo del pacto, Jerusalén sería un medio de unir a los israelitas.

122:5 *Las sillas de juicio, los tronos de la casa de David*. En Jerusalén existían los tribunales del rey, a los cuales cualquier israelita podía acudir en demanda de justicia (véase 2 S 15:2; I R 7:7; Jer 21:11-12).

Salmo 123: La plegaria de los peregrinos

Este salmo es un lamento intenso de un individuo que habla en representación de su pueblo. En los versículos 1-2, el salmista menciona los ojos cuatro veces para hacer hincapié en el hecho de que los peregrinos buscan el favor de Jehová. Como siervos de la casa miran a su amo para recibir ayuda en la hora de su aprieto, así los siervos de Dios le miran a él.[208]

La repetición de la plegaria «Ten misericordia de nosotros» indica la intensidad de su aflicción. Están hastiados del desprecio y burla de los soberbios. Algunos estudiosos creen que «se trata, probablemente, de las humillaciones que debieron sufrir los israelitas a la vuelta del destierro, cuando estaban sometidos a la dominación extranjera» (véase Neh 4:1-10; Ez 36:4).[209]

---

208. *Ibid.*, p. 542.
209. Nota en *Santa Biblia Reina Valera 1995, Edición de estudio, op. cit.*, p. 755.

Salmo 124: Jehová el salvador de Israel

Este es un himno de acción de gracias en que David reconoce que si no fuera por la ayuda del Señor, los israelitas estarían destruidos completamente (vv. 1-5); así que le alaba por haberles liberado de sus enemigos (vv. 6-8).

Algunos eruditos creen que este poema refleja la situación de Israel cuando los filisteos derrotaron el ejército de Saúl con gran matanza y se imaginaban que habían acabado con el reino Israelita (1 S 31). Si tienen razón, el Salmo 124 se refiere a la gran liberación de Israel bajo el liderazgo de David en 2 Samuel 5:17-25.

Salmo 125: Jehová el protector de su pueblo

El Salmo 125 es un himno de confianza en Jehová. Es como una expresión de la seguridad absoluta del pueblo de Dios, o mejor dicho «su perseverancia en su profesión de fe en Dios», la cual es «tan firme como las raíces del monte Sión, que no puede moverse».[210] La base de su fe se encuentra en la presencia protectora del Señor. Como las colinas rodean a Jerusalén, así Dios está alrededor de su pueblo guardándolo de los malhechores (vv. 1-2).

Por otra parte, el gobierno de los malos no permanecerá para siempre. Si siguiera, los justos serían corrompidos (v. 3). El salmista termina pidiendo la bendición de Dios sobre los buenos y advirtiéndoles del castigo de Dios sobre los que apostatan de la fe (vv. 4-5).

Salmo 126: Testimonio de la restauración

La mayoría de los expositores de los salmos creen que el Salmo 126 se relaciona con el regreso de los judíos de la cautividad babilónica (véase Esd 1-3). El gozo de los repatriados es extático, lo que motiva la admiración de los pueblos que se habían burlado de Israel y de su Dios (Sal 79:10) y tienen que reconocer ahora el poder de Jehová (1-3). Sin embargo la restauración de la nación es incompleta. Aunque muchísimos judíos han vuelto a la Tierra Santa, la mayoría se queda fuera de Palestina, y aun la situación de los restaurados dista mucho de ser ideal. El salmista suplica que Dios lleve a buen término la obra comenzada (4-6).

126:4 *Como los arroyos de Neguev.* Los arroyos del sur desértico de Judea dejan de tener agua durante la estación seca, pero cuando vienen

---

210. Gillis, *op. cit.,* p. 357

las lluvias, se convierten repentinamente en torrentes. El salmista desea que la bendición de Dios les sobrevenga como las aguas de los arroyos. **126:5** *Los que siembran con lágrimas, con regocijo segarán.* El cuadro del agricultor que esparce semilla en un terreno seco y quemado, con dudas y temores, y que sin embargo, recogerá abundante cosecha. Los evangélicos ven un paralelo entre el trabajo de él y la obra del ganador de almas.

Salmo 127: La prosperidad viene de Jehová

La primera parte de este poema enseña que todas las empresas humanas prosperan solo con la bendición de Dios. Aun en los trabajos comunes de los hombres, es la ayuda divina lo que contribuye al éxito (vv. 1-2). La segunda sección indica que los hijos son dádivas de Dios y una señal de su favor (vv. 3-5).

127:2 *Por demás es que os levantéis de madrugada y vayáis tarde a reposar.* El objeto de esta expresión no es enseñar la ociosidad. Es señalar que la cosecha abundante no es el resultado del trabajo duro del hombre afanoso, sino de la bendición de Dios. De nada valen las preocupaciones y los esfuerzos de los hombres si Dios no los hace prosperar.

127:5 *Cuando habla con los enemigos en la puerta.* La puerta de la ciudad era el lugar donde se comunicaban las noticias, se arreglaban los negocios y se administraba justicia (véase Dt 25:7; Rt 4:1-12; 2 S 15:2). El varón con muchos hijos tenía muchos defensores.

Salmo 128: La bendición del justo

Este poema didáctico o sapiencial celebra la felicidad doméstica que Dios concede al justo: una mujer fructífera, varios hijos saludables y larga vida. Puesto que la revelación del Antiguo Testamento no enseña acerca de la recompensa de los justos y la retribución de los impíos en la vida de ultratumba, los antiguos recalcaban las bendiciones temporales: prosperidad material, muchos hijos, protección de los males y larga vida. El Nuevo Testamento no hace hincapié en estas cosas, sino en lo eterno, sea recompensa o retribución.

Salmo 129: Plegaria pidiendo la destrucción de los enemigos de Israel

Este salmo imprecatorio mira al pasado, a los padecimientos que han soportado los israelitas, de los que han sido liberados por Jehová (vv.

1-4), y mira hacia el futuro, confiando que el Señor destruirá totalmente a «los que aborrecen a Sión» (vv. 4-8).

129:1 *Mucho me han angustiado desde mi juventud.* Desde la época del éxodo (la juventud de Israel) en adelante, el pueblo de Dios había sufrido muchas opresiones, pero pudo sobrevivir gracias a la protección divina.

129:4 *Jehová ... cortó las coyundas de los impíos.* Las cuerdas de los opresores eran como las sogas que se usaban para arrear los bueyes. Sin embargo, Dios manifestó su justicia cortándolas.

129:6 *Serán como la hierba de los tejados.* La hierba de los tejados se seca rápido porque allí la tierra tiene poca profundidad.

Salmo 130: Oración para perdón y misericordia

El Salmo 130 es una súplica humilde y confiada de un individuo que busca el perdón de Dios. Es el sexto de los salmos denominados penitenciales o de arrepentimiento. Se divide así: (1) Con arrepentimiento profundo, el salmista clama a Dios, vv. 1-2; (2) pide perdón, vv. 3-4; (3) expresa confianza en él, vv. 4-6a; y (4) desea la redención de su nación, vv.6b-8.

Martín Lutero lo clasifica como un salmo paulino. Delitzsch explica: «En efecto, en el Salmo 130 la culpabilidad del hombre, la libertad de la misericordia, y la naturaleza de la redención se expresan de una manera puramente paulina».[211]

130:3 *Jah, si miras los pecados, ¿quién, Señor, podrá mantenerse?* Describe la universalidad del pecado (véase Ro 3:24). El salmista habla bien de la misericordia y gracia de Dios al pasar de largo nuestros pecados pero no supo el por qué: Dios castigaría rigurosamente nuestra iniquidad en la persona de su Hijo en el Calvario.

130:4 *Para que seas reverenciado* (gozar de confianza, ser estimado, adorado y servido como el único Dios verdadero). Si Dios no perdonara los pecados, los hombres huirían aterrorizados de su presencia.

Salmo 131: Humilde delante del Señor

Esta composición es la profesión de humildad y confianza en Dios. Aunque es muy breve, está llena de hermosura y profundidad en el espíritu

---

211. Citado en Gillis, *ibid.*, p. 359.

humano.[212] El salmista protesta que está libre del orgullo mundano (1) y es tan sencillo como un niño (2), y exhorta a Israel a esperar en Dios (3). **131:1 *Envanecido ... enaltecieron.*** Tal vez más que cualquier otra cosa, el orgullo es lo que nos pone en enemistad con Dios. Los soberbios son los que no quieren vivir confiando humildemente en el Señor. Con arrogancia procuran hacer las cosas por sus propias fuerzas o depender de los falsos dioses (véase Dt 8:14; Is 2:17; Os 13:6; Jer 13:9-10). *Ni anduvo en grandezas.* Se refiere a hazañas heroicas o logros para rivalizar o sustituir las obras poderosas de Dios. Parece que la idea es que el salmista prefiere confiar en Dios que ser notorio.

Salmo 132: El pacto entre David y Jehová

Este salmo real es una plegaria que pide bendición sobre la descendencia de David que heredará el trono y sobre el santuario mismo. Es el único salmo que menciona el arca del pacto. Puesto que los versículos 8-10 aparecen en 2 Crónicas 6:41-42, y son palabras de Salomón cuando ora para dedicar el templo, se cree que Salomón mismo compuso el poema. La ocasión de componerlo sería cuando el arca fue trasladada del tabernáculo al nuevo templo construido por este monarca. Por otra parte algunos estudiosos de la Biblia piensan que fue usado en la coronación de los reyes davídicos.

Según Gillis, «la inferencia del salmo es que todos los esfuerzos y el entusiasmo de David y el pueblo no fueron vanos, sino que Dios, teniendo respeto a aquello, seguirá honrando el lugar con su presencia».[213] De todos modos, esta obra hace recordar al pueblo escogido que Dios hizo pacto con David, prometiendo que su descendencia reinaría perpetuamente.

El salmista comienza pidiendo a Dios que recuerde sus promesas hechas a David (véase 2 S 7:12-16), las cuales se presentan como la respuesta al juramento hecho por el monarca, de que construiría un templo para Jehová (vv. 1-5; véase 2 S 7:1-3). Luego cuenta cómo el arca fue trasladada a Jerusalén (vv. 6-10). Repite las promesas del pacto con David, recalcando que los descendientes de él se sentaran sobre su trono para siempre y que Jehová ha elegido a Sión para su morada (vv. 11-18). **132:6 *Efrata.*** La región alrededor de Belén, el pueblo de David (Rt 4: 11; Miq 5:2). *En los campos del bosque* es una referencia a

212. *Ibid*, p. 360.
213. *Ibid.*

Quiriat-yearim (ciudad de bosques), a unos 15 kms de Jerusalén, donde estuvo el Arca desde que los filisteos la devolvieron (1 S 7:1) hasta que David la llevó a Jerusalén (2 S 6).

132:17 *He dispuesto lámpara para mi ungido.* Se decía en aquel entonces que cuando un hombre moría sin dejar hijos, se apagaba su lámpara. De modo que una lámpara simbolizaba descendencia. Dios no permitió que la línea de David fuera cortada y ordenó una serie de descendientes davídicos, hasta que llegara el Mesías, la luz del mundo.[214]

Salmo 133: La hermosura del amor fraternal

En este breve poema sapiencial, el salmista elogia la unión fraternal entre el pueblo de Dios (v. 1). Es como el óleo de consagración del sumo sacerdote (véase Éx 29:7; Lv 21:10) que saturaba su pelo y barba y corría sobre su vestimenta, significando así la consagración total. De igual manera, la armonía del pueblo de Dios los santifica (v. 2). También es semejante al rocío del cielo que fertiliza la tierra y sostiene la vegetación. De la misma manera el amor fraternal hace fructífero a Israel (v. 3).

133:3 *El rocío de Hermón.* Aquí el rocío simboliza la bendición de Dios. El Monte Hermón se cubre de una cantidad muy grande de rocío, lo que habla de mayor fertilidad.

Salmo 134: Exhortación a los que velan en el templo

Este poema es el último de los salmos «de ascenso». Es un canto antifonal en que los adoradores en el templo, que están para retirarse al fin del día, llaman a los sacerdotes y levitas que se encuentran en el santuario de noche, a seguir alabando a Dios (vv. 1-2, véase 1 Cr 9:33). Uno de los levitas responde con una bendición sobre los adoradores (v. 3).

Salmo 135: La grandeza de Jehová

El Salmo 135 es un himno de alabanza al Señor por las grandes obras que ha realizado, sobre todo a favor de su pueblo. Jehová es el único Dios verdadero, el Señor sobre las naciones y el Redentor de Israel. Ante él los dioses paganos no son nada. Ha elegido a Israel entre las naciones para ser su pueblo.

Este canto tiene su lugar en el Halel (también los salmos 146-150 están en esta categoría). Su propósito primordial es incitar al pueblo a

---

214. Yates, *op. cit.,* p. 545.

alabar al Señor, pues comienza con un llamado a los escogidos a alabarle y termina con «¡aleluya!» Fue escrito para su uso en el templo. Está compuesto usando otros pasajes bíblicos, especialmente de la ley, los profetas y otros salmos; indica que probablemente se escribió después del exilio babilónico.

Gillis lo analiza de la siguiente forma: (1) Mandamiento a alabar a Jehová, vv. 1-4; (2) Revelación de Jehová en la naturaleza, vv. 5-7; (3) Revelación de Jehová en la historia, vv. 8-12; (4) Eternidad de Jehová, vv. 13-14; (5) Impotencia de los ídolos, vv. 15-18; (6) Invitación a todo Israel a alabar a Jehová, vv. 19-20; y (7) Bendición, v. 21.[215]

135:4 *Jah ha escogido ... a Israel por posesión suya.* Todas las naciones pertenecen a Jehová pero ha escogido a Israel de una manera y con un propósito especiales (véase Éx 19:5-6; Dt 7:6, 14, 2).

Salmo 136: Alabanza por la misericordia de Jehová

Esta obra es una letanía de alabanza a Jehová, como Creador del universo y Redentor de Israel. Concluye el «gran Halel» y era recitado al final de la cena pascual, después de cantar el «pequeño Halel» (Sal 113-118). La constante repetición del mismo estribillo — porque para siempre es su misericordia — indica que en la recitación del canto «se iban alternando dos coros, o bien un solista y un coro».[216] Aunque es más fácil leer el himno sin este estribillo, su inclusión le dio un carácter distintivo y un lugar prominente en el culto judío.

El salmista empieza y concluye el himno con una invitación a dar gracias a Dios (vv. 1-3, 26). Exalta la grandeza del Señor en la creación del universo (vv. 4-9), su bondad en traer a Israel a la Tierra prometida (vv. 10-22) y su misericordia en liberar a su pueblo de la opresión de sus enemigos (vv. 23-25).

136:1-3 *Jehová ... Dios de los dioses ... Señor de los señores* son tres títulos de Dios. Jehová es «Dios de los dioses» y «Señor de los señores» en el sentido de ser el único y supremo Dios.

136:4-9 *Grandes maravillas ... los cielos ... la tierra ... las grandes lumbreras.* Las maravillas de la creación testifican acerca de la misericordia y bondad divinas.

---

215. Gillis, *op. cit.,* p. 362.
216. Nota en Santa Biblia Reina Valera 1995, Edición de estudio, op. cit., p. 759.

Salmo 137: El recuerdo de un exiliado

Este salmo evoca el recuerdo de la caída de Jerusalén el 587 a.C. y del destierro en Babilonia. Se expresan la tristeza, la nostalgia, la humillación y el deseo de vengarse de los que fueron arrancados de la Tierra prometida. Aunque no se sabe quién era el salmista ni dónde estaba cuando compuso este lamento imprecatorio, es probable que fuera un repatriado, recién llegado a Jerusalén. Al ver la desolación y las ruinas de Sión, y recordar los eventos crueles que resultaron en su destierro, él descarga su enojo contra Edom y Babilonia. Por otra parte, habla del mismo amor hacia Sión, que se encuentra en los Salmos 42-43; 46; 48; 84; 122; 126.

La obra se divide en tres partes: (1) El salmista se acuerda del tormento y la tristeza del destierro en Babilonia, vv. 1-4; (2) hace un juramento de siempre recordar y enaltecer a Jerusalén, vv. 5-6; y (3) maldice a Edom y Babilonia, vv. 7-9.

137:1 *Los ríos de Babilonia* se refieren a los ríos Tigris y Éufrates y los numerosos canales que se derivan de ellos.

137:7 *Los hijos de Edom ... el día de Jerusalén.* El día cuando los babilonios abrieron brecha en los muros de Jerusalén (véase Jer 39:1-10), o el día cuando el templo fue incendiado, los edificios y muros demolidos y los judíos deportados a Caldea (Jer 52:12-15). Los edomitas, enemigos tradicionales de los hebreos, hicieron entonces causa común con los sitiadores de Jerusalén y se regocijaron en la destrucción de la ciudad.

Salmo 138: Himno de acción de gracias

El Salmo 138 es el primero de una colección de ocho cantos atribuidos a David (Sal 138-145). El salmista alaba fervientemente a Dios por la liberación de la amenaza de los enemigos. Aunque el salmista anda «en medio de la angustia» (v. 7), agradece a Dios por haberle escuchado (vv. 1-3); desea que todos los grandes de la tierra le acompañen en alabar a Jehová (vv. 4-6), porque queda confiado de que el Señor le seguirá ayudando (vv. 7-8).

138:1 *Delante de los dioses.* El término traducido «dioses» (Elohim) puede referirse a Dios, dioses, ángeles o jueces, según el contexto del pasaje respectivo. Algunas versiones lo traducen «ángeles», pero es probable que el salmista quiere decir que alabará a Jehová en la casa de los falsos dioses de los paganos o a pesar de los ídolos de ellos.

138:8 *Jehová cumplirá su propósito en mí.* Dios no permitirá que los enemigos de su siervo fiel frustren el propósito divino en su vida; «siempre lleva a feliz término la obra comenzada»[217] (véase Fil 1:6).

Salmo 139: Omnipresencia y omnisciencia de Dios

Este es un himno en forma de una meditación sobre la omnipresencia y omnisciencia de Dios. El salmista pondera las verdades de que el Señor le ve y le conoce dondequiera que esté (vv. 1-6); de que no se puede huir de la presencia de Dios (vv. 7-12); y de que el Creador del hombre también es el Autor de su destino (vv. 13-18). Por lo tanto, el poeta determina aborrecer a los impíos y vivir sinceramente ante los ojos de Jehová (vv. 19-24).

139:5 *Detrás y delante me rodeaste, y sobre mí pusiste tu mano.* Dios lo hace para que el hombre no se escape de él.

139:6 *Tal conocimiento es demasiado maravilloso para mí.* «El salmista expresa el asombro que le produce la misteriosa sabiduría de Dios ... él es omnipresente, y nada pueden hacer las personas a escondidas de su Creador, que conoce hasta los actos y pensamientos más secretos».[218]

139:9 *Las alas del alba ... el extremo del mar.* Los dos extremos de la creación, el del oriente y el otro del occidente (el Mar Mediterráneo).

139:1-12 *Lo mismo te son las tinieblas que la luz.* Dios ve por igual, sea en la oscuridad o en la luz.

139:13-16 *Tú ... me hiciste en el vientre de mi madre ... Mi embrión vieron tus ojos.* La mano de Dios ordena toda la vida del salmista. Esto tiene un vislumbre de la omnisciencia de Dios en el proceso maravilloso de la creación y procreación de los seres humanos.

139:19-24 *Dios harás morir al impío.* Puesto que Dios conoce todo lo referente al hombre, no puede pasar por alto el pecado flagrante de los malvados.

Salmo 140: Plegaria de protección contra los perseguidores

El Salmo 140 es una súplica individual. El salmista invoca la protección de Jehová contra los complots y calumnias de hombres inescrupulosos (vv. 1-5); ora para que los planes de ellos se anulen (vv. 6-8); pide que Dios haga caer sobre sus cabezas su propia maldad (vv. 9-11); y expresa confianza de que el Señor hará justicia a los afligidos y necesitados (vv. 12-13).

---

217. *Ibid.*, p. 761.
218. *Ibid.*

Los Salmos 140-143 tienen mucho en común: son súplicas por liberación y expresan confianza absoluta en la justicia de Jehová.

140:1 *Corazón ... lengua ... labios ... manos.* El salmista a menudo alude a partes del cuerpo para pintar un cuadro vívido de la maldad de sus perseguidores.

140:9 *La maldad de sus propios labios cubrirá sus cabezas.* Esto significa que su propio mal les servirá de castigo.

140:10 *Echados en el fuego, en abismos profundos.* Los antiguos no tenían todavía el concepto claro de la retribución eterna de los pecadores, pero aquí parece que el salmista habla acerca del fuego del juicio de Dios en esta vida (véase Sal 21:9; 97:3; Is 1:31; 26:11; 33:14), que aun alcanza al lugar de los muertos (véase Job 31: 12).

Salmo 141: Oración para ser guardado del mal camino

Este salmo es otro lamento de un individuo que ha sufrido a manos de impíos poderosos en Israel. Su oración, sin embargo, no toma la forma usual de otros lamentos, los que buscan liberación de enemigos. Más bien, el salmista pide a Dios que le dé la fuerza necesaria para resistir las seducciones de los impíos. Busca poder para guardar su lengua, mantener puro su corazón, evitar las prácticas de los malvados y no hacerse cómplice de ellos.[219]

El poema se divide en tres partes: (1) El salmista clama a Dios pidiendo que le escuche, vv. 1-2; (2) ora para que Jehová le libre de la tentación, vv. 3-5; y (3) expresa su confianza de que el Señor castigará a los malos, vv. 6-10.

141:2 *Suba mi oración ... como el incienso.* Era la costumbre de los hebreos ofrecer incienso con los sacrificios. ***El don de mis manos.*** El adorador judío levantaba sus manos cuando oraba (véase 1 Ti 2:8).

141:4 *No coma yo de sus deleites.* El comer con los malos sería un acto de comunión y solidaridad con ellos. «Probablemente se trata de una figura literaria para indicar la decisión de no hacerse cómplice de los malhechores».[220]

141:5 *Que el justo me castigue ... pero que bálsamo de impíos no unja mi cabeza.* El salmista prefiere la corrección penosa de los justos más bien que ser honrado por los malvados. El bálsamo se refiere al aceite

---

219. Yates, *op. cit.*, p. 548.
220. Nota en *Santa Biblia Reina Valera 1995, Edición de estudio, op. cit.*, p. 763.

perfumado que el anfitrión de un banquete derrama sobre la cabeza de un huésped. El salmista indica de esa forma que no quiere tener nada que ver con los impíos, a fin de no ser tentado por ellos a pecar.

Salmo 142: Una súplica por liberación

Este salmo es una súplica de un hombre perseguido por enemigos poderosos, abatido por el padecimiento, desprovisto de toda ayuda y sin refugio aparte de Dios. El título lo atribuye a David «cuando estaba en la cueva», probablemente la gruta de Adulam (1 S 22:1-5), cuando David huía de Saúl, o en Engadi (1 S 24:1) donde David perdonó la vida a Saúl. A pesar de su situación desesperada, el salmista se entrega confiadamente en las manos de Jehová.

Se analiza el salmo así: (1) El salmista apela a Jehová, vv. 1-3a; (2) expone su queja, vv. 3b-4; y (3) pide liberación de sus perseguidores, vv. 5-7.

142:5 ¡Tú *eres mi esperanza* ...! La palabra traducida «esperanza» puede significar «cobijo» (BJ) o «refugio» (DHH). ***Mi porción en la tierra de los vivientes.*** La «porción» de un hebreo suele referirse a su herencia o posesiones (Sal 16:5). Aquí el salmista afirma que Jehová es el Sustentador, el Preservador de su vida y es su vida misma. La versión *Dios habla hoy* traduce la frase así: «... tú eres todo lo que tengo en esta vida».

142:7 *Saca mi alma de la cárcel.* Es improbable que el salmista se encuentre en una prisión. La expresión puede ser una metáfora que significa «aprisionado con cuerdas de aflicción» (véase Job 36:89; Sal 18: 19). ***Para que alabe tu nombre ... Me rodearán los justos.*** La liberación del salmista es motivo de alegría para todos los fieles.

Salmo 143: Súplica por liberación y dirección

El salmista ha llegado al final de la resistencia; ya no tiene reservas ni recursos. Aunque por poco el enemigo le ha quitado la vida y él está abrumado por la aflicción, se preocupa de saber bien el camino y la voluntad del Señor. Confía plenamente que Jehová lo librará de su angustia y destruirá a sus perseguidores. Puesto que el salmista se presenta ante Dios como un pecador arrepentido, esta obra se clasifica como un salmo penitencial, o sea, de arrepentimiento.

El Salmo 143 se desarrolla así: (1) el salmista pide la ayuda de Dios a pesar de haber pecado, vv. 1-2; (2) describe sus aflicciones externas e íntimas. vv. 3-4; (3) al meditar en las obras que Dios ha realizado a favor de su pueblo, se anima para seguir confiando, 5-6; (4) pide una pronta respuesta, vv. 7-9; y (5) termina orando para que Dios lo guíe y destruya a sus adversarios, vv. 10-12.

143:2 *No entres en juicio con tu siervo.* El salmista reconoce su pecado y admite que no merece ser ayudado. Pero al concluir su oración, expresa confianza en que Dios le escuchará porque es su «siervo» arrepentido (v. 12).

143:3 *Me ha hecho habitar en tinieblas.* Los adversarios le han desprovisto de todos los goces de la vida, dejándole deprimido.

Salmo 144: Oración por victoria y prosperidad

Este poema consiste en dos súplicas de un rey de Israel: la primera pide por la liberación de sus adversarios (vv. 1-11), y la segunda por la prosperidad de su pueblo (vv. 12-15). Aglen comenta que «no hay nada más curioso en la composición del Salterio que la unión de las dos piezas tan disimilares que componen este salmo».[221] Además, excepto por su sección final (vv. 4-15), este poema está compuesto casi en su totalidad por citas de otros salmos (véase Sal 8; 18; 33; 39; 104). Muchos eruditos ponen en tela de juicio la paternidad davídica de la composición, pero el comentarista Barnes considera que es «una oración contra las tentativas de las naciones extranjeras de vencer al pueblo hebreo en una de las numerosas guerras en que David se ocupó después de poseer la corona de Israel».[222]

El salmo se puede dividir en cinco partes: (1) Alabanzas a Jehová por victorias pasadas, vv. 1-2; (2) contraste entre la grandeza del Señor y la insignificancia del hombre, vv. 3-4; (3) una súplica para que Dios libere a su pueblo de sus enemigos, vv. 5-8; (4) promesa de dar gracias por la liberación que ha de realizarse, vv. 9-11; y (5) oración por la prosperidad de la nación, vv. 12-15.

144:3 *¿Qué es el hombre para que en él pienses?* El salmista está lleno de asombro al considerar que el eterno Dios, tan grande, piense en él aunque sea por un momento.

144:12 *Sean ... nuestras hijas como esquinas labradas como las de un palacio* («Nuestras hijas son cual columnas labradas que sostienen la estructura del templo», DHH). La expresión significa que las hijas deben ser tan agraciadas como los pilares de los edificios públicos.

---

221. Citado en Gillis, *op. cit.*, p. 366.
222. *Idem.*

Salmo 145: La majestad y bondad de Dios

El Salmo 145 es un poema acróstico (alfabético) que cuenta de la majestad y providencia bondadosa de Jehová. Se celebra la bondad de Dios como el Dador generoso de todas las cosas buenas. Muchas de sus frases se encuentran en otros salmos pero en forma un poco diferente. Este salmo tiene la distinción de ser el único que lleva en el título la expresión *tehilla* (**alabanza, himno**), cuyo plural *tehillim* es el título hebreo del Salterio.[223] Es una verdadera doxología que sirve de introducción al último grupo de «salmos de aleluya».

Salmo 146: Confiar solo en Dios

Este salmo es el comienzo de un tercer Halel (146-150), un himnario que los judíos recitaban por la mañana. Los Salmos 146-150 comienzan y concluyen todos con un aleluya (Alabad a Jehová).

El Salmo 146 es una exhortación para confiar en Jehová, Rey de Sión. Una nota en una Biblia de estudio lo describe así:

Reflexión de carácter sapiencial o didáctico (vv. 3-9), que comienza y termina con expresiones típicas de los himnos o cantos de alabanza (vv. 1-2, 10). La versión griega (LXX) atribuye este salmo a Hageo y Zacarías, dos profetas de fines del siglo VI a.C.[224]

Yates añade: «Como la mayoría de los salmos en este libro final, la forma actual de estos himnos refleja las circunstancias, el pensamiento y el lenguaje del período postexílico».[225]

Se puede ver el desarrollo del pensamiento del poema. El salmista introduce su composición declarando que alabará a Jehová mientras viva (vv. 1-2); señala la necedad de confiar en la ayuda meramente humana (vv. 3-4); exalta la bondad de Dios hacia los que confían solo en él (vv. 5-9); y termina afirmando que el reino de Jehová es para siempre (v. 10).

Salmo 147: Himno nacional al Todopoderoso

Este salmo es verdaderamente un himno de alabanza que desde su comienzo hasta su término, no presenta ninguna queja ni petición.[226] El

---

223. Idem.
224. *Santa Biblia Reina Valera 1995, Edición de estudio, op. cit.*, p. 766.
225. Yates, *op. cit.*, p. 550.
226. Idem.

salmista ensalza en Jehová al Libertador de Israel, al Creador del universo
y al Amigo de los pobres, el cual «manifiesta su predilección por los humildes y colma de beneficios a su pueblo».[227]

Puesto que este poema muestra evidencia de ser compuesto de tres salmos (vv. 1-6; 7-11; 12-20), es difícil descubrir su desarrollo lógico. Algunos de los pensamientos, sin embargo, son los siguientes: Jehová gobierna
«al universo (v. 4), las estaciones (v. 8), las naciones (v. 14) y los elementos
(vv. 16-18) con un poder que lo coloca totalmente por encima y más allá
del género humano». Sin embargo, se compadece de los que están heridos
e infelices (vv. 2-3). «Se complace en aquellos que lo aman y respetan (v.
11). Y da a su pueblo su palabra para que vivan según ella (v. 19)».[228]

**147:2 Jehová edifica a Jerusalén; a los desterrados de Israel reco-
gerá.** Alusión a la restauración de la nación y reedificación de Jerusalén
después del cautiverio babilónico. Dios es el que lo lleva a cabo (véase
Neh 4; Hag 1:8-9, 12-15; 2:15, 18; Zac 1:16-17; 2:4-5).

**147:4-6 Él cuenta el número de las estrellas ... exalta a los humil-
des y humilla a los impíos.** Jehová cuyo poder y entendimiento es tan
grande que cuenta el número de las estrellas y las llama por su nombre, es
capaz de levantar a los humildes y de humillar a los malos.[229]

147:6 Los humildes se refieren a los que no confían en sí mismos y
en sus posesiones sino depositan exclusivamente su fe en Dios. **Humilla
a los impíos hasta la tierra.** Aquí «la tierra» parece significar la muerte
o la fosa.

147:10-11 No se complace en la agilidad del hombre. Se complace
Jehová en los que le temen y en los que esperan su misericordia. Cuando
el hombre confía en sus propias fuerzas llega a ser orgulloso, y este espíritu no agrada a Dios, el cual se deleita en los que confían solo en él (véase
Sal 20:7-8; 33:16-18).

147:15-18 El envía su palabra a la tierra ... corre. Se personifica
la palabra divina. Es como una mensajera comisionada para realizar las
órdenes divinas, una ejecutora de la voluntad de Dios.

147:19-20 Sus palabras a Jacob. Se refieren a otra índole de palabra: la revelación de Dios que da a conocer el programa de salvación y la
voluntad divina.

227. Nota en *Santa Biblia Reina Valera 1995, Edición de estudio, op. cit.*, p. 766.
228. *Manual bíblico ilustrado, op. cit.*, p. 353.
229. Nota en *The NIV Study Bible, op. cit.*, p. 939.

Salmo 148: Exhortación a la creación que alabe a Dios

Este himno es un llamado a toda la creación para que alabe a Jehová. Cada uno de los primeros ocho versículos empieza con una exhortación a alabar a Dios. De este poema dice Clarke: «Como himno de alabanza, es el más sublime de todo el libro».[230] También Delitzsch lo elogia: «En este salmo el concepto más elevado de la fe se combina con la contemplación más grande del mundo».[231]

El canto se divide en dos partes: (1) Que los cielos alaben a Jehová, vv. 1-6; y (2) que la tierra y todos sus habitantes alaben a Dios, vv. 4-14.

Salmo 149: Canto de triunfo

Este poema es el último salmo imprecatorio. El poeta alaba a Jehová por haber otorgado gran honor a Israel. En primer lugar, Dios ha dado victoria a su pueblo oprimido (vv. 1-5); y en segundo lugar, hace de Israel el instrumento de la justicia divina contra las potencias del mundo que han atacado el reino de Dios (vv. 6-9). Israel será el contingente terrenal de los ejércitos del Rey celestial (véase Sal 68:17; Jos 5:14; 2 S 5:23-24; 2 Cr 20:15-17, 22; Hab. 3:3-15).[232] Israel literalmente desempeñó este papel en la conquista de Canaán.

Muchos estudiosos piensan que la última sección del salmo es escatológica. Sin embargo, el Nuevo Testamento señala que en el gran día de juicio los ángeles acompañarán a Cristo (2 Tes 1:7-9; Ap 19:11-13). En contraste con una interpretación literal, los enemigos de la Iglesia no son de «sangre y carne», sino son las «huestes espirituales de maldad»; nuestras armas de milicia «no son carnales», sino espirituales. Nuestra «espada de dos filos» es «la palabra de Dios» que destruye «fortalezas, derribando argumentos y toda altivez que se levanta contra el conocimiento de Dios». El equivalente neotestamentario a «aprisionar a sus reyes con grillos» (v. 8) es llevar «cautivo todo pensamiento a la obediencia a Cristo» (2 Co 10:5; Ef 6:12; He 4:12). El Apocalipsis, con toda su imaginaria fogosa del juicio final, describe la victoria de la Iglesia como algo compatible con la del Calvario: « ... lo han vencido por medio de la sangre ... y de la palabra del testimonio de ellos, que menospreciaron sus vidas hasta la muerte» (Ap 12: 11).[233]

---

230. Citado en Gillis, *op. cit.*, p. 369.
231. *Ibid.*
232. *The NIV Study Bible, op. cit.*, p. 940.
233. Kidner, *op. cit.*, p. 490.

Salmo 150: La doxología final con instrumentos musicales

El Salterio concluye con este canto de alabanza al Señor. Se repite diez veces la exhortación de alabar al Señor. Yates observa:

> Este himno final se eleva a la altura de su posición de honor como la doxología para todo el Salterio. Parece que cada frase en el salmo se edifica sobre el pensamiento anterior en preparación para el clímax, que viene repentinamente como una explosión de alabanza gloriosa de las huestes de los cielos y la tierra.[234]

Se puede hacer un bosquejo del Salmo 150 formulando cuatro preguntas.

1. ¿Dónde debe ser alabado Dios? *En su santuario ... en la magnificencia de su firmamento* (los cielos), v.1.

2. ¿Por qué debe ser alabado? *Por sus hechos poderosos ... por su grandeza infinita* (DHH), v. 2.

3. ¿Cómo debe ser alabado? Con la orquesta entera y con danzas. (Se mencionan ocho instrumentos musicales.) vv. 3-5.

4. ¿Quiénes deben alabar a Dios? No solamente la congregación en el templo del Señor, sino también todos los habitantes del cielo y todos los seres vivientes en la tierra. *¡Todo lo que respira alabe a Jehová! aleluya!*

---

234. Yates, *op. cit.*, p. 551.

Capítulo 9

Introducción a Proverbios

Tanto Jeremías como Ezequiel citaron un proverbio común en su época, «Los padres comieron las uvas agrias, y los dientes de los hijos tienen la dentera» (Ez 18:2; Jer 31 :29). Luego, señalaron que los israelitas apóstatas no pudieron usar más éste refrán para echar la culpa de ellos mismos sobre sus antepasados. Este dicho es un ejemplo de cómo un pueblo había expresado su actitud colectiva en una máxima breve y acertada. Francis Bacon dijo que «se descubre el genio, el ingenio y el espíritu de una nación en sus proverbios». Se cumple esta observación, por lo menos en el caso de la nación hebrea. Aunque los proverbios son a menudo universales y comunes a todos los pueblos, los refranes hebreos señalan la singularidad del Israel antiguo. Difieren de las máximas de otras naciones, en el hecho de que la religión hebrea imprimió su propio sello en ellas. Esto se observa en la frase de Proverbios 1:7: «El principio de la sabiduría es el temor de Jehová». La Biblia de estudio *Dios habla hoy* explica el sentido de este versículo:

> Es decir que la condición indispensable para alcanzar la sabiduría es el respeto, la sumisión y la obediencia al Señor, Dios de Israel, que se revela en la historia y es fiel a su alianza y sus promesas; o, en otras palabras, que la verdadera sabiduría es el conocimiento y un estilo de vida fundados en el temor del Señor y en el amor a la justicia (c.f. Pr 9:10; 31:8-9; c.f. 17:15, 23; 18:5).[235]

Si bien muchos de los proverbios tienen un sentido religioso, una gran parte de ellos son máximos de sabiduría y ética humanas. Los sabios no pretenden que sus refranes tengan origen divino, como tienen la profecía y la ley. No contienen promesas de Dios. Hablan en generalidades que no siempre expresan la verdad. Por ejemplo, los benéficos resultados de ejercer la buena conducta y practicar los consejos de los sabios, no se

---

235. *La Biblia de estudio, Dios habla hoy, op. cit.*, p. 782.

cumplen indefectiblemente en todos los casos, sino en general. La experiencia nos muestra que la virtud y la prosperidad material, no están siempre unidas (véase Sal 73:1-12). El conjunto de tres libros poéticos — Proverbios, Eclesiastés y Cantares — forma la parte más secular de la Biblia.

Muchos de los proverbios de la Biblia forman parte del habla popular en Europa, América Latina y otras áreas del hemisferio occidental. Por ejemplo decimos: «No mires la paja en el ojo de tu hermano sin quitar la viga en tu ojo»; «No solo de pan vivirá el hombre»; «Médico, cúrate a ti mismo».

El libro de los Proverbios reúne colecciones de refranes o lecciones de los sabios, referentes a la vida, carácter y conducta humanas.

A. El carácter de los proverbios

¿Qué es un proverbio? El diccionario *Pequeño Larousse ilustrado* lo define como «máxima expresada con pocas palabras, y de uso popular». El término hebreo **mashal** traducido «proverbio», sin embargo, tiene un significado más amplio que la definición citada arriba. En Isaías 14:4, quiere decir «escarnio» o «sátira», y estaba dirigido contra el rey de Babilonia: «¡Cómo ha acabado el tirano, cómo ha cesado su arrogancia!» (BJ). También significa «oráculo» en Números 23:7, 18; y «parábola» en Ezequiel 17:2.

En general, un proverbio es un dicho breve y sentencioso que expresa verdades acerca del comportamiento humano. Pero se le presenta también en discursos más prolongados en los primeros nueve capítulos del libro de Proverbios. Se relaciona con la sabiduría y los sabios: «para descifrar proverbios y enigmas, los dichos de los sabios y sus adivinanzas» (Pr 1:6, BJ). El proverbio típico es «anónimo, tradicional y epigramático» (burla mordaz e ingeniosa). Juan Russell observó que el proverbio contiene «la sabiduría de muchos y el ingenio de uno».[236]

B. El propósito y enseñanza de los proverbios

Se emplea el proverbio para ilustrar una declaración, terminar un argumento o dar autoridad a una admonición. Su función primordial en el libro de Proverbios es docente; enseñar la sabiduría práctica a la gente

---

236. Citado en R.B.Y. Scott, Proverbs. Ecclesiastes. The Anchor Bible (Garden City, NY, USA: Doubleday and Company, 1985), p. 3.

y, en especial, a los jóvenes. El prólogo del mismo dice que los proverbios tienen como propósito:

- Comunicar sabiduría e instrucción,
- Ayudar a comprender palabras llenas de sentido,
- Adquirir instrucción, prudencia, justicia, rectitud y equilibrio;
- hacer sagaces a los jóvenes inexpertos,
- y darles conocimiento y reflexión.

PROVERBIOS 1:2-4 (DHH)

Las frecuentes referencias al «hijo mío» (1:8, 10; 2:1; 3:1; 4:1; 5:1) enfatizan el deber de instruir a los jóvenes y guiarlos a una vida feliz y próspera. El adquirir la sabiduría y el saber, sirven como un medio para evitar los escollos de la insensatez; los llevará a la salud y prosperidad.

Aunque Proverbios presente la sabiduría práctica, es decir, enseña cómo vivir, basa la sabiduría firmemente sobre el «temor de Jehová» (1:7). Es el principio de todas las virtudes y por eso todas acercan a Dios, mientras que los vicios — que provienen del libertinaje, la ociosidad, el egoísmo, la ira e injusticia — apartan de Dios y atraen el juicio divino y la muerte.

A través de todo el libro, el temor de Jehová se presenta como el camino a la seguridad y paz (véase 3:5; 9:10; 22:4). El pueblo debe confiar en el Señor (3:5) y no en sí mismo (28:26). Las referencias al «árbol de la vida» (3:18; 11:30; 13:12) nos hacen recordar la dicha del huerto de Edén, y dice figurativamente que la persona que halla la sabiduría será bendecida grandemente.[237]

C. Autores y fechas

Aunque el libro empieza con un título atribuyendo los proverbios a Salomón (1: 1), es obvio que él no fue el único autor o recopilador del libro. Se dice que algunos de los refranes son «las palabras de los sabios» (22:17; 24:23); otros fueron transcritos por escribas copistas en la corte del rey Ezequías (25:1); y los últimos dos capítulos del libro fueron compuestos por Agur y Lemuel (30:1; 31:1).

1. *Salomón.* Algunos eruditos ponen en tela de juicio la interpretación de Proverbios 1: 1, la que identificaría a Salomón como el autor de toda la sección 1:1-9:18. Se nota que Proverbios 10:1 trae un nuevo

---

237. «Proverbs» en The NIV Study Bible, op. cit., p. 943.

encabezamiento, «los proverbios de Salomón», algo innecesario si la primera sección fue escrita por él. Puesto que la primera parte (1-9) comienza con una larga introducción, en la que un padre hace recomendaciones a su hijo de huir de las malas compañías, incluso de la mujer ajena (5:1-21; 6:20-35; 7:1-22), se duda que este monarca fuera el autor. ¿Advierte sobre el peligro de las mujeres inmorales, un rey famoso por su numeroso harén y esposas extranjeras?

Además, a los estudiosos les parece que esta sección fue escrita, al menos en parte, por un editor o posiblemente algunos recopiladores de proverbios, como una introducción a las colecciones que siguen. Así que, por tanto, estos eruditos modernos creen que el título del libro hebreo no necesariamente atribuye toda esta sección a la persona de Salomón, sino que la identifica con la índole de literatura de la cual Salomón fue el creador e inspirador. Según esta teoría, el título de 1:1 debe entenderse como «los proverbios del tipo salomónico».

Por otra parte, nadie debe ser dogmático referente a la paternidad literaria de la primera sección de Proverbios. Salomón podía haberla escrito a pesar de ser un hombre muy sensual. Algunos predican lo que no practican. También debemos hacer una distinción entre las prostitutas seductoras o mujeres adúlteras descritas por el proverbista y el matrimonio polígamo pero respetable de Salomón.

En la sección 10:1-22:16, se nombra a Salomón como el autor o compilador de las máximas que se encuentran aquí. Según los eruditos conservadores, no cabe duda alguna de que Salomón puede ser el autor de casi todos los proverbios atribuidos a él. Notan que Dios le otorgó sabiduría extraordinaria poco después de su coronación (1 R 3:5-14). El historiador sagrado lo describe así.

Y Dios dio a Salomón sabiduría y prudencia muy grandes, y anchura de corazón como la arena que está a la orilla del mar. Era mayor la sabiduría de Salomón que la de todos los orientales, y que toda la sabiduría de los egipcios ... y fue conocido entre todas las naciones de alrededor. Y compuso tres mil proverbios, y sus cantares fueron mil cinco (1 R 5:29-32).

Además en la época de Salomón se puso en marcha un movimiento intelectual muy vigoroso tanto en Israel como en las otras naciones vecinas del Medio Oriente. En aquel entonces se eligió el proverbio para que sirviera como la forma de expresión del nuevo pensamiento, y eso llegó a ser el medio de la educación popular y del consejo.[238]

2. *Los sabios* (22:17-24:22). Aunque el tono y consejo específico de esta sección es similar a los de Proverbios 1-9, es apreciable la diferencia del estilo. Se reemplaza el simple precepto con un pequeño discurso, el cual ocupa algunos versículos.

Hay un paralelo muy asombroso entre Proverbios 22: 17-23: 11 y el libro sapiencial egipcio de Amenenope, sabio de una época no muy clara, pero que fluctúa entre el siglo X y el VI a.c. Algunos eruditos creen que esta sección de Proverbios es una adaptación de un original egipcio, llevado a cabo bajo la dirección del Espíritu Santo. Otros creen que tanto esta sección de Proverbios como la obra de Amenenope, tienen una fuente común. Sin embargo un grupo de críticos, incluyendo algunos egipciólogos destacados, arguyen persuasivamente sobre la base de la estructura gramatical, que los proverbios de Amenenope devienen de un original hebreo.[239]

3. *Los escribas copistas de la corte de Ezequías, rey de Judá.* Proverbios 25:1 indica que los refranes de Salomón, hallados en la sección 25-29, fueron compilados y probablemente editados por un grupo de sabios o escribas, y luego, la colección fue agregada a las otras colecciones. Esto demostraría que ya existía un cuerpo de proverbios, los cuales fueron reconocidos como los de Salomón, y que se ubicaba la compilación de estas colecciones en el reinado de Ezequías (726-715 a.C.).

4. *Agur* (30:1-33). No se sabe nada de Agur, ni de su padre Jaqué, ni de los dos varones Itiel y Ucal (30:1). A. F. Walls comenta: Si es correcta la nota de la Biblia de Jerusalén, *de Massá,* Agur era un ismaelita. «Agur pudo haber sido — como Job y Balaam — un no israelita, que conocía al Dios verdadero».[240]

5. *Lemuel* (31:1-31). Tampoco conocemos los detalles del rey Lemuel. ¿Era también ismaelita, con una madre israelita? Parece que sí. En el elogio de la mujer virtuosa (30:10-30), la forma de vida corresponde más a una próspera comunidad agrícola en Palestina que a una

238. John Franklin Genung, «Proverb» en *The International Standard Bible Encyclopaedia,* Vol. 4, James Orr, ed. (Grand Rapids, MI, USA: Wm. B. Eerdmans Publishing Company, 1949), p. 2470
239. Arthur E. Cundall, «Proverbs, Book of» en *Baker Encyclopedia of the Bible,* Vol. 2, Walter A. Elwell, ed. (Grand Rapids, MI, USA: Baker Book House, 1988), p. 1786.
240. A. F. Walls, «Proverbios» en *Nuevo comentario bíblico,* D. Guthrie y J. A. Motyer, eds. Gn (s.l.: Casa Bautista de Publicaciones, 1977), p. 426.

comunidad nómada o semi-nómada de los árabes. Por esto, la mayor parte de los eruditos consideran que el poema 31:10-31, es anónimo.[241]

Aunque es imposible determinar la fecha de todos los proverbios, podemos creer que muchos de ellos fueron puestos por escrito en la época de Salomón (siglo X a.C.). No hay razón para dudar que los encabezamientos de las secciones 10:1-22:16 y 25-29, son veraces al atribuir los proverbios a Salomón. El movimiento sapiencial floreció durante los tiempos de la monarquía, y de ese modo el primitivo núcleo se fue enriqueciendo, particularmente en los tiempos de Ezequías (el siglo VIII a.C.).

Los sabios recopilaron los proverbios formando colecciones y finalmente se reunieron las colecciones produciendo el libro. Se supone que al reunir las colecciones, un sabio escribió el prólogo (1:1-7) y agregó el apéndice (31:10-31).

D. Las distintas formas de los proverbios [242]

En la estructura de los proverbios individuales se encuentran las ideas de orden, normas, reglas, valores y proporción debidas. El estudio de las formas trae a luz la identidad o equivalencia de algunas cosas, la falta de identidad de otras, la diferencia entre la apariencia y la realidad, factores en común y características, causa y consecuencia. También se encuentra lo que es contrario al buen orden: lo irregular, lo absurdo, la paradoja y lo imposible.

1. *La forma que señala identidad, equivalencia o asociación invariable*, contiene la idea de que, «Esto es realmente o siempre aquello». Por ejemplo: «Lo barato es caro»; «Como es el varón, tal es su valentía» (Jue 8:21); «Todo lo que el hombre sembrare, eso también segará» (Gá 6:7; véase Pr 14:4; 29:5).

2. *La forma de contraste o paradoja.* Tiene la idea: «Esto realmente no es aquello», o «No todo esto es aquello». Por ejemplo decimos «No todo lo que brilla es oro», o «Mucho ruido pero pocas nueces». Ejemplos de la Biblia son: «¿Qué tiene que ver la paja con el trigo?» (Jer 23:28); «La lengua blanda quebranta los huesos» (Pr 25:15); «Al hambriento todo lo amargo es dulce» (Pr 27:7).

3. *La forma de similitud, analogía o tipo.* «Esto es (o es similar) como aquello». Algunos ejemplos bíblicos son: «Será el pueblo como el

---

241. Cundall, *op. cit.,* p. 1786.
242. Se encuentran las ideas de esta sección en R.B.Y. Scott, *op. cit.,* p. 4-9

sacerdote» (Os 4:9); «Cual la madre, tal la hija» (Ez 16:44); «Como el agua fría al alma sedienta, así son las buenas nuevas de lejanas tierras» (Pr 25:25); «Así como Nimrod, vigoroso cazador delante de Jehová» (Gn 10:9).

4. La forma que hace hincapié en lo que es contrario al buen orden y así futil o absurdo. A los hebreos les gusta formular preguntas burlonas o de escarnio: «¿Correrán los caballos por las peñas? ¿Ararán en ellas con bueyes?» (Am 6:12); «¿Mudará el etíope su piel, y el leopardo sus manchas?» (Jer 13:23); «Cómo la puerta gira sobre sus quicios, así el perezoso se vuelve en su cama» (Pr 26:14).

5. La forma que clasifica y caracteriza personas, acciones o situaciones. En el libro de Proverbios se encuentran muchas caracterizaciones: la del burlador, del perezoso, de la esposa reñidora y del necio. «El simple todo lo cree; mas el avisado mira bien sus pasos» (14: 15); «El burlador no escucha las reprensiones» (13: 1); «Mete el perezoso su mano en el plato; se cansa de llevarla a su boca» (26: 1 5); «Gotera continua las contiendas de la mujer» (19:13).

6. La forma que da valor, valor relativo o prioridad, proporción o grado. «Este vale ése»; «Esto es mejor que aquello»; «Primero esto y luego eso». Decimos «Más vale tarde que nunca». Algunos ejemplos bíblicos son: «Mejor es el pobre que camina en integridad, que el de perversos labios y fatuo» (Pr 19:1); «Mejor es el pobre que el mentiroso» (19:22); «Mejor es el fin del negocio que su principio» (Ec 7:8).

7. La forma que habla de las consecuencias del carácter y conducta humanos. Algunos ejemplos encontrados en Proverbios son: «El corazón alegre hermosea el rostro; mas el dolor del corazón el espíritu abate» (15:13); «El que cava foso caerá en él» (26:27); «El perezoso no ara a causa del invierno; pedirá, pues, en la siega, y no hallará» (19:4).

E. Doctrinas de los proverbios

Aunque algunos estudiosos consideran que Proverbios es principalmente un libro de sabiduría humana, un examen esmerado del texto revela que contiene mucha teología. El monoteísmo es un hecho en todas partes del libro. Se emplea con frecuencia el título del Dios del pacto, Yahvéh o Jehová.

Se recalca la soberanía y providencia de Dios: «Todas las cosas ha hecho Jehová para sí mismo, y aun al impío para el día malo ... El corazón del hombre piensa su camino; mas Jehová endereza su camino» (16:4, 9; véase también 19:21; 22:2). Dios es omnisciente: «Los ojos de Jehová están en todo lugar, mirando a los malos y los buenos» (15:3; véase también 15:11; 21:2). Se reconoce a Dios como Creador: «El que oprime al pobre afrenta a su Hacedor» (14:31; véase también 17:5; 20:12).

La moralidad o la ética ni es situacional ni un absoluto en sí mismo. Requiere un punto de referencia inmutable, el que se encuentra solo en Dios: «El camino de Jehová es fortaleza al perfecto; pero es destrucción a los que hacen maldad» (10:29). Dios juzga la conducta del hombre: «Jehová prueba los corazones» (17:3).

Proverbios comparte con los Libros Históricos de la Biblia un énfasis sobre retribución y recompensa (2:22; 3:9-10; 10:27-30). Se trata de la exposición de una teología práctica: Dios premia la verdad, la caridad, la pureza de corazón y la humildad, y castiga los vicios opuestos.

A veces se llama a esta doctrina «deuteronómica» porque se encuentra su formulación más clara en Deuteronomio 28. Sin embargo, se puede distorsionar este principio convirtiéndolo en una ley inexorable en esta vida — los justos *siempre* son recompensados y los injustos *siempre* son castigados — pero es mejor considerarlo simplemente como una regla general. Los que honran a Dios y viven en armonía con sus mandamientos *generalmente* disfrutan de su bendición mientras que la infidelidad produce *generalmente* consecuencias funestas.

Puesto que no había todavía la revelación clara de la vida de ultratumba, los proverbios se limitan a la vida presente, la recompensa y la retribución de Dios. Por otra parte, se representa la vida en el Seol, el lugar de los espíritus de los difuntos, como algo triste y no deseable: «Mas su fin [el de la mujer impura] es amargo como el ajeno ... Sus pies descienden a la muerte; sus pasos conducen al Seol» (5:4-5; véase 1:12; 7:27).

Los hebreos no tenían un término genérico para definir la religión, pero uno de cada siete proverbios tiene carácter religioso. Los proverbistas expresaban la idea de religión como «el temor de Jehová» (1:7; 9:10; 15:33; 16:6; 22:4) y como «el conocimiento de Dios»; los dos conceptos son casi sinónimos (2:5; 9:10). Pasan por alto el templo y culto, salvo por algunas referencias indirectas (3:9-10).[243]

Parece que Proverbios 16:6 y 21:3 enseñan que los sacrificios levíticos son de poco valor, pero otras máximas reconocen su importancia

---

243. A.K. Helmbold, «Proverbs, book of» en *Zondervan Pictorial Encyclopedia of the Bible*, Vol. 4, Merrill C. Tenney, ed. (Grand Rapids, MI, USA: Zondervan Publishing Company, 1975), p. 920

(véase 15:8; 21:27). La verdad revelada y la ley divina son vitales (28:4; 29:18). Aunque se menciona el «pacto» solo una vez, su concepto es definitivamente presente. La relación padre-hijo, algo que es típico del pacto (véase Os 11: 1), es evidente en Proverbios 3: 12.[244]

La sabiduría divina es primordialmente un atributo de Dios (8:22-31). En esta sección se presenta como sabiduría personificada. Existe con Dios ante todas las cosas (22-26); toma parte en la creación del mundo como arquitecto divino (27-30); «se recrea en contemplar sus obras y, sobre todo, en comunicarse a los hijos de los hombres, a fin de hacerlos sabios e inteligentes».[245] Aunque no debemos interpretar estos versículos como una descripción directa de Cristo, ellos proporcionan parte del fondo neotestamentario del cuadro de Cristo como el Verbo divino (Jn 1:1-3) y como «la sabiduría de Dios» (1 Co 1 :24, 30).

F. El bosquejo de proverbios

Introducción (1:1-7)

A. Recomendaciones de un sabio (1:8-9:18)
1. Exhortaciones y advertencias a la juventud (1:8-33)
2. Beneficios que ofrece la sabiduría (capítulos 2-4)
3. Advertencias contra la imprudencia (capítulos 5-7)
   a. Adulterio (capítulo 5)
   b. La fianza (6:1-5)
   c. La pereza (6:6-11)
   d. El malo (6:12-19)
   e. La mujer disoluta (6:20-7:27)
4. Discurso de la sabiduría (capítulo 8)
5. Contraste entre la sabiduría y la necedad (capítulo 9)

B. La gran colección salomónica (10:1-22:16)
1. El justo y el impío (10:1-22)
2. El temor de Jehová prolonga los días (10:23-32)
3. Los malos y los rectos (11:1-23)
4. El que reparte (11:24-31)
5. Instrucción (capítulos 12-13)
6. Una serie de dichos sabios (capítulos 14-15)
7. Proverbios relativos a la vida y la conducta (16:1-22:16)

---

244. *Ibid.*
245. Nota en *Sagrada Biblia Nácar Colunga* (1959), *op. cit.*, p. 698.

C. La colección de los sabios (22:17-24:22)

D. Más dichos de los sabios (24:23-34)

E. Segunda colección salomónica: dichos recopilados por gente al servicio del rey Ezequías (capítulos 25-29)

    1. Lecciones morales (capítulos 25-26)

    2. Proverbios sobre asuntos diversos (capítulos 27-29)

F. Dichos de Agur (capítulo 30)

G. Dichos del rey Lemuel (31:1-9)

Apéndice: Elogio a la mujer ejemplar (31:10-31)

Capítulo 10

Consejos de los sabios

Aunque un estudio detallado de los proverbios rendiría una guía rica y provechosa para nuestro diario vivir, la falta de espacio en este libro no nos permite hacerlo. De modo que tenemos que contentarnos con un breve sumario de cada sección y algunas notas explicitorias.

Introducción
(1:1-7)

En la introducción, el autor presenta el título, propósito y lema del libro. Proverbios fue escrito para educar a los faltos de experiencia (los jóvenes e ingenuos) en conocimiento y conducta, y aumentar la sabiduría de los sabios. El método de enseñanza es mediante proverbios, enigmas, figuras, parábolas y cuadros vívidos. De modo que es semejante al método que empleaba Jesús. En breve, estas colecciones de poemas y máximas tiene el propósito de enseñar cómo hay que comportarse en toda circunstancia de la vida.

El lema es: «El principio de la sabiduría es el temor de Jehová» (1 :7). El temor reverencial de Dios es casi un sinónimo de la piedad para con el Señor (véase el capítulo introductorio), «Nos encamina hacia Dios, como disposición subjetiva que prepara el ánimo para escuchar, entender y aceptar las enseñanzas de la sabiduría».[246] La sabiduría que procede de Dios es fundamentalmente religiosa.

A. Recomendaciones de un sabio (1:8-9:18)

Muchos de los discursos de los capítulos 1-7 son introducidos con las palabras «Hijo mío» (e «hijos»), «escucha», o «está atento a mi instrucción» (1:8; 2:1; 3:1, 20; 4:1, 10, 20; 5:1, 7; 6:1, 20; 7:1, 24). No presenta a un padre dando consejos a sus hijos, sino a un sabio que asume el papel de un padre para exhortar a sus discípulos. Un estudioso de los Proverbios explica:

---

246. Nota en *Sagrada Biblia Nacár Colunga* (1969), p. 693.

El maestro se dirige a sus discípulos como el padre sabio lo haría con su hijo. El joven tiene una decisión vital que tomar: entre el camino correcto y el errado; entre la sabiduría y la necedad; entre seguir el camino de Dios por la vida y seguir el propio. El maestro describe las dos alternativas y muestra a dónde conduce cada una. El tema de cada lección es el mismo: «Adquiere la sabiduría». ¡La repetición sigue siendo un buen método de enseñanza![247]

1. Exhortaciones y advertencias a la juventud (1:8-33)

Esta sección se divide en dos temas: una amonestación en contra de las malas compañías, 1:8-19; y el llamamiento y advertencia de la sabiduría, 1:20-33. En la primera parte el sabio exhorta a sus discípulos a resistir los halagos de hombres avaros y violentos que buscan destruir a los hombres inocentes y robar sus bienes (11-14). Los malvados ponen una trampa para sus víctimas (11), pero terminan cayendo en ella (18).

En la segunda parte (1:20-33), la sabiduría está personificada. Con autoridad divina alza su voz en las calles y plazas proclamando el orden moral, instruyendo y advirtiendo.

1:11 *Pongamos asechanzas para derramar sangre.* El objetivo de ellos es enriquecerse aun al costo de quitar la vida de otros. Tientan al joven a juntarse con ellos para obtener este fin.

1:17 *En vano es tender una red ante los ojos del ave.* El joven, al ser instruido por los sabios, reconocerá que la invitación de los ladrones es como una red para atrapar a las aves y la rechazará.

1:21 *Clama en las calles ... plazas ... principales lugares de reunión ... a la entrada de las puertas.* La sabiduría puede escucharla en todas partes todo el pueblo, por lo tanto la gente queda sin excusa. «La entrada de las puertas» era el lugar donde se reunían los ancianos para resolver casos judiciales (véase Rut 4:11; Job 29:7). «Como allí también se encontraba el mercado (2 R 7:1), las puertas eran lugares muy concurridos».[248]

1:22 *Los burlones (escarnecedores)* son los orgullosos y arrogantes (21:24) los que están llenos de insultos, odio y contiendas (9:7-8; 22:10; 29:8), no aceptan corrección (13:1; 15:12), aunque merecen ser azotados (19:25; 21:11).[249]

---

247. «Proverbios» en *Manual bíblico ilustrado, op. cit.,* p. 356.
248. Nota en *Santa Biblia Reina Valera 1995, Edición de estudio, op. cit.,* p. 771.
249. Nota en *The NIV Study Bible, op. cit.,* p. 947.

1:28 *Entonces me llamarán, pero no responderé.* Alcanzados por la calamidad, los necios buscan sabiduría pero ya es tarde. Ha pasado su día de gracia (véase Is 55:6-7; 2 Co 6:2).

1:31-32 *La prosperidad de los necios los echará a perder.* Cuando los insensatos prosperan, se sienten seguros, pasan por alto las amonestaciones y finalmente llegan a ser pobres.

2. Beneficios que ofrece la sabiduría (caps. 2-4)

Capítulo 2

¿Cómo obtener La sabiduría? (2:1-4). La sabiduría procede de Dios (6), pero uno se dispone a ella estando abierto a las enseñanzas del sabio (1-2) y buscándola diligentemente como si fuera plata (3-4).

¿Cuáles son *las bendiciones de obtenerla?* (2:5-22). La búsqueda de sabiduría lleva al conocimiento de Dios (5), a la sabiduría misma (6-7a), a la protección divina (7b-8), al entendimiento del buen camino (9-11), a la liberación de los hombres malos (12-15) y las mujeres malas (16-19) y a la felicidad de heredar la tierra (20-22).

2:17 *Se olvida del pacto de su Dios.* No es claro si se refiere al pacto matrimonial (Ez 16:8; Mal 2:14), o a quebrar el séptimo mandamiento (Éx 20:14).

2:21 *Los rectos habitarán en la tierra.* Habitar en la tierra de Canaán era parte de la promesa a Abraham (Gn 15: 18-21), pero si los israelitas no cumplían el pacto, serían arrancados de la tierra, v. 2:22 (Dt 28:63-64). Por otra parte, Jesús declara que los mansos «recibirán la tierra por heredad» (Mt 5:5).

Capítulo 3

¿Cuáles son las recompensas para los que hallan *la sabiduría?* (3:1-10). Muchas son las recompensas por guardar los preceptos y tener confianza en Dios, por mantenerse humilde y consagrar sus bienes al Señor. Son: larga vida, aceptación de parte de Dios y los hombres, una vida liberada de obstáculos y tentaciones, salud y prosperidad.

¿Por qué sufren los hijos de Dios? (3:11-12). El proverbista observa que aun la corrección y el castigo indican amor y favor de Dios. Este pasaje «es una advertencia contra la idea de que los justos siempre gozan

de prosperidad» (v. 2). Cuando Dios **castiga** o **reprende**, el justo debe discernir la acción educativa del Señor.[250]

Las alegrías del sabio (3:13-35). La sabiduría, o entendimiento, vale más que plata y oro. Su fruto es larga vida, riquezas, honor y felicidad (13-18). Aun la creación del universo no fue realizada sin sabiduría (19-20). Es la vida del alma; da seguridad en el trabajo y en el reposo (21-24). Cuando el hombre confía en Jehová, no sufrirá la calamidad repentina de los malos (25-26); sin embargo, debe tratar bien a su prójimo (27-30) y no envidiar al injusto (31-33), porque Dios bendice a los buenos pero castiga a los malos (34-35).

3:3 Átalas a tu cuello. La misericordia y verdad («la piedad y lealtad» BJ) deben ser el adorno del justo, como es el collar hermoso alrededor del cuello de una mujer. **Escríbelas en la tabla de tu corazón.** Esto sugiere que se debe meditar en los grandes principios, hasta que se expresen espontáneamente en la vida y conducta (véase Jer 31:33). Una nota en una Biblia de estudio comenta: «La sabiduría ha de escribirse en el corazón para tener siempre presente cuál es la conducta agradable a Dios».[251]

3:5 **Confía en Jehová con todo tu corazón** como el rey piadoso Ezequías (Is 38:3).

3:6 **Reconócelo en todos tus caminos** es más que darse cuenta de su presencia. La persona que le reconoce es «aquel cuyo pensamiento en ti persevera» (Is 26:3), aquel que disfruta de comunión con él. **Él hará derechas tus veredas.** Dios quitará los obstáculos de tu vida y guiará tus pasos (véase 15:1, 9).

3:9 **Honra a Jehová con tus bienes... con las primicias.** La reverencia que se debe al Señor no se limita a confiar en él y recibir de él, sino también, incluye dar a él. Según la Biblia, todo lo que tenemos es del Señor y debemos reconocerlo como nuestro Sustentador y mostrar nuestra gratitud trayendo nuestros diezmos al alfolí (Mal 3:10-12). Además debemos traer lo mejor, «las primicias». Los antiguos hebreos debían ofrecer a Jehová los primeros frutos de la cosecha (Éx 22:29; 23:19; Dt 26:1-11). El profeta Malaquías nos asegura que no tenemos que temer que el obedecer este mandato resultará en escasez (Mal 3: 11).

---

250. Nota en *Santa Biblia Reina Valera 1995, Edición de estudio, op. cit.*, p. 773
251. *Ibid.*

Capítulo 4

Este capítulo presenta tres lecciones.

a. El maestro testifica que recibió las enseñanzas de su padre (1-6). Recalca que uno tiene que estar resuelto a ganar sabiduría, que debe darse cuenta de que el primer paso en practicarla, es estar persuadido de que su adquisición impone y exige sacrificios (7-9).

b. Uno debe tener la misma resolución inamovible para evitar el camino de los impíos (10-17). Se presenta una descripción gráfica de los dos caminos (18-19), como la luz del día aumenta desde el alba hasta el esplendor del mediodía, así crece en conocimiento y pureza la vida de los justos. Pero la de los impíos es como la densa oscuridad.

c. La búsqueda del camino del justo y la abstinencia de toda especie de mal implica lo que se escucha (20), lo que se recuerda (21), lo que está en el corazón (21, 23), lo que se ve (25) y lo que se elige hacer (26-27), «implica un compromiso total con Dios».[252]

3. Advertencias contra la imprudencia (caps. 5-7)

Capítulo 5

a. *Adulterio* (5:1-23). Entendimiento y discreción guardan al hombre contra las estratagemas de la mujer adúltera que le descarriará y engendrará amargura, derramamiento de sangre y la muerte (1-6). El proverbista menciona más consecuencias funestas: se destruye el honor, se desperdician años de vida, se echan a perder los bienes que cuestan tanto trabajo para acumular, se consume la carne y finalmente resulta en remordimiento (7-14).

En contraste, la fidelidad conyugal y amor a la esposa traen felicidad y seguridad (15-20). Esto es porque Jehová ve todo lo que hace el hombre y él castiga a los impíos (21-23).

5:5 *Sus pies descienden a la muerte*. La mujer inmoral con frecuencia muere prematuramente de enfermedades venéreas. El triste fin de esta mujer se contrasta con la bendición que trae la sabiduría, la cual alarga los días y es fuente de vida (Pr 4: 13).

5:9 *Alguien cruel*. Probablemente se refiere al marido ofendido de la mujer adultera, el cual castiga fuertemente al hombre que comete adulterio con su mujer.

---

252. Cundall, «Proverbs, book of» en *Baker Encyclopedia of the Bible, op. cit.*, p. 1789.

5: 11 Cuando se consuma tu carne puede referirse a las enfermedades que acompañan la inmoralidad, pero se cree también que habla de la pérdida de la fuerza cuando el hombre envejece.

5:14 Casi en el colmo del mal he estado («al colmo de la desgracia», DHH; «ruina total», NVI). El sabio admite que su propia indiscreción le puso en peligro grave. En aquel entonces el ofensor a menudo era golpeado, deshonrado y aun muerto (6:33; Dt 22:22).

5: 18 Alégrate con la mujer de tu juventud. El deleitarse con la esposa de uno, es el mejor antídoto contra la tentación de ceder ante la mujer ajena. El maestro quiere que los maridos se fijen en los encantos de sus propias esposas.

Capítulos 6-7

b. La fianza (6:1-5). El escritor advierte contra la imprudencia de servir apresuradamente como fiador por su prójimo. Se corre el riesgo de perjudicar todo su porvenir, si el amigo no paga la deuda. De modo que le aconseja al fiador a humillarse e importunar a su prójimo para que le libre de tal responsabilidad.

c. La pereza (6:6-11). Se toma una ilustración de la naturaleza para avergonzar al perezoso y estimularlo a trabajar. La hormiga es un buen ejemplo de previsión e industria. Si el haragán no le hace caso, terminará en la miseria.

d. El malo (6:12-19). El hombre perverso, mentiroso, insincero, fraguando planes de maldad, a su tiempo caerá abatido como consecuencia de su pecado (12-15). Sus siete pecados son abominables a la vista del Señor (16-19).

6:1b Le has empeñado tu palabra (lit. «has chocado tu mano»). La fianza quedaba garantizada con un apretón de manos.

6:12 El hombre malo (lit. «hombre de Belial» o «sin provecho»). Se usa a menudo en el Antiguo Testamento para calificar la perversidad (véase Jue 19:22). Pablo la aplica a Satanás (2 Co 6: 15).[253]

6: 16 Seis cosas... y aun siete... Se llama un «proverbio numérico», que «consiste en hacer una enumeración dando primero una cifra y añadiendo una unidad más al número original. Es un artificio literario característico de los escritos sapienciales (Pr 30:15-33; Ec 4:9-12)».[254]

---

253. Walls, «Proverbios» en *Nuevo comentario* bíblico, *op. cit.*, p. 417.
254. Nota en Santa Biblia Reina Valera 1995, Edición de estudio, op. cit., p. 777.

e. La mujer disoluta (6:20-7:27). Esta sección retoma el tema del adulterio que había quedado interrumpido en 5:23 y muestra la actitud divina hacia esta forma de pecado. El marido ofendido, al descubrir la unión irregular, llegará a ser un adversario formidable del amante de su esposa (6:33-35). Las artimañas de la mujer disoluta son gráficamente descritas (7:1-27), y el placer ilícito lleva al ingenuo a las puertas del Seol (7:27).

6:26 *La ramera solo pretende un bocado de pan ... la adúltera busca la vida.* La mujer adúltera es más peligrosa que la prostituta, porque ésta se contenta con su paga pero, a aquella hay que sacrificarle la vida. Además el marido ofendido tenía el derecho de matar al adúltero.

6:31 *Pagará siete veces.* La ley exigía solo el pago de cinco veces como sanción del robo (véase Éx 22:1-9). El número aquí es simbólico y significa que el culpable pagará totalmente.

6:34-35 *El hombre enfurecido ... no perdonará.* El marido de la adúltera ha descubierto la ofensa grave a su honor. No aceptará ninguna compensación por el daño. Tanto la mujer adúltera como su amante serán ejecutados como castigo apropiado para los que corrompan la comunidad santa (Lv 20:10).

7: 2b *La niña de tus ojos.* Se refiere a las pupilas o la parte más delicada del ojo, que requiere atención especial (véase Dt 32:10; Sal 17:8).

7:3 *Átalos a tus dedos a fin de recordarlos.*

7:14 *Sacrificios de paz.* Es la índole de sacrificio en que parte de la carne se devuelve al que sacrifica el animal. La comen en casa con los amigos y familiares en un banquete sacrificial (Lv 7:16-17). La mujer disoluta invita al ingenuo a participar en el banquete, pero el motivo de ella es seducirlo.

7:22 *Como va el buey al degolladero,* es decir, sin darse cuenta de que va a morir.

4. Discurso de la sabiduría

Capítulo 8

En este capítulo se personifica la sabiduría. Ella, en contraste con la mujer adúltera, no va ocultamente por las calles buscando su presa, sino que anuncia públicamente las virtudes que ofrece a los hombres. La sabiduría no busca la ruina de uno sino el beneficio de todos. Así que pasa por los lugares donde se congrega la mayor cantidad de gente para proclamar su mensaje universal. Se dirige en particular a los ingenuos y necios que más necesitan sus consejos (1-5). Habla en forma recta, verdadera, justa y razonable ofreciendo los tesoros de conocimiento y sabiduría (6-11). «Luego se describe lo que es la sabiduría y lo que puede dar a los hombres».[255] Reyes, jueces y gobernadores dependen de ella, y su don es éxito de la clase más deseable (12-21). En el pasaje vv. 22-31 se encuentra la afirmación más espectacular de Proverbios acerca de la sabiduría. Fue creada (o poseída) antes de toda criatura y desempeñó un papel en la creación. Los cristianos a menudo la han identificado con el Verbo del Nuevo Testamento. Una nota en una Biblia de estudio explica:

> La doctrina de la Sabiduría, así esbozada en el A.T., será recogida por el N. T., donde realizará un nuevo y decisivo progreso al aplicarse a la persona de Cristo. Jesús es designado como Sabiduría y sabiduría de Dios, Mt 11:19; Lc 11:49, cf. Mt 23:34-36; 1 Co 1:24-30; Cristo, al igual que la Sabiduría, participa en la creación y conservación del mundo, Col 1:16-17 ... Finalmente, el prólogo de Juan atribuye al Verbo rasgos de la Sabiduría creadora ... [256]

¿Es la sabiduría de este pasaje una hipostasis distinta de Jehová, el Verbo reencarnado? Aunque parece que sí, es mejor reconocer que la figura es un artificio poético, una personificación de un atributo de Dios y no la segunda persona de la Trinidad. Dios fue el que poseía la sabiduría en el principio y la usó para moldear y organizar el universo en su forma final. La sabiduría personificada no afirma que creara el universo sino dice simplemente: «allí estaba yo» (27).

La admonición final de la sabiduría es que se escuche su instrucción, ya que mediante ella el hombre obediente hallará la vida y obtendrá el favor de Dios (32-36).

8:9 *Todas son claras para el que entiende*. Cuanto más sabia es la persona, tanto más entiende y aprecia la sabiduría, y especialmente el conocimiento de Dios.

8:15 *Por mí reinan los reyes*, Salomón buscó en oración sabiduría para gobernar a Israel (1 R 3:9; 2 Cr 1:10).

8:22 *Jehová me poseía en el principio*. El verbo *gana* puede significar o «poseer» o «crear». La primera traducción es preferible porque es

255. Gillis, op. cit., p. 417.
256. *Biblia de Jerusalén* (1967), *op. cit.*, p. 817.

ilógico y contradictorio pensar que el Creador originalmente o faltaba una parte de sí mismo o la creó.[257] Parece que este pasaje influenciaba al apóstol Juan cuando escribió el prólogo del cuarto evangelio.

5. Contraste entre la sabiduría y la necedad

Capítulo 9

Este capítulo está compuesto por tres estrofas de seis versos cada una. La primera estrofa (1-6) y la última (13-18) presentan un contraste entre la sabiduría y la necedad. Ambas invitan a los «simples», que son los más necesitados, a un festín. La sabiduría les ofrece la vida y la necedad la muerte. La segunda estrofa (7-12) da algunos consejos de carácter sapiencial.

El capítulo comienza con una descripción impresionante de la prominencia de la sabiduría. Ha edificado una casa grande y ha preparado un banquete regio. Envía a sus criadas a los lugres más concurridos de la ciudad para invitar a los «ingenuos» e «insensatos» al banquete. La invitación es para entrar en su casa, comer y beber las cosas ricas, dejar sus simplezas y vivir. Es parecido a la de Isaías 55:1-2.

El cuadro aquí es semejante a la parábola de la gran cena (Lc 14:15-24). Cuando los invitados de la parábola no respondieron al convite, el anfitrión extendió la invitación para incluir a los más necesitados. Así es el mensaje del evangelio.

La segunda estrofa (7-12) habla de los peligros que se presentan al hombre que trata de reformar a los escarnecedores. Este ya ha cerrado su mente y resiente todo intento de corregir sus errores. Pero la persona sabía tiene una mente abierta y aprovecha la oportunidad de adquirir más conocimiento.

La última estrofa (13-18) presenta la necedad en forma de una mujer necia, probablemente una prostituta. Ella convida a las mismas personas que fueron invitadas al banquete de la sabiduría, pero con resultados totalmente diferentes. La sabiduría les ofrece vida y salud; la necedad les conduce a su muerte. El hombre debe elegir: «Escogeos hoy a quién sirváis» (Jos 24:15).

9:1 *La sabiduría edificó una casa.* Se personifica la sabiduría. *Labro sus siete columnas.* «Se le atribuyen variadísimos significados, cuya

---

257. R.K. Harrison, «Proverbs» en Evangelical Commentary on the Bible, Walter A. Elwell, editor (Grand Rapids, MI, USA: Baker Book House, 1989), p. 416.

gama se extiende desde los siete días de la creación, las siete artes liberales, el sol, la luna y cinco planetas conocidos, hasta los siete primeros capítulos del libro de Proverbios... Pero las siete columnas pudieran indicar
nada más que la estructura de una gran mansión construida ajustándose
a las más estrictas reglas del arte».[258]

9:7 El que corrige al escarnecedor. La segunda estrofa, vv. 7-12 está
dirigida al maestro «para indicarle a quién debe corregir y reprender si no
quiere trabajar en vano».[259]

9:13 La mujer necia es alborotadora. Se personifica también la necedad y se contrapone su actividad a la de la sabiduría (1-6).

B. La gran colección salomónica (10:1-22:16)

Llegamos en esta parte a los proverbios atribuidos a Salomón. Probablemente los 375 refranes en esta sección fueron seleccionados de los
3.000 asignados al sabio (1 R 4:32). Varios proverbios de esta colección
se repiten en los capítulos 25-29.

En la primera parte del libro, al joven se le ha planteado la elección
y se le ha apremiado a que escoja la sabiduría.

Ahora comienza la instrucción: una instrucción práctica que abarca
todos los aspectos de la vida. En esta primera colección, los dichos
adquieren su fuerza a base de contrastes. La segunda mitad de cada
refrán es la antítesis de la primera. Cada proverbio se basta a sí mismo,
aunque algunos forman series mediante palabras o temas. Revelan una
sana psicología y una observación precisa de la vida. Demuestran los
resultados de la sabiduría y la necedad en los asuntos prácticos de la
vida.[260]

El sentido común de los dichos es obvio, pero algunos son seculares
y parecidos a la sabiduría de este mundo. Sin embargo, ellos proporcionan una guía aprobada por Dios para el diario vivir. También conviene
recordar que la vida religiosa basada sobre la ley y el pacto, se daba por
sentado. Por lo tanto, se encuentra poco material teológico, salvo por la
solicitud de Dios con los detalles prácticos de la vida de los suyos.[261]

---

258. Walls, op. cit., p. 419.
259. Nota en *Santa Biblia Reina Valera 1995, Edición de estudio, op. cit.,* p. 781.
260. *Manual bíblico ilustrado, op. cit.,* p. 357.
261. Cundall, op. cit., p. 1790.

Puesto que al cuerpo de proverbios que empieza aquí, le falta organización temática y muestra poco orden, es imposible bosquejarlo bien. Sin embargo, trataremos de hacer un esfuerzo para dar títulos a los pasajes. También haremos notas explicitorias de versículos importantes o poco claros.

1. El justo y el impío (10:1-22)

10:2 *Los tesoros de maldad no serán de provecho* son pasajeros (21:6) y resultan en el juicio de Dios (1:19).

10:6 *La boca de los malvados oculta violencia*, mejor traducido, «duelo prematuro cierra la boca de los impíos» (BJ). La maldad que es causada por sus labios les lleva tarde o temprano a la ruina.

10:15 *Las riquezas del rico son su ciudad fortificada; la debilidad de los pobres es su pobreza.* El proverbista reflexiona sobre el poder de riquezas y el impedimento de la pobreza, sin aprobar o desaprobar ni el uno ni el otro. «Las riquezas atraen amigos (cf. Pr 14:20; 19:4) y poder (18:23; 22:7). El pobre no tiene muchas amistades, ni poder, ni seguridad material».[262] Por otra parte, se encuentra la verdadera seguridad solo en Dios (Sal 52:7).

10:22 *La bendición de Jehová es la que enriquece y no añade tristeza con ella.* La bendición de Dios, más bien que nuestra industria, nos hace prosperar.

2. El temor de Jehová prolonga los días (10:23-32)

10:24 *Lo que el malvado teme, eso le sobrevendrá.* Él teme calamidad y tribulación (1:27; 3:25; Job 15:21; Is 66:4).

10:25 *Como pasa el torbellino, así el malo no permanece* («Pasa el huracán y el malvado desaparece, pero el justo permanece para siempre» DHH). Nos hace pensar en la parábola de los dos cimientos (Mt 7:24-27). Solo la casa cimentada sobre la roca (el oír y practicar las enseñanzas de Jesús) puede permanecer.

10:29 *El camino de Jehová es fortaleza.* «El camino del Señor puede referirse a la forma en que Dios actúa (cf. Sal 64:10) o al camino que él traza para que el hombre lo siga»[263] (véase Os 14:9; 2 P. 2:21).

3. Los malos y los rectos (11:1-23)

11:4 *De nada servirán las riquezas en el día de la ira.* En el día del juicio, lo que vale de uno no es lo que tiene, sino lo que es.

---

262. Nota en *Santa Biblia Reina Valera 1995, Edición de estudio, op. cit.*, p. 783.
263. Ibid., p. 783

11:5 *La justicia del perfecto endereza su camino.* La justicia quita los obstáculos del camino permitiendo que el justo llegue al destino deseado.

11 :22 *Como zarcillo de oro en el hocico de un cerdo es la mujer hermosa y apartada de razón* (no muestra discreción). En los tiempos de la Biblia, la mujer a veces llevaba un zarcillo de oro en su nariz. La moraleja es que la belleza de la mujer vale poco si no es acompañada con la prudencia e inteligencia. David elogió el «razonamiento» de Abigail (1 S 25:33).

4. El que reparte (11:24-31)

11:24-26 *Hay quienes reparten, y les es añadido más ... El alma generosa será prosperada.* Las leyes espirituales son contrarias a las naturales. La generosidad es el camino que conduce a la bendición de Dios y la prosperidad: «Dad y se os dará»; «El que mira con misericordia será bendito, porque dio de su pan al indigente» (Pr 22:9). En cambio, el mezquino acabará en la miseria. «La bendición de Jehová es la que enriquece» (10:22).

5. Instrucción (capítulos 12-13)

12:24 *La mano de los diligentes dominará,* «porque obtendrá la riqueza necesaria para contratar a otros jornaleros que trabajan para él. El negligente, en cambio, tendrá que ponerse al servicio de otros»[264] (véase 10:4).

13:9 *La luz de los justos brilla.* «Los justos son como una luz brillante; los malvados, como lámpara que se apaga» (DHH). En la Biblia, luz y lámpara simbolizan a menudo la vida y prosperidad.

13:17 *El mal mensajero acarrea desgracia;* probablemente lo hace representando mal a quien le envía.

13:24 *El que no aplica castigo aborrece a su hijo.* No es popular hoy en día disciplinar a los hijos, pero el escrito a los hebreos afirma: «El Señor al que ama, disciplina... ¿qué hijo es aquel a quien el padre no disciplina?» (12:6-7).

6. Una serie de dichos sabios (caps. 14-15)

a. El recto y el malo (14:1-19)

14:1 *La mujer sabia edifica su casa;* ella es una fuente de fuerza y un ejemplo de diligencia a su familia (véase 31:10-31).

---

264. Ibid., p. 785.

14:8 ***La indiscreción de los necios es engaño.*** Lo que el insensato piensa que es prudente, realmente es necedad y le lleva a la ruina.

14:19 ***Los malos se inclinarán delante de los buenos.*** El inclinarse ante uno es un acto de humillarse. Tal vez se refiere a implorar al bueno para un favor (véase 1 S 2:36).

b. El rico y el pobre (14:20-35)

14:29 ***El que tarda en airarse es grande de entendimiento.*** La ira puede ser pecaminosa o justa, según cuál sea el motivo. Como expresión de un simple resentimiento humano, es obra de la carne (Gá 5:20) y le está prohibida al cristiano. La ira justificada se evidencia en hechos como los de Jesús (Mr 3:5); Moisés (Éx 11:8; Neh 5:6).[265]

14:31 ***El que oprime al pobre afrenta a su Hacedor.*** Proverbios 17:5 añade: «El que escarnece al pobre afrenta a su Hacedor». Es porque Dios ha hecho tanto el rico como el pobre a su imagen (22:2; Job 31:15). Dios se identifica con sus hijos, por lo tanto el despreciar u oprimir a sus hijos equivale a menospreciar al Padre.

14:32b ***El justo, en su propia muerte halla refugio.*** Parece que el proverbista alude a la recompensa de la vida de ultratumba.

14:34 ***La justicia engrandece a la nación.*** La historia universal es testigo del acierto de este dicho.

c. La lengua del sabio (15:1-12)

15:8 ***El sacrificio que ofrecen los malvados es abominación a Jehová.*** Es tema de los profetas. Dios no acepta los sacrificios hechos por personas cuyos corazones son malos; Jesús añade: que no se han reconciliado con su hermano (véase Mt 5:23-24).

15:11 ***El seol y el Abadón están delante de Jehová.*** Abadón (heb. «perdición») es el nombre poético para el mundo de abajo, la habitación de los espíritus de los difuntos. Si ni el sepulcro ni el lugar de los muertos pueden esconder al hombre de la vista de Dios, cuánto más puede él leer los secretos e intenciones del corazón del hombre vivo.

d. La recompensa del corazón contento (15:13-20)

15:15 ***El corazón alegre tiene un banquete continuo.*** La vida es tan alegre y satisfactoria como los días de una fiesta (véase 15:13; 14:30; Lv 23:39-41).

15:16 ***Gran tesoro donde hay turbación.*** Probablemente se refiere a los «tesoros de maldad» (10:2).

---

265. Santa Biblia con notas, J. Mervin Breneman, editor, op. cit., p. 685.

5. La instrucción en la sabiduría (15:21-33)

15:24 *El camino de la vida es hacia arriba.* Es probable que «el camino de la vida» se refiere a la prolongación de la vida o la trayectoria de la vida. Esto es lo opuesto de la muerte y el descenso al seol. Ahora la expresión tendría el significado: «el camino al cielo».

15:25 *Jehová ... afirma la heredad de la viuda.* Puesto que la viuda no tiene alguien para defenderla, Dios mismo se hace su defensor. «Los terrenos de una persona eran heredad inalienable, porque eran un bien otorgado por el Señor a los israelitas en tiempos de la conquista» (véase Lv 25:23).[266]

7. Proverbios relativos a la vida y la conducta (16:1-22:16)

16:1 *Del hombre es el hacer planes en el corazón; de Jehová es poner la respuesta en la lengua.* Significa lo mismo que el refrán, «El hombre propone y Dios dispone». Habla acerca de la providencia de Dios, «que se refiere a aquella previsión y disposición de los hechos por los cuales Dios lleva a cabo sus propósitos».[267]

16:4 *Todas las cosas ha hecho Jehová para sus propios fines, incluso al malvado, para el día malo.* ¿Qué quiere decir este dicho? ¿Afirma que Dios creó a los malvados para manifestar en ellos su justicia? Romanos 9:22 no dice que Dios *preparó* los «vasos de ira» sino que los «*soportó* con mucha paciencia». Walls comenta que «no tiene sentido una arbitraria predestinación de los hombres para el futuro día aciago».[268] Es mejor interpretarlo así: Dios emplea hasta la **condenación** del malvado para mostrar su justicia y gloria.

16:5 *Todo altivo de corazón ... no quedará impune.* Los altivos no están dispuestos a arrepentirse, por lo tanto no les queda el perdón de Dios.

16:10 *Oráculo hay en los labios del rey.* Se consideraba oráculo una sentencia de un rey porque el monarca administraba justicia en el nombre de Dios (véase 2 S 14:17). Los cinco versos que siguen a esta aseveración son proverbios reales.

16:31 *Corona de honor es la vejez que se encuentra en el camino de la justicia* («cabellos blancos son corona de honor» BJ). Los hebreos

---

266. Nota en Santa Biblia Reina Valera 1995, Edición de estudio, *op. cit.*, p. 789.
267. Santa Biblia con notas (Caribe), *op. cit.*, p. 686.
268. Walls, *op. cit.*, p. 422.

creían que una larga vida era el premio de una conducta recta, y respetaban mucho a los ancianos.

16:33 *Las suertes se echan en el regazo, pero la decisión es de Jehová.* Probablemente el «regazo» alude al pectoral, una bolsa colocada sobre el pecho del sumo sacerdote. Contenía el Urim y Tumim, probablemente piedras que servían como suertes sagradas. El significado del refrán es que cada decisión no es un asunto de suerte sino es del Señor. Dios y no la suerte determina las decisiones[269] (véase Éx 28:6, 30; Nm 26:53; Neh 11:1; Hch 1:26).

17:8 *Como un talismán es el soborno para el que lo practica; dondequiera que va, halla prosperidad.* El proverbista no aprueba ni desaprueba el soborno. Sin embargo este mal es condenado en otras partes de la Biblia (véase Pr 17:23; 15:27; 28:16; Dt 16:19; 1 S 12:3; Ec 7:7; Is 1:23).

17:19 *El malvado acepta en secreta el soborno para pervertir las sendas de justicia.* Aparentemente se alude a los regalos recibidos por el juez o testigo falso (véase 17:8; 18:16).

18:10-11 *Fuerte torre es el nombre de Jehová ... Las riquezas del rico son su ciudad fortificada.* El justo encuentra en Dios su refugio seguro; el rico depende neciamente de sus riquezas pasajeras.

18:16 *Los regalos* (el soborno).

18:24 *El hombre que tiene amigos debe ser amistoso* es mejor traducido: «Hay amigos que causan la ruina» (BJ). El hombre debe elegir prudentemente a sus amigos.

19:3 *La insensatez del hombre tuerce su camino y luego se irrita su corazón contra Jehová.* Los hombres le echan la culpa a Dios, por sus propios desatinos.

19:25 *Hiere al escarnecedor ... corrige al inteligente.* Es necesario que el ingenuo vea castigado (lit. «golpeado») al escarnecedor para que éste aprenda, pero al sabio, le basta con una reprensión verbal.

19:26 *El que roba a su padre y ahuyenta a su madre.* Los hijos habían de cuidar a sus padres cuando éstos estaban enfermos o eran ancianos (véase Is 51:18). El robarlos (Jue 17:1-2) y atacarlos (Éx 21:15, 17) eran delitos graves.

20:8 ¿Quién puede decir: «*Yo he limpiado mi corazón ... ?*» Solo el poder de Dios puede librar al hombre de su pecado (véase 1 R 8:46-50; Job 4:17; Sal 51:1-5).

---

269. Nota en *The NIV Study Bible, op. cit.*, p. 973.

20:24 *De Jehová son los pasos del hombre, ¿cómo, pues, entenderá el hombre su camino?* El hombre no es capaz de comprender su propio camino, por lo tanto tiene que depender del Señor, el cual ordena sus pasos.

21:3 *Hacer justicia y juicio es para Jehová más agradable que el sacrificio.* Ritos externos o sacrificios no agradan a Dios si no están acompañados del culto espiritual y conducta moral (véase 1 S 15:22; Pr 15:8; Am 5:22-24; Os 6:6; Mt 9:13).

21:18 *Rescate por el justo será el malvado.* Se ilustra este principio con la historia del pueblo escogido de Dios, el cual fue rescatado de Egipto a costo de la vida del faraón y su ejército (Éx 14:23-31) y con Babilonia entregando a Ciro, el conquistador persa, los países ricos de Egipto, Etiopía y Seba (Is 43:3).

21:22 *Tomó el sabio la ciudad de los fuertes y derribó la fuerza en que ella confiaba.* Significa que la sabiduría es más fuerte que la fuerza física (véase Ec 9:16; 2 Co 10:4; las armas espirituales son «poderosas en Dios para la destrucción de fortalezas».[270]

C. La colección de los sabios (22:17-24:34)

Se llama «Primer apéndice a los proverbios de Salomón».[271] Aunque los temas que se presentan y el punto de vista de los escritores de esta sección no son diferentes de los de la anterior, el estilo es más parecido al de los capítulos 1-9. Se arregla en estrofas más bien que en proverbios pareados. Tiene párrafos y poemas didácticos más largos que los de la primera colección de Salomón (10:1-22:16). También tiende a agrupar proverbios que tratan del mismo tema, por ejemplo, los peligros de las bebidas fuertes (23:29-35).

1. Advertencias y exhortaciones (22:17-23:35)

El prefacio de los proverbios de los sabios (22:17-21) «pide la colaboración de toda la persona: oído (v. 17), corazón (v. 17) y labios (v. 18). La introducción tiene un triple propósito: que el instruido ponga su confianza en Jehová, sepa con certidumbre la verdad y pueda dar un fiel informe»[272] (véase 1 P 3:15).

---

270. *Ibid*, p. 975.
271. Gillis, *op. cit.*, p. 404.
272. Nota en *Santa Biblia Reina Valera 1995, Edición de estudio, op. cit.*, p. 797.

Las máximas de la sección 22:17-23:35 advierten contra opresión de los pobres e indefensos (22:22-23), enojo (22:24-25), sirviendo como fiador o aval (22:26-27), malos modales en la mesa del rey (23:1-3), afanarse por las riquezas (23:4-5), comer con el hombre avaro (23:6-8), intemperancia en la comida y bebida (23:19-21, 29-35) y la ramera (23:26-28).

Por otra parte, exhortan diligencia en el trabajo (22:29), respeto para los derechos de los huérfanos (23:10-11), corrección de los adolescentes (23:13-14), cariño filial (23:15-16; 22-25) y temor de Jehová (23:17).

23:6-8 *No comas pan con el avaro... pero su corazón no está contigo.* Cada bocado que su invitado toma le duele; después, nada de lo que haya comido le aprovechará («vomitarás el bocado que comiste») y toda su buena conversación para agradarle será para nada («habrás malgastado tus suaves palabras»).[273]

23:29-35 *¡No mires el vino cuando rojea...* ¡Se presenta aquí una descripción vívida de las consecuencias físicas y sicológicas de la borrachera. Aunque el vino en la copa es muy atractivo («cuando resplandece su color»), y bueno su gusto («se entra suavemente»), los resultados son funestos: (a) la tristeza, el dolor y las quejas, vv. 29, 32; (b) se daña el cuerpo («heridas» innecesarias y «ojos enrojecidos»), v. 29; (c) produce efectos mentales (el borracho habla perversidades, adopta un coraje necio, de modo que se dormiría en el agua), v. 34, y ve cosas extrañas (delirium tremens que afligen al alcohólico), v. 33, «Aun el dolor no lo siente, tan apagados están sus sentidos con el vino (23:35), y cuando se despierta, olvidándose de los peligros y durezas de la noche anterior, se propone emborracharse de nuevo».[274]

2. Más consejos de los sabios (24:1-22)

En esta sección los sabios animan a sus discípulos a buscar sabiduría (3-7; 13-14). Advierten contra: violencia (1-2), orgullo y complots (8-9), indiferencia a las desgracias ajenas (10-12), injusticia (15-16), regocijo sobre la caída del enemigo (17-18), envidia de los éxitos de los impíos (19-21) y rebelión contra la autoridad (21-22).

24:3 *Con sabiduría se edifica la casa.* La casa es símbolo de la vida de un individuo o familia.

---

273. Gillis, op. cit., p. 404.
274. *Ibid.* p. 406.

24:7 *En la puerta* (de la ciudad) es donde la justicia era administraba y se discutían asuntos públicos.

24:12 *El que pesa los corazones.* Dios conoce todo, incluso los pensamientos y actitudes del hombre.

24: 17 *No te regocijes cuando caiga tu enemigo.* Edom fue desolado porque se regocijó sobre la ruina de Israel (Ez 35:15). Jesús nos enseña a amar a nuestros enemigos: «haced bien a los que os odian y orad por los que os ultrajan y os persiguen» (Mt 5:44).

24:21-22 *No te juntes con los veleidosos* (probablemente «los rebeldes»). «No te levantes contra ninguno de los dos» (Dios y el rey, BJ). Los hombres deben respetar la autoridad de Dios y del gobierno civil (Mt 22:21; Ro 13:1-3; 1 P 2:13-14). El castigo por causa de la falta de sumisión o, peor, la rebelión abierta, trasciende los límites de la justicia privada.

D. Más dichos de los sabios (24:23-34)

Parece que esta sección es un apéndice a la tercera colección de dichos (22:17-24:22).

24:23 *Hacer distinción de personas en el juicio no es bueno.* Tanto la ley de Moisés como los escritos de los profetas «condenan la discriminación en los tribunales, apoyándose en el hecho de que Dios es un juez imparcial e insobornable (Sal 82:1-4; Is 11:3-5; Jer 23:5-6)».[275]

24:27 *Prepara tus labores fuera ... y edifica tu casa después.* Suele interpretarse como consejo de prepararse esmeradamente para el matrimonio.

E. Segunda colección salomónica (Caps. 25-29)

La nota histórica (25:1) indica que estos proverbios fueron recopilados por gente al servicio del rey Ezequías. No hay razón para dudar lo que se afirma. Bajo Ezequías, Israel volvió a su antigua religión. El rey reformador reparó el templo, reinició los sacrificios y restauró la música sagrada. No es de extrañarse que volviera el interés de los escribas en la sabiduría clásica de Salomón.

Se puede dividir esta colección en dos partes: (a) La sección comparativa, llamada así por el marcado uso de comparaciones, y prohibiciones (capítulos 25-27). Estos proverbios, para conseguir efecto, dependen más de la comparación que del contraste. (b) La sección real que

---

275. Nota en *Santa Biblia Reina Valera 1995, Edición de estudio, op. cit.*, p. 800

presenta temas sobre los pobres, la justicia y el rey (capítulos 28-29). Los proverbios en ambas secciones tienden a ser más largos que los que se encuentran en las colecciones anteriores, son parabólicos en carácter y más fáciles de entender que los anteriores.

1. Lecciones morales (capítulos 25-26)

a. Consejos referentes al rey (25: 1-7). Es la gloria de los reyes escrutar las cosas ocultas. Sin embargo, esto no se refiere a penetrar los secretos de Dios, sino a la obligación que tiene el monarca de conocer las cosas ocultas de los corazones de los hombres, que él tiene que juzgar y asuntos del estado que debe resolver (vv. 1-2). Por otra parte, sus decisiones pueden ser impredecibles y tal vez, aun, desconcertantes (v. 3). Los malvados son comparados con la escoria producida en el refinamiento de la plata; tienen que ser quitados para que el rey pueda gobernar en justicia (vv. 4-5). Ante los reyes, uno debe practicar la humildad para que no sea humillado (vv. 6-7; véase la enseñanza muy similar de Jesús, Lc 14:8-10).

b. Pleitos imprudentes (25:8-10). Salomón advierte acerca del peligro de entrar precipitadamente en pleitos. Los cargos pueden ser refutados por falta de pruebas y el acusador puede ser avergonzado. Es mejor arreglar en privado las disputas y no recurrir a los tribunales (véase Mt 5:25; 18:15-17). Sobre todo, el ofendido debe considerar a su prójimo como amigo y nunca difamar su carácter.

c. El uso apropiado de la lengua (25:11-15). Los sabios de la antigüedad estimaban mucho los dichos elegantes, concisos y acertados. Son como pequeñas manzanas de oro montadas en un fondo de plata (v. 11). Hasta la reprensión puede ser tan elegante que es una bendición al entendido (v. 12). El mensajero fiel es tan animador como frescor de nieve en el calor intenso de la temporada de la cosecha (v. 13). Pero el soberbio jactancioso promete más de lo que es capaz de entregar (v. 14). Palabras dulces y suaves acompañadas de paciencia pueden mucho (v. 15; véase la parábola del juez injusto, Lc 18:1-8).

d. Comparaciones instructivas (25:16-28). Como un exceso de miel produce malestar físico, así el abusar de la hospitalidad de un amigo producirá en él una reacción negativa (vv. 16-17). Un testimonio falso es tan perjudicial como las armas de guerra (18), y confianza «en un traidor en momentos de angustia es como andar con una pierna rota o comer con un diente picado» (19 DHH). El cantar canciones alegres a un corazón triste, es tan incongruente como desnudarse en el tiempo de frío y tan contraproducente como echar vinagre sobre jabón («la llaga», BJ, v. 20). La mejor manera de tratar al enemigo es volver bien por mal y así hacer arder su conciencia (vv. 21-22; véase Mt 5:44-48; Ro 12:20).

25:15 Se aplaca al príncipe. Esta expresión también puede ser traducida, «se persuade al juez» (BJ), «calma el enojo» (DHH), «se convence al gobernante» (NVI). De todos modos, habla sobre el poder de la lengua para romper resistencia.

e. Cuatro personajes indeseables (cap. 26). El proverbista emplea imágenes concretas para describir los males de necios (1-12), de perezosos (13-16), de entrometidos (17-19), de chismosos (20-22) y de lisonjeros (23-28).

26:2b La maldición nunca viene sin causa. «En el mundo antiguo se creía que las **maldiciones** tenían un poder temible (cf. Zac 5:4). Pero si la maldición es injustificada, Dios no puede prestarle atención y, por lo tanto, carece de eficacia».[276]

26:4-5 Nunca respondas al necio... Responde al necio. Pareciera que estos dos proverbios son contradictorios, pero no es así. La contraposición de los dos es intencionada y juega con los dos sentidos de la expresión «de acuerdo con su necedad» o «como merece su necedad». Uno no debe rebajarse al nivel del necio respondiendo a sus necedades (Pr 23:9; Mt 7:6) o discutiendo con él. Por otra parte, conviene a veces dar al necio una respuesta oportuna para exponer su necedad e impedir que se crea sabio.

26:7-9 Como las piernas del cojo... atar la piedra a la honda... espina clavada... El necio es tan torpe que abusa de la poca sabiduría que tiene.

26:25 Siete abominaciones hay en su corazón. El número siete es símbolo de plenitud. Significa muchas intenciones malas. «Su mente está llena de maldad» (DHH).

2. Proverbios sobre asuntos diversos (capítulos 27-29)

27:14 A quien de madrugada bendice en alta voz. El Talmud prohíbe los saludos antes de la oración de la mañana. Sin embargo la expresión «en alta voz» puede indicar que es insincero.

28: 1 Huye el malvado sin que nadie lo persiga. Su conciencia le infunde temor (véase 28:17; Lv 26:17, 36; Sal 118:6).

---

276. *Ibid.*, p. 801

28: 13 *El que oculta sus pecados no prosperará.* El proverbista, tanto como el salmista, muestra la necesidad de reconocer y confesar los pecados. Nótense el dolor físico y sicológico que producen los pecados ocultos (Pr 3:7-8; Sal 32:3). Por otra parte, «el que los confiesa y se aparta de ellos alcanzará misericordia».

28:20 *El que quiere enriquecerse de prisa no estará libre de culpa.* Es probable que emplee medios dudosos para enriquecerse rápidamente.

29: 18 *Cuando falta la profecía, el pueblo se desenfrena* («visiones», BJ; «revelación», NVI). Se refiere a los mensajes de los profetas proclamados bajo el poder del Espíritu.

29:24 *El cómplice del ladrón... oye la maldición pero no le denuncia* (véase Lv 5:1). Se refiere a «la maldición que se pronuncia contra el criminal desconocido o los testigos que siguen ocultos».[277]

F. Dichos de Agur (capítulo 30)

Los capítulos 30 y 31 sirven como apéndices al libro de Proverbios. Es probable que Agur no fuera israelita, sino un sabio gentil, como Etán, el ezraíta y Hemán (1 R 4:31). También sería un prosélito a la religión hebrea pues habla acerca de la «palabra de Dios» (30:5). El vocablo hebreo en el título del poema que traduce «profecía» también puede ser «Massa» (BJ), una tribu ismaelita del norte de Arabia (véase Gn 25:14; Pr 31:1). «Los sabios de aquella región eran famosos en todo el mundo antiguo (c.f. 1 R 5:10; Job 2:11; Jer 49:7)».[278] Se cree que Itiel y Ucal eran sus discípulos.

En este capítulo se encuentra una serie de proverbios numéricos (vv. 15-33). Son muy diferentes a los del resto del libro. El escritor pone los objetos que describe en grupos de dos, tres o cuatro en manera similar a las expresiones que se hallan en Job 5:19; Salmo 62:11; Amós 1:11. [279]

30:2-3 *No tengo entendimiento... No aprendí sabiduría.* Aunque es obviamente una hipérbole, es un hecho bien conocido que cuanto más aprenden los hombres, tanto más se dan cuenta de la cantidad enorme de conocimientos que todavía no han dominado.

30:5-6 *Toda palabra de Dios es limpia...No añadas a sus palabras.* Es obvio que Agur tenía acceso a los escritos sagrados de los hebreos. Al igual que Moisés (Dt. 4:2), él advierte contra añadir a la Palabra inspirada.

---

277. Nota en *Biblia de Jerusalén, op. cit.,* p. 850.
278. Nota en *Biblia de estudio, Dios habla hoy, op. cit.,* p. 821.
279. Ross, *op. cit.,* p. 149.

Es algo que se puede aplicar a los que pretender recibir nuevas revelaciones o añaden tradiciones y nuevos dogmas al cuerpo de la doctrina bíblica.

30:8-9 *No me des pobreza ni riquezas*. Moisés había predicho que Israel olvidaría a Dios cuando hubiera abundancia de alimento y el aumento de su ganado (Dt. 8:12-17; 31:20). Agur nos advierte contra los peligros, tanto de la pobreza como la prosperidad. Pablo aconseja: «teniendo sustento y abrigo, estamos ya satisfechos» (1 Ti 6:5-10)

30:10 *No acuses al siervo ante su señor* («No calumnies a un siervo ante su amo...» BJ). «El esclavo era débil ante la ley y difícilmente se le daría la razón en contra de un ciudadano libre. Su único recurso era proferir una maldición, pidiendo a Dios que él mismo castigue al que le ocasionó el perjuicio».[280] Este versículo indica que Dios es el defensor de los indefensos.

30:17 *El ojo que se burla de su padre...de su madre, sáquenlo los cuervos de la cañada...las crías del águila* («buitre»DHH). Puesto que los cuervos y buitres comen carroña, es probable que este dicho insinúa que el cadáver de un hijo orgulloso y desobediente no sea sepultado sino entregado a estas aves rapaces.

30:19 *Tres cosas me son ocultas...el rastro del hombre en la muchacha* («el camino del hombre en la mujer», DHH). El significado de este dicho no es completamente claro, pero se cree que se refiere al misterio del matrimonio y de la reproducción.

G. Dichos del rey Lemuel (31:1-9)

El rey Lemuel es una figura tan misteriosa como la del sabio Agur. Como éste, Lemuel probablemente no era un israelita, sino un ismaelita, rey de Massa (si la palabra traducida «profecía» significa «Massa»). Su nombre quiere decir, «pertenece a Dios», el cual indica que su madre era una mujer piadosa.

Esta sección tan breve consiste en las enseñanzas de la madre a su hijo real. Ella le aconsejó a no malgastar sus fuerzas con las mujeres, como hizo Salomón (v. 3), no beber vino porque el ebrio olvida la Ley y pervierte el derecho de los afligidos (vv. 4-7), y defender la causa «del pobre y del menesteroso» (vv. 8-9). Por otra parte, recomienda dar bebidas fuertes a los moribundos y deprimidos a fin de que no se acuerden ya de su desgracia (vv. 6-7).

---

280. Nota en *Biblia de estudio Dios habla hoy, op. cit.,* p. 822.

31: 1 *Lo instruyó su madre.* El capítulo 31 hace hincapié sobre el papel e importancia de las mujeres sabias. La reina madre era un personaje influyente en la corte (véasc 1 R 1:11-13; 15:13).

32:2 *Hijo de mis anhelos* («hijo de mis votos», BJ; «respuesta de Dios a mis ruegos», DHH). Ana había hecho un voto a Dios cuando le pidió un hijo (1 S 1:11).

31:3 *No des tu fuerza a las mujeres* («No gastes tu energía con mujeres», DHH)... ***ni tus caminos a las que destruyen a los reyes.*** Advierte contra un harén y una vida inmoral (véase Dt 17:17; Pr 5:8-11; 1 R 11:1-6; Neh 13:26).

31:8-9 *Abre tu boca en favor del mudo... los desvalidos... del pobre y del menesteroso.* El rey representa a Dios como defensor de los indefensos (véase Pr 16:10; Sal 82:3; Lv 19:15; Job 29:12-17; Is 1:17).

Apéndice: Elogio a la mujer ejemplar (31:10-31)

El epílogo es un poema acróstico que elogia a la esposa «virtuosa» o de carácter «ejemplar» (DHH). Corresponde al prólogo (1:1-7) por cuanto describe a la mujer que teme a Jehová (v. 30, 1:7). Por poco tal esposa es la personificación de la sabiduría. Al igual que la sabiduría, ella vale más que «piedras preciosas» (v. 10; véase 3:15; 8:11), y aquel que le encuentra, halla «el bien» (18:22) y alcanza el «favor de Jehová» (8:35).

Alguien ha comentado sobre este poema:

> Proverbios describe un cuadro notable del poder de la mujer, tanto para el bien como para el mal. Concluye con este encantador poema acróstico... acerca de la mujer ideal: responsable, capaz, laboriosa y completamente confiable. No solo su marido, familia y hogar dependen de su provisión y previsión en cuanto a necesidades físicas; le deben su bienestar a un nivel mucho más profundo (11, 12, 26).
>
> Su influencia va más allá de este círculo inmediato para llegar a la sociedad en general (20). Y ella encuentra amplio campo para todos sus dones en las esferas más anchas del comprar y vender y de las transacciones comerciales (16, 18, 24). ¿Dónde está su secreto? En ese mismo «temor a Jehová» en el que tiene sus raíces toda verdadera sabiduría.[281]

---

281. *Manual bíblico ilustrado, op. cit.*, p. 361.

Capítulo 11

Temas importantes de Proverbios

Los Proverbios contienen instrucciones sobre varios temas para guiar en la vida diaria. Hay algunas enseñanzas en este libro que no se aplican al hombre moderno, pero la gran mayoría sí son tan prácticas ahora como antes. Consideraremos algunas de ellas.

A. La sabiduría según Proverbios

1. El concepto de la sabiduría. Al introducir las colecciones de máximas (1:1-7), el escritor emplea varios términos que pueden ayudarnos a definir lo que es la esencia de la sabiduría.[282]

a. Doctrina (heb. «musar» 1:2) es mejor traducido «instrucción» (BJ, DHH) y «disciplina» (NVI). Este vocablo se usa a menudo con otro término, «tokahat» («represión» 1:23; «corrección» 3: 11); así que incluye el elemento de disciplinar. Habla de algo que se adquiere esforzándose, lo que es tanto una cualidad de carácter moral como un conocimiento intelectual. No se obtiene por solo estudiar sino esencialmente, por hacerse discípulo.

b. Conocer razones prudentes («bina», 1:2b; «tebana» 2:2). La idea prominente de estas palabras es «entendimiento», «percepción» o «discernimiento». Se usan muchas veces con la preposición «entre». Por ejemplo, Salomón las une en 1 Reyes 3:9: «discernir entre lo bueno y lo malo». La Biblia de Jerusalén traduce 1:2b así: «para entender los discursos profundos».

c. Prudencia («masquil», 3a), se refiere a «perspicacia», «buen sentido» o «sabiduría práctica». Por ejemplo, Abigail era mujer de «buen entendimiento» en el desenvolvimiento de la situación embrollada de su marido (1 S 25:3). Esta forma de sabiduría tiene que ver con el ejercicio de «justicia, juicio y equidad» (3b).

---

282. Muchos de los pensamientos del capítulo 11 son tomados de Derek Kidner, «Proverbs» en *Tyndale Old Testament Commentaries, op. cit.*, pp. 36-37.

d. Sagacidad («orma»)... **cordura** («meizimma», «discreción», «reflexión»), 4. Esta clase de sagacidad capacita a la persona para prever situaciones y hacer planes para solucionar problemas. Puede ser usada para el bien o el mal. En Génesis 3:1 se describe la serpiente como «más astuto» (sagaz) «que todos los animales del campo». Sin embargo, el contexto indica que la sabiduría de Proverbios es siempre para fines morales.

e. Saber («da'at» «conocimiento»)... **capacidad** («leqah», «aprendizaje»), 5. La palabra (**da'at**) no enfatiza tanto una mente con grandes conocimientos, sino el conocimiento de la verdad y de Dios mismo (2:5; 3:6). La última recalca que la doctrina es algo dado y recibido o adquirido.

La sabiduría en general se refiere a la capacidad de entender las enseñanzas del libro de Proverbios y ponerlas en práctica a toda la vida: a las relaciones humanas, hogar, trabajo, justicia, actitudes, reacciones, decisiones y pensamientos.

2. Cómo obtener la sabiduría. El escritor invita a todo el mundo a venir al banquete de la sabiduría: a los jóvenes, los ingenuos, los sabios, incluso a los necios (9: 1-6). Aunque es gratuita, no es para desperdiciarla; es para «los que caminan rectamente», los «santos de Dios» (2:7-9).

Por otra parte, la sabiduría es una dádiva de Dios: «Porque Jehová da la sabiduría y de su boca proceden el conocimiento y la inteligencia. Él provee de sana sabiduría a los rectos» (2:6-7). Sin embargo, el hombre, tiene que hacer su parte. Debe tener buen concepto de las verdades morales y simpatizar con ellas. Debe hacerse un discípulo de la sabiduría buscándola «como si fuera plata», escuchando atentamente la instrucción y pidiendo su ayuda. Entonces hallará la sabiduría, la que incluye «el conocimiento de Dios» (2:1-5).

El primer paso para encontrar la sabiduría es la conversión, el apartarse del mal: «El principio de la sabiduría es el temor de Jehová» (1:7), «es aborrecer el mal ... la soberbia ... la arrogancia ... el mal camino» (8:13). Es dejar su espíritu de independencia, el «camino que al hombre le parece derecho» (14:12). Pero también es volver a la luz, a Dios mismo. La invitación a la conversión se asemeja a la del evangelio: «venid, comed... bebed... dejad... viviréis... andad» (9:5-6).

Luego requiere hambre y sed continuas para progresar en entendimiento y práctica. No es para la persona que piensa que ya ha alcanzado el éxito: «un hombre que se tiene por sabio... pues más puede esperarse de un necio que de él» (26:12).

B. Los personajes de Proverbios

1. El insensato. En Proverbios, el insensato y el sabio aparecen a menudo contrapuestos. Se presenta este personaje con varios nombres: el ingenuo o «simple» que todavía es dócil y educable, el necio que es endurecido y obstinado, el necio tosco que pasa por alto los principios de orden y decencia, y el escarnecedor que rechaza todo intento de reformarle y se burla de los inteligentes. A veces los términos son intercambiables pero nos conviene distinguir sus roles respectivos.

a. El ingenuo («peti»). Este vocablo se forma de un verbo que significa «engañar» o «seducir», de manera que el ingenuo es una persona crédula, un bobo y fácilmente engañado y manejado. «El ingenuo todo lo cree» (14:15). Él carece de un firme criterio moral y se deja arrastrar fácilmente hacia el mal (7:7; 8:5). También es obstinado e irresponsable: «el desvío de los ignorantes los matará» (1:32). Puesto que es haragán mentalmente, el ingenuo necesita una lección visual para aprender a dejar el pecado: «Hiere al escarnecedor y el ingenuo se hará precavido» (19:25).

El cuadro más vívido y patético del ingenuo se encuentra en el capítulo 7 donde es presentado como un hombre sin experiencia y sin rumbo, la fácil presa de la ramera. Sin embargo, no es un tonto sino una persona cuya inestabilidad puede ser rectificada si acepta la instrucción de los sabios (1:22-32).

b. El necio o insensato es la persona que no busca pacientemente la sabiduría, pues siempre piensa en otras cosas: «Los ojos del necio vagan hasta el extremo de la tierra» (17:24b). Aunque el necio imagina que quiere aprender la sabiduría, no tiene ni la disposición ni el entendimiento para hacerlo (17:16). Confía en sus propias ideas (12:15) y se tiene por sabio, pero de sus labios brotan sandeces (15:2; 12:23). No se da cuenta de que solamente manifiesta su necedad como si fuera un vendedor que despliega su mercadería (13:16). Sus verdades «profundas» son tan traicioneras como las piernas de un cojo (26:7). Tan pronto que él habla, todo el mundo sabe que es necio (17:28; 24:7).[283]

El necio da rienda suelta a su ira (29: 11) y provoca contiendas inútiles (20:30), pero no puede reconocer que no tiene razón ni está dispuesto a aceptar corrección: «La represión aprovecha al inteligente más que cien azotes al necio» (17:10).

La raíz de su problema no es mental sino espiritual. A él le gusta su

---

283. *Ibid.,* pp. 39-40.

necedad y la repite «como perro que vuelve a su vómito» (26:11). No reverencia la verdad sino que prefiere ilusiones cómodas (14:8). La causa verdadera de su problema es que rechaza el temor de Jehová (1:29). Esto es lo que lo hace un necio y lo echa a perder (1:32).[284]

c. El necio tosco («nabal») se refiere al necio cuya mente está cerrada, por lo menos cerrado a Dios como el nabal del Salmo 14:1 o el Nabal, marido de Abigail. Se puede decir del nabal de Proverbios, lo que fue dicho acerca de Nabal, el contemporáneo de David: «El es un hombre tan perverso que no hay quien pueda hablarle» (1 S 25:17). No se le puede hablar porque ha rechazado el primer principio de sabiduría, el temor de Jehová.[285]

d. El escarnecedor. El daño que hace este personaje no es el mal no intencional del necio corriente, sino que pone en tela de juicio los valores morales y espirituales o burlarse de los que los practican. Es un orgulloso y «presuntuoso que actúa con la insolencia de su presunción» (21:24). Él fomenta la contienda y el pleito (22:10), impresiona al simple (19:25; 21:11) pero es «abominable» para los hombres inteligentes (24:9). Como los otros insensatos, el escarnecedor resiste toda corrección (9:7-8; 13:1; 15:12) y esta actitud le impide hacer cualquier esfuerzo para obtener la sabiduría.[286]

2. El perezoso. El proverbista presenta un cuadro vívido del perezoso. Es un dormilón apegado a la cama. «Como la puerta gira sobre sus quicios, así el perezoso se vuelve en su cama» (26:14); se mueve pero no desocupa su lugar. Para aplacar su conciencia acerca de no salir de la casa para trabajar, se dice a sí mismo, «Hay un león en el camino» (26:13).

Lo que él comienza a hacer no lo termina: «El indolente ni aun asará lo que ha cazado» (12:27). La condición de su vida «es como un seto de espinas» (15:19). Así le llega «la miseria como un vagabundo y la pobreza como un hombre armado» (6:11). Finalmente «su deseo» (de ocio y blandura) «lo mata» de hambre (13:4; 21:25-26). Sin embargo, no quiere enfrentar su debilidad sino recurrir a la racionalización, pues «en su propia opinión, el ... es más sabio que siete que sepan aconsejar» (26:16).

3. El buen amigo. El término hebreo «rea», traducido «amigo», significa realmente el prójimo. Se refiere a veces al vecino o aquel con quien el israelita tiene comunión. Por otra parte, Proverbios reconoce que hay

---

284. *Ibid.*
285. Ibid., p. 41.
286. *Ibid.*, p. 42.

personas que son muy amigos y que más valen pocos de éstos, que muchos conocidos. Consideraremos las cualidades de un buen amigo.

a. Fidelidad. Proverbios menciona «amigos» por interés (14:20; 19:4, 6, 7), pero «amigos hay más unidos que un hermano» (18:24b) y el amigo que «en todo tiempo ama» y «es como un hermano en tiempo de angustia» (17:17).

b. Franqueza y sinceridad. «Leales son las heridas que causa el que ama» (27:6); «el hombre que lisonjea a su prójimo le tiende una red delante de sus pasos» (29:5). Durante la vida de Adonías, su padre David «nunca lo reprendió diciéndole: '¿Por qué haces esto?'», y así echó a perder a su hijo (1 R 1:6). Pero el que reprende a su amigo, tiene que esperar un tiempo antes de que sea agradecido (28:23).

c. Consejo y apoyo. En el capítulo 27 se presentan dos caras de la moneda de consejería y comunión entre amigos. Primero, el resultado de fortalecer el uno al otro (27:9) como Jonatán «reconfortó en Dios» a su amigo David (1 S 23:16). El otro aspecto es que, en la conversación estimulante, un amigo aguza al otro: «El hierro con hierro se afila, y el hombre con el rostro de su amigo» (27:17).

d. Consideración y tino. Hay ejemplos en Proverbios de personas que aprovechan de sus amistades (23:1-3). El amigo no debe ponerse alegre cuando su prójimo está afligido (25:20), ni hacer bromas crueles (26:18-19). Tampoco debe abusar de la hospitalidad de su amigo (25:17).

C. La familia

Con el transcurso del tiempo, las modas y los gustos cambian, pero la estructura básica de la vida familiar, sus alegrías y penas, siguen en pie. Los mismos problemas de familia que describe el proverbista, se repiten en la sociedad moderna: maridos infieles, esposas que regañan a sus cónyuges, hijos que no respetan a sus padres y se desvían del camino. «El sabio consejo de Proverbios respecto a lo que propicia una vida hogareña feliz y estable, y respecto a las cosas que la socavan, sigue siendo hoy día igualmente sólido».[287]

1. El marido y esposa. Proverbios presenta un concepto elevado de la familia. Aunque los reyes en Israel practicaban la poligamia, el hebreo corriente era monógamo, y ésto es la norma que se ve en el libro. ¿Cómo lo sabemos? No se encuentra ninguna alusión a los problemas

---

287. «Proverbs» en Manual bíblico ilustrado, op. cit., p. 358.

de poligamia mientras que hay referencias abundantes a los problemas domésticos, tales como la infidelidad de maridos y el regañar de esposas.

En las culturas paganas, la posición de la mujer a menudo era poco mejor que la de una esclava; era un ser dedicado a producir hijos, criarlos y mantener el hogar, pero no una compañera del mismo nivel que el marido. El cuadro no es así en Proverbios. El proverbista exhorta al marido que no solo debe ser fiel («bebe el agua de tu propia cisterna» 5:15), sino también debe alegrarse «con la mujer de tu juventud» y recrearse «siempre en su amor» (5:18-19). El matrimonio es un «pacto de su Dios» y la separación es abandonar «al *compañero* de su juventud, por lo cual se desliza hacia la muerte» (2:17-18, las letras cursivas son nuestras). La palabra hebrea *allup*, traducida aquí «compañero», es siempre un término para amigos muy íntimos (véase 16:28; 17:9; Sal 55:13).[288]

Para el marido de Proverbios, su cónyuge tiene gran importancia: «El que encuentra esposa encuentra el bien y alcanza la benevolencia de Jehová» (18:22). La buena esposa es «corona de su marido, pero la mala es como carcoma en sus huesos» (12:4). Los dos cónyuges comparten la tarea de educar a sus hijos y deben hablarles con una sola voz (1:8-9; 6:20). La estabilidad del hogar depende mucho de la sabiduría constructiva de la esposa: «La mujer sabia edifica su casa» (14: 1). Si la esposa tiene talentos excepcionales, hallará oportunidad amplia para usarlos. La mujer capaz de Proverbios 31:10-12 es administradora, negociante artesana, filántropo y guía de la familia. Su influencia se extiende más allá de su hogar. Sin embargo, su logro más valioso es su contribución a la prosperidad y prestigio de su marido (31:11, 23).

Por otra parte, la «mujer pendenciera» es tan insoportable como «gotera continua en tiempo de lluvia» (27: 15), y «mejor es vivir en un rincón del terrado que con mujer pendenciera en casa espaciosa» (21:9).

El alto concepto de matrimonio en Proverbios, contrasta dramáticamente con el del pecado sexual. La inmoralidad es malgastar las fuerzas que Dios dio a los hombres para fundar la familia, la cual debe estar estrechamente unida y divinamente bendecida (5:9-23). Es un sustituto y una caricatura de la intimidad verdadera y santa del matrimonio (5:19-20), un abandono del honor (5:9; 6:33) y de la libertad (23:27-28). Es malgastar los mejores años de uno (5:9, 11) y posiblemente sus bienes

---

288. Kidner, op. cit., pp. 49-50.

(6:26; 29:3). [289] Es el camino que conduce inexorablemente a la ruina (6:27-29) y aun, hasta la muerte (2:18-19). El proverbista advierte: «¿Pondrá el hombre fuego en su seno sin que ardan sus vestidos? ¿Andará el hombre sobre brasas sin que se quemen los pies? Así le sucede al que se llega a la mujer de su prójimo»(6:27-29).

2. Los padres y los hijos. Es la responsabilidad de los padres enseñar bien a sus hijos desde temprana edad: «Instruye al niño en su camino, y aun de viejo no se apartará de él» (22:6). Le toca tanto a la madre como al padre llevarlo a cabo: «Guarda, hijo mío, el mandamiento de tu padre y no abandones la enseñanza de tu madre» (6:20). Se da por entendido que el padre y la madre están de acuerdo en cuanto a la enseñanza que imparten a sus hijos. El propósito de la instrucción es la transformación interior del corazón. Se pone énfasis en la enseñanza que penetra en el corazón y lo transforma, «porque de él mana la vida» (4:23; véase 4:20-23; 6:20-23; 7:1-4; Mt 12:35).[290]

La disciplina es un factor importante en la educación de los hijos. Uno de los refranes mejor conocidos es: «El que no aplica el castigo aborrece a su hijo; el que lo ama, lo corrige a tiempo» (13:24). Otra máxima exhorta: «No rehúses corregir al muchacho... Castígalo con la vara y librarás su alma del seol» (23:13-14). ¿Por qué ser tan duro con el hijo? Kidner explica:

> El camino (de instruir al niño) tiene que ser duro por dos razones. Primero «La necedad está ligada al corazón del hijo», se necesitan más que palabras para desalojarla (22:15). En segundo lugar, el carácter (en que la sabiduría se encarna) es una planta que crece más robusta rodeándola (véase 15:32, 33; 5:11-12; He 12:11) — y esto desde su edad temprana (13:24) ... «El muchacho consentido», como se puede predecir, solo produce vergüenza (29:15).[291]

En cambio, el proverbista advierte a los padres que no deben castigar al hijo cuando ellos están enojados, ni hacerlo con violencia: «Castiga a tu hijo... pero no se excite tu ánimo hasta destruirlo. El que se deja arrebatar por la ira llevará el castigo, y si usa de violencias, añadirá nuevos males» (19:18-19).

289. *Ibid.*
290. Ross, *op. cit.*, p. 122.
291. Kidner, op. cit., p. 51.

Efesios 6:4 también advierte contra la severidad excesiva de la disciplina paternal; pero la responsabilidad de aplicarla permanece. Proverbios exalta la necesidad de enseñar a los hijos con ternura y con un motivo constructivo (4:3-4).

D. La excelencia del dominio propio

1. El autodominio en general. Proverbios enseña que el dominio propio es necesario en todo aspecto de la vida: en las palabras (15:1; 17:27; 29:20), en el descanso (6:9-11), en la mesa (23:2), en tomar bebidas fuertes (23:31; 31:4-5) y en la ira (29:11). Ross dice: «Si esperamos vivir del modo más noble posible, y prestar el mayor servicio a la humanidad, es preciso que aprendamos a dominar nuestro temperamento, nuestras emociones, nuestra lengua, nuestros apetitos y pasiones...»[292] «Como ciudad destruida y sin murallas es el hombre que no pone freno a su espíritu» (25:28).

2. El control de la ira. ¿Hay lugar para la ira en la vida cristiana? Dios nos dio la capacidad de enojarnos contra el mal, de defendernos de él y actuar para corregirlo. Jesús se indignó con los fariseos a causa de la dureza de su corazón (Mr 3:5) y, airado en el templo, echó fuera a los que lo profanaban (Mt 21:12-13). Decir que Dios es «tardo para la ira» (Neh 19:17), es insinuar que se enoja. Pero casi siempre su ira se vincula con la palabra «misericordioso». El pecado ofende a Dios, pero él es pronto para perdonar al pecador arrepentido.

Por otra parte, las Escrituras en general condenan la ira. No hay otro libro de la Biblia que de un cuadro más gráfico y completo de la naturaleza y consecuencias funestas de esta emoción que Proverbios. El dar rienda suelta a la ira es señal, no solo de falta de sabiduría sino de locura: «el impaciente de espíritu pone de manifiesto su necedad»; «el que fácilmente se enoja comete locuras» (14:29, 17). El iracundo piensa que la expresión violenta de su enojo es señal de la fuerza de su personalidad, pero es lo contrario; indica que es débil: «Mejor es el que tarda en airarse que el fuerte, el que domina su espíritu que el conquistador de una ciudad» (16:32). Alejandro Magno podía conquistar el mundo, pero en un momento de enojo mató a uno de sus más fieles generales y, meses después, murió de una fiebre, consecuencia de sus muchas borracheras.

El hombre que fácilmente pierde la paciencia es el enemigo más

---

grande de sí mismo: «El que se deja arrebatar por la ira llevará el castigo, y si usa violencia añadirá nuevos males» (19:19). El verso anterior indicaría que se refiere a la cólera del padre al castigar a su hijo, y juntos los dos versículos enseñan que es contraproducente disciplinar los niños cuando uno está enojado.

En Proverbios 14:30 se insinúa que el airarse y guardar rencor afecta negativamente tanto el alma como la salud física: «El corazón apacible es vida para la carne». (Estudios modernos de condiciones sicosomáticas confirman la certeza de esta observación antigua.) Lo peor es que «el hombre iracundo provoca contiendas»; y «el furioso, a menudo peca»(29:22). Finalmente, este mal es muy contagioso. El proverbista advierte, «No te unas al iracundo ni te acompañes del irascible, no sea que aprendas sus costumbres y pongas trampa a tu propia vida»(22:24-25).

La contraparte del hombre iracundo es el hombre apacible: «El que tarde en airarse es grande de entendimiento» (14:29), «apacigua la rencilla» (15:18). «La respuesta blanda aplaca la ira» (15:1). Es una persona magnánima: «La cordura del hombre aplaca su furor, y un honor le es pasar por alto la ofensa» (19:11). Dios mismo manifiesta su gran poder principalmente teniendo misericordia y compasión de los pecadores.

El proverbista señala el antídoto del espíritu que no quiere perdonar; es la certeza de que Dios es Salvador y Juez: «No digas ῾yo me vengaré; espera en Jehová y él te salvará» (20:22). Jesús añade: «Bienaventurados los pacificadores, porque serán llamados hijos de Dios» (Mt 5:9).

E. La lengua y palabras

Proverbios recalca mucho el poder de las palabras y del habla, tanto para el bien como para el mal. Se dedican más de 56 versículos, o sea, el espacio de dos capítulos en este libra, a la lengua y las palabras. «Lo que decimos, y como reaccionamos a lo que otros dicen, sea consejo, reprensión, murmuración, o sugerencias tentadoras, delata lo que somos... La lengua es una fuerza incalculable; se necesita ser sabio para dominarla».[293] Tres de las siete abominaciones que se encuentran en 6:16-19 se refieren al abuso de palabras: «la lengua mentirosa», «el testigo falso» y «el que siembra discordia entre los hermanos».

1. El poder de las palabras. «La muerte y la vida están en poder de la lengua»(18:21). Las palabras buenas tienen fuerza para *aplacar* la ira

---

293. *Manual bíblico ilustrado, op. cit.,* p. 358.

(15:1-2); para **persuadir** — «la lengua suave hasta los huesos quebranta» (25:15); para **bendecir** — «Por la bendición de los rectos la ciudad es engrandecida» (11:11); para **preservar vida** — «El testigo veraz salva las vidas» (14:25); para **sanar** — «la lengua de los sabios es medicina» (12:18); para **satisfacer** — «El hombre se sacia con el bien del fruto de su boca» (12:14; véase 13:2).

Por otra parte, la lengua mala y las palabras malas tienen poder para **penetrar** «hasta las entrañas» (18:18); para **hacer** «*subir el furor*» (15:1); para **encubrir el odio** (10:18); para **dañar al prójimo** (11:9); para **herir** – «Hay hombres cuyas palabras *son golpes* de espada» (12:18); para **destruir amistades** – «el chismoso separa a los mejores amigos» (16:28); para **provocar contiendas** (18:6); para **trastornar la ciudad** (11:1) y para el «*quebrantamiento de espíritu*» (15:4).

2. El uso de la lengua. Las expresiones concisas, aptas y elegantes, aunque sean de reprensión, son tan exquisitas como «manzana de oro con figuras de plata» (25:11-12). El hablar mucho, sin embargo, revela el carácter del que habla, por lo tanto, en muchos casos conviene hablar poco porque *el silencio es oro* — «el que ahorra palabras tiene sabiduría…aun el necio, cuando calla, es tenido por sabio» (17:27-18) y «En las muchas palabras no falta pecado; el que refrena sus labios es prudente» (10:19). *Dios oye las palabras que hablamos*: «Los labios mentirosos son abominables para Jehová pero le complace quienes actúan con verdad» (12:22). *El que habla perversidades ser*á *castigado*: «la lengua mentirosa» permanece «solo por un momento» (12:19); «la lengua perversa será cortada» (10:31).

F. Riquezas, pobreza y la caridad

1. El valor de las riquezas. El proverbista nos enseña que no debemos despreciar las riquezas de este mundo. La prosperidad es la recompensa del duro trabajo, diligencia y buena administración (10:4-5). El dinero da al rico cierto sentido de seguridad: «es su ciudad fortificada» (10:15).

Al igual que las otras Escrituras del Antiguo Testamento, Proverbios no distingue entre las bendiciones materiales y espirituales como hace el Nuevo Testamento. «La bendición de Jehová es la que enriquece y no añade tristeza con ella» (10:22). «Riquezas, honra y vida son la remuneración de la humildad y del temor de Jehová» (22:4).

Si las riquezas representan la bendición de Dios, entonces el creyente puede aceptarlas con alegría y acción de gracias, sin manifestar ningún

sentido de culpa por ser rico. Sin embargo, si las obtiene por medios dudosos, «de nada... servirán en el día del juicio» (11:4).

Las riquezas, por más beneficiosas que sean, son limitadas en la escala de valores. Hay muchas cualidades morales y espirituales que son
de mayor valor que ellas: «Mejor es adquirir *sabiduría* que oro fino»
(16:16); «Más vale el *buen nombre* que las muchas riquezas, y la buena
fama vale más que la plata y el oro» (22:1-2); la *integridad* es mejor que
riquezas (28:6); «Mejor es comida de legumbres donde hay *amor*, que
de buey engordado donde hay odio» (15:17); y sobre todo, «Mejor es lo
poco con el *temor de Jehová*, que un gran tesoro con turbación» (15:16).

2. Advertencias sobre riquezas. Proverbios señala que las riquezas
pueden ser pasajeras y el buscarlas puede resultar contraproducente en
muchos aspectos de la vida. Enseña: «No te afanes por hacerte rico: sé
prudente y desiste. ¿Has de poner tus ojos en las riquezas, que son nada?
De cierto se hacen alas como de águila, y vuelan al cielo» (23:4-5). Es
peligroso afanarse por el dinero: «Alborota su casa el codicioso» (15:27).

El ser rico puede ser motivo de muchos males: ser orgulloso, «El hombre rico es sabio en su propia opinión» (28:11); confiar en el dinero en vez
de confiar en Dios, «Las riquezas del rico son su ciudad fortificada: como
un muro defensivo, se las imagina» (18:11); y ser duro con los indigentes,
«El pobre habla con ruegos; el rico responde con dureza» (18:23). El rey
Agur ora: «No me des pobreza ni riquezas, sino susténtame con el pan necesario, no sea que, una vez saciado, te niegue y diga: '¿Quién es Jehová?',
o siendo pobre, robe y blasfeme contra el nombre de mi Dios» (30:8-9).

3. La responsabilidad del rico hacia el pobre. Aunque el proverbista
menciona a menudo las desventajas de ser pobre, nunca indica que la pobreza es una maldición divina: «Mejor es el pobre que camina en su integridad que el rico y de perversos caminos» (28:6). Dios es el Creador tanto del
rico como del pobre y por lo tanto el hombre pudiente no debe despreciar
ni oprimir al indigente (14:21; 17:5; 22:2). Proverbios advierte solemnemente: «No robes al pobre, porque es pobre, ni oprimas al desdichado en
las puertas de la ciudad» («ante los jueces», DHH), «porque Jehová juzgará
la causa de ellos y despojará de la vida a quienes los despojen» (22:22-23).

«Las riquezas en sí mismas no son malas. Usadas para el bien de otros
y para la gloria de Dios, son una bendición».[294] Un préstamo al necesi-
tado será cancelado con intereses por el Señor: «A Jehová presta el que

---

294. Ross, *op. cit.*, p. 140.

da al pobre» (19: 17). Por otra parte: «El que cierra su oído al clamor del pobre tampoco será oído cuando clama» (21:13). Pero es necesario ser generoso para disfrutar de la bendición de Dios: «Hay quienes reparten y les es añadido mas, y hay quienes retienen más de lo justo y acaban en la miseria. El alma generosa será prosperada; el que sacia a otros, también será saciado» (11:24-25). Es una paradoja, pero a la vez, una gran verdad.

Capítulo 12

Introducción a Eclesiastés

El estudioso moderno de la Biblia R.R.Y. Scott observa que «Eclesiastés es el libro más extraño de la Biblia, o por lo menos el libro cuya presencia en los cánones sagrados del judaísmo y del cristianismo es la más inexplicable».[295] Parece que Cantares con su énfasis erótico tampoco armoniza con el espíritu de las otras Escrituras, pero éste puede ser interpretado como una alegoría del amor que tiene Jehová por Israel o el de Cristo hacia su iglesia. Pero en el caso de Eclesiastés, no es posible hacer tal alegorización.

Además, el libro niega o por lo menos ignora algunas de las doctrinas más preciosas de los demás libros de la Biblia. Por ejemplo, no se aprecia que Dios se ha revelado a través de su pueblo, que es conocible y es providente (véase Ro 8:28). Según Cohélet, el autor de Eclesiastés, la muerte acaba con todo y la vida parece ser sin sentido. Él habla desde el punto de vista de un hombre cuya noción de Dios y de las cosas espirituales está limitada al conocimiento «debajo del sol», o sea sin una revelación especial del cielo.

Consecuentemente prevalece en el libro el espíritu de pesimismo y desilusión. La falta de satisfacción que el hombre experimenta en esta vida satura todo el mensaje del predicador. «El autor se presenta a sí mismo no solo como un observador profundo de la frustración innata que acompaña la existencia, 1:8, 14, 15; 5:8, sino también como quien ha experimentado en carne propia todas aquellas cosas que parecieran traer la felicidad pero que al final se convierten en carga, 1: 16-2:11».[296]

Eclesiastés es uno de los libros más difíciles de interpretar porque encierra la mayor cantidad de enigmas. Parece estar lleno de contradicciones. Por un lado se recomienda la religión, el cumplimiento de los mandamientos divinos, la sobriedad, la prudencia y la justicia social. Por

---

295. Scott, «Proverbs, Ecclesiastes» en *The Anchor Bible, op. cit.*, p. 191.
296. Maximiliano Gallardo, «¿Cómo interpretar Eclesiastés?» en la revista Conozca, año 32, No. 4, Octubre-Diciembre, 1992, p. 1.

otro, «se encuentran afirmaciones desconcertantes, que tomadas aisladamente, parecen contradecir a determinados postulantes morales. Por ello se ha acusado al autor de Eclesiastés de epicúreo (hedonista), escéptico, pesimista y fatalista, y aun materialista».[297] En cambio, otros le acusan de ser iconoclasta por excelencia pues demuele a los ídolos de la sabiduría, las riquezas, el poder, el placer, el orgullo, la fama e indica que todo esto es vana ilusión. En efecto el autor no es el uno ni el otro. Afirma reiteradamente que en los goces de la vida debe haber moderación, porque son dones de Dios, y, por consiguiente condena todos los excesos.

¿Quién es el autor? ¿Por qué se incluye Eclesiastés en el canon? ¿Qué mensaje transmite este libro? ¿Cuál es el valor para el creyente actual? Lo que sigue, procura contestar estas preguntas.

A. Nombre, autor y fecha

1. Nombre. El título hebreo para este libro es *Cohélet*, término derivado de la palabra *Qahal* que significa convocar a una asamblea y, por lo tanto, dirigirse a una asamblea. Cohélet se refiere probablemente al «encargado de reunir a la asamblea y de dirigirle la palabra».

En la Septuaginta, o sea, la antigua Versión Griega, el nombre Cohélet se traduce por *Eclesiastés*, vocablo relacionado con la palabra *ekklesia* (asamblea); así que, Eclesiastés equivale aproximadamente a «orador público», «predicador» o «maestro moralista». El autor de Eclesiastés emplea este término para referirse a sí mismo (1: 1, 2, 12; 7:27; 12:8-10). Es probable que el título indique el papel del escritor como líder-maestro en una comunidad de sabios.

2. Autor y fecha. La paternidad literaria presenta problemas complejos. Hasta el tiempo de Martin Lutero, los cristianos lo atribuían a Salomón. Entonces los estudiosos de la Biblia comenzaron a poner en tela de juicio esta idea. Señalaron que los judíos no estaban de acuerdo entre sí en el asunto, atribuyéndolo tanto al rey Ezequías y su compañía de sabios como al rey Salomón.

Aunque no se menciona el nombre de Salomón, el versículo 1:1 parece indicar que éste es el autor: «Palabras del Predicador, hijo de David, rey en Jerusalén». Otros pasajes (1:16-17; 2:6-7) también parecen referirse al monarca que sucedió a David como rey de Israel. Ciertos rabinos sugirieron que Salomón escribió Cantares (énfasis sobre el amor) en su

---

297. «Eclesiastés» en la *Sagrada Biblia Nácar-Colunga* (1959), *op. cit.*, p. 718.

juventud, Proverbios (énfasis en la vida práctica) cuando era maduro, y Eclesiastés (énfasis sobre una ilusión) en su ancianidad (Medrash *Shir Hashirim*, Rabbah 1:1, sección 10).

Esta tradición enseña que después de que Salomón se apartó de Jehová y de su camino y prestó culto a ídolos, se arrepintió. Esto fue al acercarse al fin de su vida. Así que el libro de Eclesiastés es su testimonio sobre la carencia del valor de todos sus logros y riquezas. Se recalca la vanidad de todas estas cosas y la necesidad de temer a Dios y guardar sus mandamientos.

El problema con esta teoría es que no hay ninguna prueba de que Salomón se haya arrepentido. Si lo hubiera hecho, ¿por qué no registraron los escritores sagrados un suceso tan trascendental? Además, Cohélet dice: «Yo...*fui* rey sobre Israel en Jerusalén» (1:12). No hay evidencia de que Salomón haya dejado de ser rey durante su vida. Por otra parte, estudiosos que creen que Cohélet era Salomón, señalan que el verbo hebreo traducido «fui» puede significar también «llegar a ser» — «yo llegué a ser rey» —, pero notamos que ninguna versión de la Biblia lo traduce así. Los proponentes de esa teoría aseveran, además, que es improbable que los autores de los Libros Históricos registraran todos los eventos personales de la vida de Salomón.[298]

Casi todos los eruditos, tanto liberales como conservadores (Hegenstenberg, Delitzsch, Leupold y E.J. Young) ubican esta obra en la época postexilica (430-400 a.C. o aun hacia fines del siglo III a.C.). Desde el período de Lutero se ha pensado que Eclesiastés fue compuesto por un escritor posterior a Salomón, el que unió los pensamientos del gran sabio en la forma que ahora los tenemos. Un editor de anotaciones bíblicas expresa la creencia de muchos, de que la atribución a Salomón «es mera ficción literaria del autor que pone sus reflexiones bajo el patrocinio del más ilustre de los Sabios de Israel».[299]

Algunos de los eruditos más radicales también impugnan la unidad del autor. Suponen que hubo dos, tres, cuatro y hasta ocho manos diferentes. «Pero se va renunciando cada vez más a una partición que parece desconocer el género y el pensamiento del libro.»[300]

Ciertos rasgos lingüísticos parecen indicar que Eclesiastés fue escrito

---

298. G.L. Archer, «Ecclesiastes» en *The Zondervan Pictorial Encyclopedia of the Bible*, Vol. 2, *op. cit.*, p. 187.
299. «Eclesiastés, introducción» en *Biblia de Jerusalén* (1967), *op. cit.*, p. 854.
300. *Ibid.*

por un autor postexílico. Se encuentran neohebraísmos y arameísmos que pueden pertenecer al período posterior al destierro. Además, el autor parece reflejar un ambiente social de decadencia y aburrimiento colectivo. No expresa nada del optimismo y grandeza de los tiempos de Salomón. Por otra parte, el gran erudito, G.L. Archer, piensa que el Cohélet describe condiciones universales desde el punto de vista personal de un filósofo. Atribuye los arameísmos a la influencia fenicia en los tiempos de Salomón, cuando había un gran intercambio comercial entre Israel y las otras naciones, incluso Fenicia. Afirma que ni el fenómeno lingüístico ni otras objeciones constituyen evidencia convincente de que Salomón no es el autor de Eclesiastés.[301]

Otro escritor apoya la tesis de que Salomón era el autor de Eclesiastés: «¿Qué hombre estaba en mejores condiciones que él para pronunciarse acerca de la vida, habiéndola saboreado en su plenitud — poder, fama, riquezas, mujeres, todo lo que cualquier hombre podría desear — y habiendo comprobado lo que era la vida tanto bajo Dios como sin él?»[302]

A pesar de que hay desacuerdo en identificar el autor y fijar la fecha de composición, como sucede con el libro de Job, podemos apreciar en profundidad el contenido del libro.

B. Carácter del libro

Eclesiastés es filosófico en carácter, presentando cuestiones profundas acerca del significado y naturaleza de la existencia humana. Siendo un sabio, Cohélet pone todo su empeño en buscar la verdad y en descifrar los enigmas de la vida. Es Al mismo tiempo un pensador profundamente original que no se contenta con aceptar las ideas de otros o con aprobar sin examen previo los postulados de una tradición.[303]

A la mente moderna, la forma del libro nos parece desarticulada con sus observaciones, refranes y reflexiones sobre la vida, aparentemente sin conexión. «No hay un plan definido, sino que se trata de variaciones sobre un tema único, la vanidad de las cosas humanas, que es afirmada al comienzo y al fin del libro.»[304] Eclesiastés se parece más a un diálogo del autor consigo mismo que un discurso formal. Se contraponen «realidades

---

301. Archer, *op. cit.*, pp. 185-187.
302. «Eclesiastés» en *Manual bíblico ilustrado, op. cit.*, p. 362.
303. «Eclesiastés» en *La Biblia de estudio, Dios habla hoy, op. cit.*, p. 854.
304. *Biblia de Jerusalén, op, cit.*, p. 854.

opuestas, tales como la vida y la muerte, la sabiduría y la necedad, la riqueza y la indigencia, el despotismo y la absoluta falla de poder.»[305]

C. Pensamiento de Cohélet

Como explorador, Cohélet busca el significado de su existencia y examina la vida «debajo del sol», desde todo punto de vista, para ver dónde se encuentra la felicidad. Descubre que todo es «vanidad» (*hibel*, término hebreo que «designa todo aquello que es vacío, inconsistente y fugaz como un soplo, la niebla o una ráfaga de viento»). [306]

Así es con la búsqueda de la sabiduría, el placer, la riqueza, la fama y hasta el significado de la vida misma. Todo esto no es más que una «serie de actos incoherentes y sin importancia (3:1-11), que concluye con la vejez (12:1-7), y con la muerte; ésta afecta igualmente a sabios y necios, ricos y pobres, animales y hombres (3:14-20)».[307] En la vida, los días del hombre son dolorosos, en la muerte, todo queda atrás. Por tanto, mejor es el día del fallecimiento que el del nacimiento (7:1).

Como Job, Cohélet observa también que la justicia se malogra en esta vida: «Hay justos a quienes sucede como si hicieran obras de impíos, y hay impíos a quienes acontece como si hicieran obras de justos» (8:14). Tampoco aprovechan al hombre el culto, la rectitud y la piedad: «He visto a los inicuos sepultados con honra; más los que frecuentan el lugar santo fueron luego puestos en olvido en la ciudad donde habían actuado con rectitud» (8:10).

Sin embargo, Cohélet trata de cobrar consuelo señalando los «modestos goces» que ofrece la vida (3:12-13; 8:15; 9:7-9), pero el misterio del más allá queda sin vislumbre de solución.

No obstante que el predicador tiene poca luz sobre Dios y sus caminos, no es incrédulo. Para él, Dios es el Creador (12:1) y la responsabilidad mayor del hombre se sintetiza así: «Teme a Dios, y guarda sus mandamientos» (12:13). Sigue quedando desconcertado ante la manera en que Dios dirige los asuntos humanos, pero afirma que el Señor no tiene por qué rendir cuentas (3:11, 14; 7:13), que el hombre debe aceptar de su mano lo malo como lo bueno (7:14), y que todos tendrán que ser juzgados (11:9).

305. «Eclesiastés» en *La Biblia de estudio, Dios habla hoy, op. cit.,* p. 825.
306. Nota en *La Biblia de estudio, Dios habla hoy, op. cit.,* p. 826.
307. *Biblia de Jerusalén, op. cit.,* p. 854.

D. Propósito e interpretación

Eclesiastés por poco fue rechazado como libro canónico cuando los rabinos eruditos revisaron la lista hebrea de las Escrituras Sagradas en Jamnia en 90 d.C. Al lector del libro, le choca lo que le parecen el escepticismo y pesimismo de Cohélet. También se critica porque a menudo produce la sensación de materialismo, fatalismo y desilusión. No alimenta fe y esperanza como otros libros de la Biblia.

Entonces, ¿por qué fue incluido en el canon? ¿Cuál es el mensaje de Eclesiastés que justifica su lugar entre los Escritos inspirados? ¿Cuál es el propósito valioso del libro? Estudiosos de la Biblia sugieren algunas teorías.

1. El libro refleja el pesimismo de un hombre que no guardó una comunión óptima con Dios. Según esta interpretación, Cohélet había descuidado a Dios con el fin de entregarse totalmente a la búsqueda de las cosas que agradan al hombre natural. «Siente, pues, cierta amargura de corazón, la que resulta de los recuerdos de aquellos momentos cuando llegó a la conclusión de que tal y tal actividad era vana. Además, escribe desde el punto de vista de la vejez después de haber desperdiciado sus energías, sus talentos y su tiempo en aquello que era vacío, aparte del servicio de Dios ... él tiene su conciencia intranquila con respecto a Dios, con remordimientos tocante a su vida mal gastada.»[308]

2. El libro es un intento de adaptar mutuamente la religión tradicional de los hebreos al pensamiento contemporáneo de la época de Cohélet. Esta teoría moderna ubica a Cohélet en el período helenístico de la historia de los judíos. C. Cornhill comenta: «En ninguna otra parte ha gozado la piedad del Antiguo Testamento un mayor triunfo que en el libro de Cohélet». Simultáneamente, en su cabeza Cohélet era griego y en su corazón un judío.[309] Sin embargo, lo que Cornhill quiere decir, según Derek Kidner, es que la fe hebrea coexistía con las ideas griegas, las dos son realmente incompatibles.[310]

G. Von Rad, erudito racionalista contemporáneo, describe Eclesiastés como «una escéptica nota marginal sobre la tradición de los sabios». Según él, este escepticismo había resultado en la pérdida de la fe hebrea en la intervención de Dios referente a la historia de Israel. Puesto que la voluntad divina ya era algo incognoscible para Cohélet, la única línea de

---

308. Gillis, *op. cit.*, p. 425.
309. C. Cornhill, *Introduction to the Canonical Books of the Old Testament* (s.l.: s.n., 1987), pp. 451, 455.
310. Derek Kidner, *An Introduction to Wisdom Literature*, op. cit., p. 110.

conducta que le quedaba para tomar, era aceptar las cosas buenas que Dios le ofrecía y no contar con nada más en el futuro.[311] Esto resulta en un moderado hedonismo, «Comamos, bebamos, porque mañana moriremos» (1 Co 15:32).

3. El libro refleja la visión de un creyente que procura encontrar sentido a la vida en el marco de la revelación limitada que poseía. Cohélet intenta descifrar el enigma de la existencia apoyándose exclusivamente en su propia experiencia y en sus propios razonamientos. Él ve las cosas con tanto realismo pero las interpreta como un observador «bajo el sol». Queda al Nuevo Testamento el revelar la dimensión eterna de las cosas, el cual esclarece los misterios y las aparentes contradicciones de la existencia humana.

4. El objetivo divino de Eclesiastés es apologético preparando el camino para el Nuevo Pacto. Es el libro que más que otro escrito sagrado, habla al hombre moderno que se caracteriza por secularismo, materialismo, hedonismo, agnosticismo y aburrimiento. Demuestra la vanidad de todas las cosas «debajo del sol». También señala cuán parcial e inadecuada es la revelación del Antiguo Testamento.

El Nuevo Testamento coincide con la observación de Cohélet sobre la vanidad de todas las cosas «debajo del sol»: «La creación fue sujeta a vanidad» y «gime a una» (Ro 8:19-22). La búsqueda para tener sentido y felicidad en la vida encuentra su respuesta solo en Aquel que dijo: «Cualquiera que bebiere de esta agua, volverá a tener sed; mas el que bebiere del agua que yo le daré, no tendrá sed jamás» (Jn 4:13-14).

Delitzsch observa: «Desde los montones de ruinas, Cohélet demuestra cuán necesario es que se abran pronto los cielos por encima de la tierra.»[312] Quiere decir que solo una revelación especial puede disipar las tinieblas en las cuales existe el hombre «debajo del sol», y solo una «nueva criatura» puede ver las cosas por encima de la tierra.

Según este concepto, Cohélet nos lleva desde una filosofía de la vida a otra y muestra que todas resultan en vanidad, en el intento de atrapar el viento. Sin embargo, fe en la justicia de Dios es el «hilo de Adriane» por el cual Cohélet, por fin, sale ileso del laberinto de su escepticismo (Delitzsch).

Kidner considera que el propósito de Cohélet, sea consciente o inconsciente, fue explorar implacablemente los hechos de la vida y la

---

311. G. Von Rad, citado en Kidner, *op. cit.*, p. 111.
312. Franz Delitzsch, *Canticles and Ecclesiastes*, p. 184, citado en Kidner, *op. cit.*, p. 114.

muerte, y esto desde todos los aspectos. Se toma a veces por escéptico o pesimista porque su evaluación siempre es «vanidad de vanidades» o sea, «futilidad absoluta.»[313] G. S. Hendry confirma esta interpretación:

El melancólico refrán «Vanidad de vanidades, todo es vanidad», no es su veredicto sobre la vida en general, sino solamente del intento mal dirigido de considerar al mundo creado como un fin en sí mismo... Su preocupación inmediata es la de eliminar toda esperanza falsa o ilusoria que domine la mente de los hombres, y de la cual deben ser liberados antes de introducirlos a la esperanza que es firme y segura.[314]

En la conclusión, encontramos la verdad obvia de todos los sabios de la Biblia, que el temor al Señor es el principio de toda sabiduría. Pero Cohélet espera hasta el fin de su obra para traernos a este punto; lo hace cuando estamos desesperados por encontrar una respuesta. Hay pistas aquí y allá a través del libro, pero su enfoque es otro: él intenta descubrir hasta cuál punto irá el hombre que no tiene esta creencia. Se pone a sí mismo y a nosotros también en el lugar de un humanista o secularista, no en la posición de un ateo pues el ateísmo no era popular en aquel entonces, sino en la posición de una persona cuyo punto de vista comienza con la visión de una persona de poca comprensión de Dios.[315]

Entonces, el propósito del libro será demostrar cuán vacía es la vida del hombre «bajo el sol» (sin una revelación de Dios) y llevarle a levantar sus ojos por encima del sol (Dios).

Esta es la interpretación que aceptamos como la más correcta.

E. Pautas orientadoras en la interpretación de Eclesiastés

El profesor en seminarios bíblicos, Maximiliano Gallardo Pino, sugiere algunas pautas que pueden servir bien para comprender el mensaje de Cohélet.[316]

1. Entender el mensaje del libro considerando su posición dentro del movimiento progresivo que tiene la revelación. Recordemos que el Predicador tiene una noción limitada de Dios y del plan de salvación que ha

---

313. Derek Kidner, *The Message of Ecclesiastes* (Leicester, Inglaterra y Downers Grove, IL, USA: Intervarsity Press, 1976), p. 14.
314. G.S. Hendry, «Eclesiastés, introducción» en *Nuevo comentario bíblico, op. cit.*, p. 428.
315. Kidner, *The Message of Ecclesiastes, op. cit.*, p. 14.
316. Maximiliano Gallardo, *op. cit.*, p. 1

de ser totalmente conocido en el Nuevo Testamento. Aquí entonces hay que tener presente que las enseñanzas del Nuevo Testamento interpretan las del Antiguo.

2. Es importante tener en cuenta que Cohélet presenta la contradicción de la existencia humana en todos sus aspectos. El autor alaba el alcanzar sabiduría y al mismo tiempo presenta los problemas de ser demasiado sabio (2:13; 7:19; 1:18; 7:16). Por otro lado se presenta la vanidad del trabajo y a la vez se exhorta a alegrarse en el trabajo (2:21, 22; 2:24, 25). También se plantea la inseguridad de conocer lo que hay más allá de la muerte y luego se afirma la fe en el destino del espíritu del hombre (3:21, 22; 12:7).

3. El Predicador plantea sinceramente sus aprensiones y opiniones frente a la vida tal como él la percibió. Ese libro es uno de los que reflejan como ninguno la personalidad e inquietudes existenciales de su autor. Mucho de lo que él presenta son visiones localistas a las que no debe dárseles carácter universal. Desde esa perspectiva se deben considerar, por ejemplo, sus declaraciones sobre las riquezas (6:1, 2), las mujeres (7:27, 28) y la adolescencia (11:9, 10).

F. Las joyas de la sabiduría de Cohélet

Se encuentran en Eclesiastés dichos y proverbios que han sido incorporados en una forma u otra en el habla del mundo occidental y especialmente en la comunidad cristiana. Expresan vívidamente verdades tan universales y contundentes que vale la pena anotarlas aparte.

* Nada hay nuevo debajo el sol, 1:9
* Todo tiene su tiempo, 3:1
* (Dios) Todo lo hizo hermoso en su tiempo, y ha puesto eternidad («lo infinito», DHH) en el corazón del hombre, 3:11
* Mejor son dos que uno... Porque si caen, el uno levantará a su compañero, 4:9
* Mejor es el muchacho pobre y sabio que el rey viejo y necio, 4:13
* Mejor es no prometer que prometer y no cumplir, 5:5
* Dulce es el sueño del trabajador... pero al rico no le deja dormir la abundancia, 5:12
* Desnudo salió del vientre de su madre y así volverá... sin ningún provecho de su trabajo que llevarse en la mano, 5:15
* Ciertamente las muchas palabras multiplican la vanidad, y eso de nada le sirve al hombre, 6: 11

- Mejor es oír la reprensión del sabio que la canción de los necios, 7:5
- Mejor es el fin del negocio que su principio, 7:8
- Si no se ejecuta enseguida la sentencia para castigar una mala obra, el corazón de los hijos de los hombres se dispone a hacer lo malo, 8:11
- Mejor es perro vivo que león muerto, 9:4
- Todo lo que te venga a mano para hacer, hazlo según tus fuerzas, 9:10
- Mejor es la sabiduría que la fuerza, 9: 16 (Más vale maña que fuerza — forma popular.)
- El que haga un hoyo caerá en él, 10:8
- Por la pereza se cae la techumbre, 10:18
- Echa tu pan sobre las aguas; después de muchos días lo hallarás, 11: 1
- El que al viento observa, no sembrará, y el que a las nubes mira, no segará, 11:4
- Acuérdate de tu Creador en los días de tu juventud, antes que vengan los días malos, 12:1
- El espíritu vuelve a Dios que lo dio, 12:7
- Teme a Dios y guarda sus mandamientos, porque es el todo del hombre, 12: 13

G. Bosquejo de Eclesiastés
A. El Prólogo 1:1-11
  1. Título y tema 1:1-3
  2. Vanidad de la naturaleza y la vida 1:4-11
B. Experiencias de Cohélet 1:12-2:26
  1. Vanidad de la ciencia 1:12-18
  2. Vanidad de los placeres 2:1-11
  3. Vanidad de la sabiduría 2:12-26
C. Aprovechando las oportunidades de la vida 3:1-4: 16
  1. La soberanía de Dios 3:1-15
  2. Desórdenes sociales 3:16-4: 8
  3. La unión hace la fuerza 4:9-12
  4. La sabiduría no está en la edad 4:13-16

D. La futilidad del personalismo 5:1-6:12
  1. Deberes para con Dios 5:1-7
  2. Paradojas de la vida 5:8-9
  3. La vanidad de las riquezas 5:10-6:9
  4. El destino es determinado 6:10-12
E. Sabiduría 7:1-12:8
  1. Lo que es mejor 7:1-14
  2. Evitando los extremos 7:15-24
  3. La búsqueda de sabiduría 7:25-8:1
  4. Sabiduría en la corte del rey 8:2-5
  5. La ley divina es inexorable 8:6-8
  6. Desigualdades de la vida 8:9-9:1
  7. La muerte, destino de todos 9:2-6
  8. El goce de la vida frente a la muerte 9:7-10
  9. La sabiduría es buena pero inadecuada 9:11-18
  10. Una colección de proverbios 10:1-20
  11. Un llamamiento a la acción 11:1-6
  12. Consejos a los jóvenes 11:7-12:8
F. Conclusión 12:9-14
  1. Propósito del autor 12:9-12
  2. El deber supremo del hombre 12:13-14

Capítulo 13

El pesimismo del hombre debajo del sol

Eclesiastés 1 — 12

A. El prólogo (1:1-11)

1. Título y tema (1:1-3). El predicador se identifica con Salomón, el sabio por excelencia, sea ése, o el «hijo de David» o una personificación de él. Empieza presentando el tema de su obra: «Vanidad de vanidades, todo es vanidad». ¿Qué provecho obtiene el hombre «debajo del sol» de todo su trabajo? Ninguno. Su vida es transitoria, vacía y carente de significado.

2. Vanidad de la naturaleza y la vida (1:4-11). Se señala el determinismo en la naturaleza, marco de la existencia humana. Todo en ella «está en constante movimiento, pero de ese continuo ir y venir no resulta nada nuevo, porque cada movimiento, una vez que llega a su término, recomienza su curso y se repite incansablemente el mismo ciclo».[317] En vez de inspirar la admiración y adoración de parte de los hombres, como en el caso de Job y el salmista (Job 38-40; Sal 104), este fenómeno solo provoca aburrimiento y hastío en la humanidad.

No solamente los movimientos de la naturaleza son monótonamente repetitivos sino que también lo son las experiencias del hombre. El ir y venir de las generaciones, la búsqueda incesante de satisfacción, el rehacer de lo hecho y el olvido de lo pasado, indicarían que todo es sin sentido y fatigoso.

B. Experiencias de Cohélet (1:12-2:26)

1. Vanidad de la ciencia (1: 12-18). El autor busca sabiduría más que ningún otro. Llega a tres conclusiones. Primero, que es Dios (Elohim, único nombre de la deidad que se usa en Eclesiastés, y recalca su soberanía absoluta) quien ha puesto en el hombre el deseo inquieto de investigar el significado de todas las cosas (v. 13). (Por lo tanto, razonamos, que esta inquietud debe impulsarnos a acercarnos a Dios, que es el último fin

---

317. Nota en *Santa Biblia Reina Valera 1995, Edición de estudio, op. cit.*, p. 810.

de existir.) La segunda conclusión es que el hombre está frustrado en su deseo de alcanzar lo que es inalcanzable. Su esfuerzo es «vanidad» inútil y «atrapar vientos» (vv. 14, 17; véase 2: 11, 17, 26; 4:4, 6, 16; 6:9).[318] La conclusión final es que, a la luz de la condición fijada de todo, es poco lo que el hombre puede hacer. Lo que es torcido sigue torcido y no puede ser enderezado (v. 15; 7:13). El hombre puede analizar y evaluar pero no puede alterarlo.[319]

En los versículos 16 al 18, el predicador dialoga consigo mismo. Se dedica a conocer tanto la sabiduría como «la locura» y «los desvaríos», v. 17. En vez de resolver sus problemas, el mucho pensar, los complica. El aumento de la ciencia resulta en el aumento de pena. Un comentarista explica por qué:

> El *conocimiento especulativo de los caminos del hombre* (vv. 13, 17), el que, cuanto más avanza, más dolor motiva a uno cuando se da cuenta de cuán «torcidos» y «faltos» son (v. 15; cap. 12:12).[320]

2. Vanidad de los placeres (2:1-11). Al no encontrar satisfacción adecuada en las actividades de un pensador, Cohélet, sin renunciar a la sabiduría, busca placer en la sensualidad, en el lujo y riquezas, y en los logros de la empresa humana. Revive las experiencias de Salomón (1 R 7-10). No se niega ninguna cosa a sí mismo (v. 10). Tampoco pregunta acerca de la moralidad de su conducta «sino acerca de su capacidad o incapacidad para colmar las aspiraciones más profundas del corazón.»[321] Aunque tales actividades proporcionan placer inmediato, a la larga son tan decepcionantes como la sabiduría. La conclusión del predicador es que «todo es vanidad y aflicción de espíritu, y sin provecho debajo del sol».

3. Vanidad de la sabiduría (2: 12-26). Cohélet vuelve a reflexionar sobre la sabiduría. Aunque ésta es muy superior a la necedad — el sabio tiene ojos mientras el necio anda en la oscuridad — posee sus limitaciones. Tanto el necio como el sabio es mortal y muere. El aniquilamiento común de ambos, priva a la vida de todo significado: ambos serán olvidados (vv. 15-16).

El trabajo de uno es en vano pues la persona, al morir, tiene que

---

318. Carl Schultz, «Ecclesiastes» en *Evangelical commentary of the Bible, op. cit.*, pp. 437-438.
319. *Ibíd.,* p. 438.
320. Jamieson, Fausset y Brown, *op. cit.*, p. 516.
321. Nota en *Santa Biblia Reina Valera 1995, Edición de estudio, op. cit.*, p. 811.

dejar sus bienes o proyectos a otro, el cual nunca ha trabajado en ello. El heredero puede ser sabio o necio, digno o indigno, agradecido o malagradecido, y el producto de las labores puede ser mal gastado y su proyecto estropeado. Así que el trabajo de uno resulta en pura preocupación y fatiga, algo en vano e inútil (vv. 20-23).

Por otra parte, Dios tiene reservado para los hombres los pequeños goces de la vida cotidiana, como el comer, el beber y la satisfacción por el trabajo bien cumplido.[322] Aunque son pasajeros, son reales y nos conviene disfrutarlos alegremente (v. 25). La observación de Cohélet concuerda con las palabras de Santiago: «Toda buena dádiva y todo don perfecto desciende de lo alto, del Padre de las luces» (1:16). Solo en Dios la vida tiene significado y verdadero gozo; sin él, no hay nada que pueda satisfacer profundamente.

C. Aprovechando las oportunidades de la vida (3:1-4:16)

1. La soberanía de Dios (3:1-15). Según el predicador, todo lo que acontece, incluyendo la actividad humana, es parte de un ciclo determinado.[323] La expresión «todo tiene su tiempo» no indica que hay un momento oportuno para cada actividad, sino que las estaciones y tiempos han sido establecidos por Dios. Al igual que los movimientos monótonos del sol son fijados, los sucesos en la vida humana son todos predeterminados. Cohélet cree que todo es de Dios. Afirma:

> Todo lo que Dios ha hecho permanecerá para siempre. No hay nada que añadirle ni nada que quitarle; Dios lo ha hecho así, para que ante él se guarde reverencia. Nada existe que no haya existido antes, y nada existirá que no exista ya. Dios hace que el pasado se repita. (3:14-15, DHH).

Hay dos reacciones al fatalismo de esta noción: la del autor y la del cristiano. Cohélet se desespera y protesta por el control absoluto de Dios sobre la vida. Si todo marcha igual a pesar de los esfuerzos del hombre, el trabajo afanoso es inútil. No queda, pues, otra cosa sino gozar los bienes y hacer bien (vv. 12-13).

En contraste, los creyentes que recalcan el control directo de Dios en todas las cosas, encuentran en esta doctrina la base de su confianza

---

322. *Ibid.,* p. 812.
323. Robert Laurin, «Ecclesiastes» en *The Wycliffe Bible Commentary, op. cit.,* p. 5

en el buen porvenir. Si todo es controlado por Dios, entonces hay propósito y significado en la vida. Puesto que «todo tiene su tiempo», el creyente puede sentirse seguro. En vez de desesperarse, él puede regocijarse: «Todo lo hizo hermoso en su tiempo» (v. 11). «En tu mano están mis tiempos» (Sal 31:15).

Por otra parte, hay cristianos que creen que Dios, en su soberanía, da al hombre libertad para elegir su propio curso de acción. Señalan que muchos relatos bíblicos y la experiencia humana, indican que el éxito de una decisión depende tanto de las circunstancias como de la libertad humana. Es decir, se rechaza el fatalismo del predicador. Dicen que es doctrina del hombre natural.

Con gran certeza, Cohélet observa que Dios «ha puesto eternidad en el corazón del hombre» (v. 11). ¿Qué quiere decir esta frase? En primer lugar, significa que en lo más profundo de su ser el hombre tiene el anhelo de comprender el esquema de Dios en el universo y particularmente eso en la vida humana. Por más que se esfuerce para conocer los caminos de Dios, éstos quedan en misterio, un enigma indescifrable. En segundo lugar, la observación sugiere que, aunque la hechura de Dios es «hermosa», sus satisfacciones son relativamente pocas. Puesto que fuimos creados para la eternidad, las cosas de un mundo de tiempo y espacio no pueden satisfacernos completa y permanentemente. El conocimiento del hombre debajo del sol no basta; tiene que haber una revelación desde más allá del sol.

2. Desórdenes sociales (3:16-4:8). Hay grandes injusticias, opresión y corrupción en la vida, pero Dios ha establecido un tiempo para el justo juicio (3:16-17). El Señor tolera la maldad para demostrar a los hombres que son como los animales, y que tienen que morir. La presencia de la injusticia y la mortalidad del hombre señalan que el hombre no es diferente de la bestia. Puesto que no tiene control sobre su vida y no sabe lo que le pueda ocurrir, después de la muerte, le conviene disfrutar de su trabajo y no preocuparse del futuro (3:18-22).

Un autor sintetiza Eclesiastés 4:1-8:

Son tales las opresiones en la vida que es mejor estar muerto; y es mejor no haber nacido (1-3). Los hombres se agotan con el trabajo, tratando de superarse el uno al otro, nunca deteniéndose a preguntar para ello (4-8).[324]

---

324. «Eclesiastés» en *Manual bíblico ilustrado, op. cit.*, p. 363.

En esta sección aparecen algunos pensamientos que aparentemente contradicen las reflexiones del predicador en otras partes del libro. Él afirma en 3:1-15 que todas las actividades humanas son gobernadas por Dios, pero aquí nota las injusticias, que indican lo contrario (3:16). Aquí pone en tela de juicio la inmortalidad del espíritu del hombre (3:18-21), pero afirma en otra parte que «el espíritu vuelve a Dios que lo dio» (12:7). En esta sección opina que la suerte del que muere, o aun la del que nunca ha nacido, es mejor que la del hombre que vive (4:2-3), pero en otra parte dice: «mejor es perro vivo que león muerto» (9:4).

¿Qué significa esto? Demuestra que, aparte de una revelación de Dios, el hombre no puede estar seguro acerca del significado de los problemas más profundos. El hombre natural anda a tientas como un ciego. Sus conclusiones pueden alternar entre el agnosticismo y la esperanza, entre el pesimismo absoluto y la fe.

Las expresiones agnósticas y pesimistas tienden a desaparecer paulatinamente y los pasajes de esperanza llegan a ser más positivos. Debemos también estar conscientes de que el agnosticismo de Cohélet, presenta solamente un aspecto de su posición.

A partir de este punto las observaciones y pensamientos del autor se encuentran entremezclados con enseñanzas y consejos, en la forma proverbial que adopta «el sabio».[325]

3. La unión hace la fuerza (4:9-12). Cohélet se dirige al hombre solitario señalándole las ventajas del compañerismo: apoyo mutuo, calor, protección y fuerza. Aunque ha condenado un espíritu de competición entre los hombres (4:4), aquí recomienda uno de cooperación. Un «cordón de tres dobleces no se rompe pronto» (v. 12) parece indicar que tres personas que colaboran juntas es aun mejor que dos. Se puede aplicar este dicho al hogar. La unión matrimonial de dos personas se fortalece con la presencia de la tercera, el Señor mismo. «Con Cristo en la familia, qué feliz hogar».

4. La sabiduría no está en la edad (4:13-16). Los sabios de la antigüedad ponen mucho énfasis sobre la capacidad de dar y recibir consejos. Al monarca le era mejor ser un joven pobre que un rey viejo que no quiere ser aconsejado. Aunque ha experimentado pobres y años en la cárcel, el rey no ha aprendido nada de sus años de padecimiento (vv.

---

325. *Ibid.*

13-15). Cuando era joven tampoco se dio cuenta de que la popularidad a menudo es transitoria pues la gente es voluble.

D. La futilidad del personalismo (5:1-6:12)

1. Deberes para con Dios (5:1-7). El tema de esta sección es la vanidad de una religión superficial. Cuando un adorador va al templo no debe ofrecer sacrificios de la misma manera como hace la gente insensata, sino debe escuchar. El predicador no habla contra hacer sacrificios, sino afirma que el propósito primordial de ir al templo es para «escuchar». Este término en el hebreo se refiere tanto a escuchar como obedecer. Samuel dijo a Saúl: «Mejor es obedecer que sacrificar» (1 S 15:22). El contraste es entre el adorador obediente y el necio con corazón no arrepentido. La Biblia de Jerusalén parafrasea la admonición así: «Acercarse obediente vale más que el sacrificio de los necios, porque ellos no saben que hacen mal».

Tampoco el adorador debe hablar mucho en el templo; más bien debe sopesar sus palabras a Dios. Jesús advierte contra «vanas repeticiones» (Mt 6:7). Pocas palabras sinceras del adorador valen más que las oraciones interminables y elocuentes de los que hacen alarde de su espiritualidad. También, como una noche de sueños es el resultado de demasiada preocupación con los asuntos de uno, así el hablar cosas sin sentido es la consecuencia de apresurarse con palabras en oración (vv. 2-3).[326]

El tercer consejo de Cohélet se refiere a cumplir puntualmente las promesas hechas a Dios (vv. 4-7; véase Nm 30:3-16; Dt 23:21-23). Se puede interpretar el «ángel» (o mensajero) del versículo 6 como el sacerdote que espera el cumplimiento del voto. La excusa de ignorancia no sirve para evitar el juicio de Dios. El adorador debe tener mucho cuidado para que su boca no le haga pecar (v. 6). Aunque la lengua es un «miembro pequeño», «contamina todo el cuerpo» (Stg. 3:5-6). Se repite la comparación entre palabras insensatas y sueños irreales. Termina el pasaje exhortando al lector a reverenciar a Dios, una actitud indispensable de la sabiduría clásica (1:7).

2. Paradojas de la vida (5:8-9). El autor vuelve a tratar el tema de la injusticia (véase 3:16-22) y opresión (véase 4:1-3). La situación que presenta es la jerarquía de una burocracia en que hay un excesivo número de funcionarios en distintos niveles. Los del nivel más bajo del gobierno son explotados por los del nivel inmediato, por encima de ellos. Estos

---

326. Robert Laurin, *op. cit.*, pp. 589-590.

oficiales, a su vez, caen víctimas de los del nivel más alto que el de ellos. Así los funcionarios a varios niveles son oprimidos por los que tienen puestos más altos. La burocracia, en lugar de favorecer el buen gobierno, no hace otra cosa que oprimir al pueblo.

3. La vanidad de las riquezas (5:10-6:9). En esta sección, Cohélet no censura satíricamente a los ricos (como hacen los profetas) sino al dinero, bien o mal adquirido, bien o mal empleado. No es garantía en la vida, ni fuente de felicidad. Esta crítica prepara la enseñanza evangélica del desprendimiento (véase Mt 6:19-21, 24, 25-34).[327]

El pasaje 5:10-12 presenta tres dichos acerca del dinero: (a) Arruina al que lo ama pues el deseo por él es insaciable; cuanto más se gana tanto más aumenta el deseo para tener más, v.10; (b) es difícil acumularlo, porque con el aumento de bienes hay aumento de los que los consumen, v. 11; y (c) el trabajador puede dormir, pero las preocupaciones que acompañan las riquezas del adinerado le quitan el sueño, v. 12.

Empleando el caso hipotético de un avaro mezquino, el predicador menciona tres males graves que pueden sufrir los que acumulan riquezas (vv. 13-17): (a) El dinero guardado para el dueño puede perderse en un mal negocio; (b) consecuentemente no quedará nada para su hijo, y (c) el pobre mezquino tiene que dejar este mundo sin poder llevar consigo nada de sus bienes. «Como salió del vientre de su madre, desnudo volverá» (5: 15, BJ), y ésto, después de comer «en oscuridad, pena, fastidio, enfermedad y rabia» (BJ) para acumular el dinero.

En contraste con el ejemplo del avaro mezquino, el hombre sensato considera que los bienes son un don de Dios para disfrutar alegremente de esta vida. «Bueno es comer y beber, y gozar de los frutos de todo el trabajo con que uno se fatiga» (v. 18).

Por otra parte, Cohélet se lamenta sobre el hombre infeliz que tiene, no solo riquezas y bienes sino honra (posición), pero Dios no le permite disfrutar de ello; «lo disfrutan los extraños». Aunque tuviera cien hijos y viviera mil años, pero no hubiera aprovechado de los bienes, sería más digno de lástima que el abortado que nunca vio la luz del día (6:1-7).

4. El destino es determinado (6:10-12). El hombre debe aceptar las cosas y situaciones tal como son. Es inútil procurar cambiarlas y desear más de lo que uno tiene. Le conviene someterse al orden determinado, pues éste es de Dios.

---

327. Nota en *Biblia de Jerusalén* (1967), *op. cit.*, p. 859.

E. Sabiduría (7:1-12:8)

1. Lo que es mejor (7:1-14). Esta sección presenta una serie de máximas y proverbios a modo de refranes distribuidos sin orden lógico. Consisten en sentencias comparativas, introducidas por la frase «mejor es». Tal vez fueron incluidas para contestar la pregunta de 6:12: «¿Quién sabe lo que conviene al hombre en su vida?» Sin embargo, Cohélet «no siempre explica por qué considera una cosa más valiosa que la otra, pero en algunos casos justifica sus apreciaciones».[328]

a. La buena reputación es mejor que el buen perfume, aceite fragante usado pródigamente en banquetes suntuosos, y refrescante en particular en el cálido oriente (v. 1a). «El ungüento es fragante solo donde está la persona cuya cabeza y ropaje están perfumados, y solo por un breve momento».[329]

b. El día de la muerte vale más que el día del nacimiento (v. 1b). Al considerar las miserias y vanidades de la vida, el predicador piensa que mejor es la salida de ella que la entrada. (Si uno es cristiano, es así. Véase Fil 1:23.)

c. La sobriedad es mejor que la frivolidad (vv. 2-7). La casa de festejo a menudo excluye los pensamientos serios sobre el fin del hombre y las cosas de Dios. Cuando uno visita el salón fúnebre piensa en la transitoriedad de la vida y recuerda que debe contar sus días (Sal 9:12). La frase, **con la tristeza del rostro se enmienda el corazón** insinúa una mente seria que se preocupa en los problemas de la vida.[330] Vale más el efecto correctivo de una reprensión por más dolorosa que sea, que el placer que resulta de oír una canción cuyas palabras no edifican (v. 5).

A la luz de la seriedad de la vida, la hilaridad ruidosa de los necios es tan vacía de significado como el crujir de las zarzas en el fuego (v. 6).

La opresión y una coima pueden convertir a un sabio en un necio (v. 7). El fin de un asunto es mejor que su principio, porque solo su conclusión puede ser evaluada. Por lo tanto, la paciencia (esperar hasta que el asunto concluya) vale más que el orgullo expresado prematuramente (v. 8; véase 1 R 20:10-11).

La desilusión y la nostalgia producen en las personas la idea de que el pasado era mejor que lo presente, pero Cohélet no piensa así, para él

---

328. Nota en *Santa Biblia Reina Valera 1995, Edición de estudio, op. cit.,* p. 816.
329. Jamieson, Fausset y Brown, *op. cit.,* p. 521.
330. Robert Laurin, *op. cit.,* p. 591.

no hay nada nuevo bajo el sol, pues el presente solo duplica el pasado, v. 10; véase 1:4-11). La sabiduría es semejante al dinero porque es una protección, pero es aun mejor que riquezas porque produce vida (v. 11). El hombre no puede cambiar los planes del Señor pues el esquema del mundo es predeterminado, sea para bien o para mal. Dios ha hecho los dos para que el futuro sea un misterio para la humanidad (vv. 13-14).

2. Evitando los extremos (7:15-24). Como Job, el predicador observa que el justo no vive más años ni es más feliz que el malo, en efecto, muchas veces es lo contrario. Así que aconseja moderación en justicia, maldad y sabiduría. El luchar para ser excesivamente justo y sabio puede resultar en desolación; el ser malo en exceso lleva al hombre a la muerte prematura. Reconocer que nadie es perfecto (sin pecado) abre la puerta para tolerar los pecados en otros (v. 20-22), uno debe perdonar porque uno mismo necesita ser perdonado. Cohélet descubre que la sabiduría profunda es algo inalcanzable (vv. 23-24). No se dio cuenta de que se halla solo en la mente de Dios.

3. La búsqueda de sabiduría (7:25-8:1). Puesto que Cohélet no pudo comprender las profundidades de la última realidad, procura entender las cosas terrenales del diario vivir. Ve a la mujer con anteojos oscuros, sin embargo su apreciación del varón no es mucho mejor: encuentra solo un hombre *justo* (NVI) entre mil, pero ninguna mujer en esta categoría (vv. 26-28). Es probable que, en 7:26, **habla** de la mujer inmoral como la esposa de Potifar (véase Gn 39:6-12).

El autor encuentra la maldad en la humanidad misma. Dios la hizo recta, pero el hombre se corrompió buscando «muchas perversiones» (v. 7:29). Pero no hay nadie comparable al sabio, pues éste «sabe interpretar las casas». Además el rostro de tal hombre expresa tranquilidad y alegría (v. 8:1). Según Leupold la última frase contiene el pensamiento: «La sabiduría del hombre ilumina su rostro y la dureza de su cara está cambiada».[331]

4. Sabiduría en la corte del rey (8:2-5). En el servicio de un rey que es arbitrario (hace «todo lo que quiere»), no conviene dejarle (abandonar su responsabilidad) ni desobedecerle. El hombre sabio evitará conspiraciones y sabe cómo y cuándo hacer las cosas. Todo lo hace por cumplir su «juramento divino» (v. 2b, BJ). Este juramento «puede ser el

---

331. H.C. Leupold, *Exposition of Ecclesiastes* (Grand Rapids, MI, USA: Baker Book House, 1985), p. 182.

compromiso aceptado por Dios para con él (2 S 7; Sal 89), o también el juramento hecho a Dios, bien sea para el rey, bien por los súbditos».[332]

5. La ley divina es inexorable (8:6-8). El pensador vuelve a exponer su creencia de que todo es determinado, el hombre es ciego al futuro y que nadie tiene poder sobre su vida ni el día de su muerte. La Nueva Versión Internacional traduce 8b así: «Nadie es despedido en tiempo de guerra, por tanto la maldad no suelta al que la practica».

6. Desigualdades de la vida (8:9-9:1). Ahora se cambia el tema. La sección anterior trata de la importancia humana, mientras este pasaje habla de la injusticia humana. Aunque el significado del versículo 10 es debatible, es probable que quiera decir que Cohélet vio la sepultura de impíos (tal vez con pompa). «Partieron del Lugar Santo, y se dio olvido en la ciudad que hubiesen obrado de aquel modo» (traducción BJ).

La demora del juicio anima a los impíos a perseverar en el pecado (v.11; véase 2 P 3:8-9). Alguien ha dicho: «No ven el humo del abismo por tanto no temen el fuego». La liberación de Joab del castigo por la muerte de Abner, lejos de llevarlo al arrepentimiento, le condujo a otro homicidio, el de Amasa.[333] A pesar de que el malo sigue pecando y se prolonga su vida, «con todo... les irá bien a los que a Dios temen... y... no irá bien al malvado» (vv. 12-13).

Sin embargo, el principio general recién citado no siempre funciona. Los justos sufren el castigo de los malos y viceversa. Esto también es sin sentido. Así que no queda al hombre otra cosa que comer, beber y alegrarse (vv. 14-15). Puesto que el hombre no es capaz de comprender los propósitos de Dios, le conviene conformarse a vivir con sus limitaciones.

7. La muerte, destino de todos (9:2-6). Sin una revelación especial de Dios, el destino de los hombres es un misterio. El predicador se imagina que la muerte acaba con todo. Ignora la providencia de Dios y supone que todo está bajo su arbitrario poder. Puesto que la muerte es el destino común de todos, justos y malvados, la vida, con todas sus frustraciones es mejor que la muerte. Un «perro vivo» (un animal despreciado por los hebreos, que se alimenta de basura) es mejor que un león muerto (el monarca de los animales). La vida en su peor forma, es preferible a la muerte, porque en la muerte el ser no es consciente de nada, toda sensación y emoción dejan de existir.

332. Nota en la *Biblia Jerusalén*, *op. cit.*, p. 861
333. Jameson, Fausset y Brown, *op. cit.*, p. 524.

En su descripción de la muerte, como aniquilamiento virtual, Cohélet sobrepasa el concepto hebreo del Seol, lugar de los espíritus de los difuntos. Los relatos del regreso del espíritu de Samuel en la casa de la adivina de Endor (1 S 28:11-19) y la burla del rey de Babilonia (Is 14:9-23) indican que consciencia, memoria y otras cualidades de personalidad, sobreviven a la muerte. Así que el pensador presenta una enseñanza que no coincide con la del resto del Antiguo Testamento.

8. *El goce de la vida frente a la muerte* (9:7-10). Puesto que no hay propósito discernible en la vida, ni existencia después de la muerte, y la vida es incierta, conviene que los hombres aprovechen al máximo toda oportunidad en esta vida para gozarse; Cohélet, sin embargo, no es completamente hedonista. No aconseja a sus lectores a perseguir los placeres como única finalidad. Uno debe ser fiel a su cónyuge por toda la vida (v. 9), y aprovechar con intensidad toda oportunidad de hacer bien (v. 10).

9. *La sabiduría es buena pero inadecuada* (9:11-18). En el párrafo 9:11-12, el predicador indica que la capacidad, habilidad y sabiduría del hombre no siempre garantizan éxito; el azar y el tiempo (determinado por Dios), son factores más importantes. Estos dos no saben de méritos ni del control humano. Para demostrar la incertidumbre que el hombre confronta en la vida, el autor lo compara a los peces y aves desapercibidos, que son atrapados por los hombres. El hombre no es mejor que los animales. «Es víctima de lo inesperado y lo inescapable».[334] ¡Qué cuadro más desesperado de la situación humana!

El principio de que la sabiduría es mejor que el poder, se ilustra con la anécdota de un sabio pobre que salvó una ciudad pequeña, de un ejército poderoso. Sin embargo recibió poca recompensa de parte de los habitantes del lugar que no admiraban sino a los ricos y grandes; [335]nadie se acordó de él. Con todas sus limitaciones, la sabiduría es mejor que el poder militar, pero un solo error (hebreo «pecador») puede echar a perder los efectos buenos de la sabiduría (vv. 13-18).

10. *Una colección de proverbios* (10: 1-20). Este capítulo consiste en un surtido de máximas prácticas. El significado de la mayoría de ellas es obvio, así que nos limitamos a explicar unas pocas.

Como un error puede deshacer los resultados de la sabiduría (9: 18), así un poquito de necedad puede quitar la fragancia de la sabiduría y

---

334. Schultz, *op. cit.,* p. 447.
335. Jamieson, Fausset y Brown, *op. cit.,* p. 525.

honor del sabio (v. 1). Los términos **mano derecha** y **mano izquierda** (v. 2) se refieren a la adiestrada versus la torpe. Los pensamientos del sabio le conducen a lo beneficioso (la mano derecha) y los del necio a lo que es perjudicial (la mano izquierda). Algunas acciones positivas pueden tener resultados negativos pues hay accidentes (vv. 8-9). El necio se caracteriza por la multiplicación de palabras, predicciones erróneas del futuro, el hablar que comienza con cosas necias pero termina con lo destructivo, ser tan ignorante que él no es capaz de saber cosas tan ordinarias como ir a la ciudad (vv. 12-16).

Ay del país cuyo rey es un «muchacho», una persona inmadura o que se porta con ligereza infantil como Roboam, y cuyos «principes banquetean desde la mañana», es decir, no tienen freno moral ni dominio propio para cumplir sus responsabilidades (v. 16).

11. Un llamamiento a la acción (11:1-6). En la sección anterior, Cohélet ha presentado ideas que pueden resultar en inercia o pasividad. Ahora exhorta a sus lectores a ser atrevidos, a tomar acción. «La vida es un juego de azar, en el que hay que arriesgarse.»[336] «El que al viento observa, no sembrara».

Echa tu pan sobre las aguas; después de muchos días lo hallarás (v. I). El significado de esta expresión no es del todo claro. Algunos comentaristas la interpretan como una referencia al comercio marítimo. Cohélet recomienda que el comerciante envíe el **pan** (su mercadería) a través del mar. Aunque esto representa un alto riesgo, también puede resultar en grandes beneficios.

Otros ven en esta frase, la recomendación de ser altruista, generoso con extraños que, tal vez, uno no vuelva a ver jamás. Este acto de benignidad será recompensado en el momento futuro, cuando el dador esté en aprietos. Es probable que la última interpretación sea correcta. Debemos ser generosos: «Hay quienes reparten y les es añadido más»; «Dad y se os dará» (Pr 11:24; Lc 6:38).

El autor parece exhortar a sus lectores que repartan su pan a varios necesitados, o sea, «no poner todos sus huevos en una canasta». El dividir sus bienes en siete u ocho partes disminuirá el riesgo de una pérdida total en el día de desastre. Cuando el **mal** se acerca, los hombres necesitarán el socorro de los que han sido ligados a ellos por sus bondades (véase Lc 16:9).[337]

---

336. Nota en la *Biblia de Jerusalén*, *op. cit.*, p. 862.
337. Jamieson, Fausset y Brown, *op. cit.*, p. 527.

12. Consejos a los jóvenes (11 :7-12:8). En esta sección el predicador considera la juventud con sus ventajas y goces, y la vejez con sus dificultades y desventajas. La frase *agradable a los ojos ver el sol* (v. 7) se refiere no solo a vivir, sino a hacerlo alegremente. Puesto que la vida dura poco tiempo ha de disfrutarse plenamente. Sin embargo, no debe darse al libertinaje porque «sobre todas estas cosas te juzgará Dios» (v. 9). Esto es motivo de continencia y de control del enojo (v. 10). El joven no solo tiene que tener en cuenta la muerte inevitable sino también a su Creador, su propio dueño (12:1). Hendry observa: «con esto se distingue netamente de los escépticos, cínicos y epicúreos, con quienes se ha comparado más de una vez».[338]

Esta sección se cierra con lo que parece ser una evocación poética de la vejez y de la muerte (12:2-7). Una nota en una Biblia de estudio observa: «Por la sobriedad de su estilo y por su sorprendente despliegue de imágenes y metáforas, este poema es, sin duda, una de las cumbres de la poesía bíblica y universal».[339]

La mayoría de los comentaristas consideran que la descripción de la ruina de una mansión (12:2-4), es realmente una alegoría acerca de la vejez y la muerte. Las figuras del sol, la luz, las estrellas y las nubes, representan la vejez como una tormenta que se acerca. Esta oscurece la luz de los astros, acción que simboliza que la alegría (luz), termina ya, y la tristeza y agonía (la oscuridad) comienzan (v. 2).

Según la interpretación alegórica, cada metáfora corresponde a un miembro del cuerpo humano. *Los guardas de la casa* serian los brazos y las manos que tiemblan con parálisis; los *hombres fuertes*, las piernas y pies que se debilitan; *las molineras*, los pocos dientes que quedan; *los que miran por las ventanas*, los ojos; *las puertas de afuera*, los oídos medio sordos; *el ruido de molino*, el sonido de la dentadura gastada que apenas se puede oír (vv. 3-4).

Cuando se tema a las alturas y se llene de peligros el camino, se referiría al asunto de ascender una colina y temor de los tropezones en las calles estrechas; *florezca el almendro*, la blancura de su cabello que es semejante al aspecto del almendro cuando florece; *la langosta*, «el viejo seco y arrugado; su espina dorsal, curvada hacia adelante, sus brazos caídos hacia atrás, cabizbajo, y las apófisis agrandadas, se parece

338. G.S. Hendry, *Nuevo comentario bíblico*, *op. cit.*, p. 433.
339. Nota en *Santa Biblia Reina Valera 1995, Edición de estudio*, *op. cit.*, p. 820.

a dicho insecto»;[340] *se pierde el apetito* («la alcaparra no servirá para nada», DHH), «el organismo del anciano está tan debilitado que las propiedades estimulantes y afrodisíacas de la *alcaparra* ya no surten más efecto».[341] Puesto que la casa vieja queda en ruina, el anciano tiene que dejarla para estar en su morada final, la fosa (v. 5).

En el versículo 6 hay cuatro expresiones, divididas en dos pares que son figuras de la muerte. La primera es la de una lámpara suspendida por una cadena. Se rompe la cadena, se cae la olla de oro, se hace pedazos y se apaga la luz que es el símbolo de la vida. El cántaro y la polea del pozo simbolizan la misma idea: la polea se rompe y no se puede sacar más agua. Lo que del hombre es de la tierra — su cuerpo — vuelve a la tierra; lo que es de Dios, el aliento vital, vuelve a Dios (v. 7; véase Gn 2:7; Sal 104:29). Sin esperanza de la resurrección, la existencia humana no es nada más que, «¡Vana ilusión, vana ilusión! ¡Todo es vana ilusión!» (v. 8, DHH).

F. Conclusión, 12:9-14

1. El propósito del autor (12:9-12). Según Cohélet, la finalidad de la sabiduría es comunicarla a otros. Él ha intentado hacerlo abierta y eficazmente. Para hacerla interesante buscó «palabras agradables» pero no sacrificó la franqueza y la verdad.[342]

2. El deber supremo del hombre (12:13-14). El predicador concluye con la afirmación de que *el todo del hombre* es temer a Dios y guardar sus mandamientos. «La reverencia amorosa a Dios es tanto el fundamento de la sabiduría (Sal 111:10; Pro 1:7; 9:10) como su contenido (Job 28:28) y finalidad».[343] Es cosa diametralmente contraria a «querer atrapar el viento». Solo esto da significado a la vida. Así termina el peregrinaje de Cohélet.

340. Jamieson, Fausset y Brown, *op. cit.*, p. 528.
341. Nota en *Santa Biblia Reina Valera 1995, Edición de estudio, op. cit.*, p. 820.
342. Laurin, *op. cit.*, p. 594.
343. Nota en *The NIV Study Bible, op. cit.*, p. 1002.

Capítulo 14

Introducción a Cantares

Aunque Cantares es uno de los libros más pequeños de la Biblia (solo 117 versículos) y uno de los más difíciles de interpretar, ha sido en el pasado uno de los más populares, tanto para judíos como para cristianos. Sobre el tema, centenares de libros y comentarios han sido escritos e innumerables sermones han sido predicados a través de los siglos. Bernardo de Claraval predicó una serie de ochenta y seis sermones basados sobre este libro. Hudson Taylor, el fundador de la Misión Interior de China, escribió una obra sobre el mismo tema, interpretando Cantares en sentido simbólico como la unión mística del creyente con Cristo. El «príncipe de los predicadores», Carlos Spurgeon, encontraba a menudo inspiración en este libro para su predicación.

A. Nombre, autor y fecha

La frase cantar de los cantares (1:1) es una traducción literal del original hebreo que significa propiamente «el mejor de los cantos» o «el canto por excelencia». El título corresponde al contenido poético e idílico, que no tiene par en la literatura inspirada.

La atribución tradicional a Salomón se basa en las referencias que se hacen a él (1:5; 3:7, 9, 11; 8:11), y en especial, al versículo 1:1: «Cantar de cantares, el cual es de Salomón». Sin embargo, esta última frase también puede significar «concerniente» o «dedicado» a él.

No cabe duda alguna de que este monarca tendría la capacidad y conocimientos necesarios para componer el canto. Un historiador sagrado nota que Salomón «compuso tres mil proverbios, y sus cantares fueron mil cinco» (1 R 4:32). Las muchas referencias a animales y plantas, en Cantares, también concordaría con la descripción bíblica del rey sabio: «... disertó sobre los árboles, desde el cedro del Líbano hasta el hisopo que nace en la pared. Asimismo disertó sobre los animales» (1 R 4:33).

Además, la gran cantidad de alusiones geográficas (Sarón 2:1; el Líbano, 3:9; 4:8, 11, 15; Amana, Senir, Hermón, 4:8; Tirsa, 6:4; Damasco, 7:4; el Carmelo, 7:5), indican que el autor conocía la geografía de

Palestina y de Siria desde En-gadi, en la ribera del mar Muerto (1:14), hasta las montañas del Líbano, algo que favorecería la fecha de composición durante el período pacífico del imperio salomónico.

En cambio, la presencia de vocablos persas, griegos y arameos, sugieren a algunos eruditos que fue compuesto en el período griego, alrededor del 300 a.c. No es necesario, sin embargo, creer que el argumento lingüístico sea contundente, ya que había un intercambio comercial entre Israel y sus vecinos en la época de Salomón (971-931 a.c.), lo cual puede explicar el uso de palabras no hebreas en Cantares.

G. Lloyd Carr, profesor de estudios bíblicos en la universidad Gordon, Estados Unidos, señala que hay suficiente evidencia de formas gramaticales y lingüísticas del siglo X a.c. de que el libro fue escrito en más o menos la época de Salomón.[344]

Hay otros argumentos contra la paternidad salomónica del poema. El tono del libro insinúa monogamia, algo muy contrario a la vida personal del monarca. Además, el estilo del poema parece diferente de las otras obras atribuidas a Salomón (véase Pr. 10:1-22:16; 25:1-29:27; Sal 72; 127). Esto se puede explicar por la naturaleza del tema.

La coherencia del lenguaje, estilo, tono, perspectiva y la repetición de algunos refranes, parecen indicar que Cantares es la obra de un solo autor. Por otra parte, los que creen que es una colección de poemas de amor, explican esta consistencia atribuyendo las partes a una sola tradición literaria, porque las tradiciones del medio oriente se esforzaban para mantener uniformidad de estilo.

Nadie sabe a ciencia cierta quién es el autor ni la fecha del libro, pero es probable que sea la composición de un sabio del siglo X a.C., posiblemente escrita para Salomón.

B. Tema

Cantares es un hermoso idilio de amor y cortejo. Desde el principio del libro hasta su último versículo, se canta al amor del hombre y la mujer. «Tanto entre los rebaños de los pastores (1:8) como en las calles de la ciudad (3:2), en los jardines, los viñedos, los campos y las casas (1:16; 2:4; 3:4; 7:12[13]), el amor es el impulso irresistible que inspira las palabras de

---

344. G. Lloyd Carr. «The Song of Solomon» en *Tyndale Old Testament Commentaries*, D.J. Wiseman, editor (Leicester, Inglaterra y Downers Grove, IL, USA: Intervarsity Press, 1984), p. 18

los enamorados y determina sus acciones».[345] En forma de diálogos y monólogos, se presentan los anhelos de unión de los esposos, los encuentros de ellos, con mutuos elogios, y finalmente, la mutua posesión.

El tema del amor físico se encuentra en todas partes de Cantares, y en algunos casos, se refiere claramente a la consumación del amor de los jóvenes, esto sin mencionar el enlace matrimonial. ¿Se comportaron indebidamente los enamorados? La respuesta es «no». En su canto de amor antes de tomar posesión de la muchacha, el amante la llama cuatro veces «novia mía», término que significa «mujer que acaba de casarse» (4:8-12). No se refiere a un encuentro pasajero sino un compromiso total y permanente.

La voz de amor es la de una mujer. Habla profundamente acerca del **poder del amor romántico** para atraer irresistiblemente al hombre con el misterio y los encantos femeninos. Describe gráficamente la **belleza** y las **delicias** del amor. La esposa recalca la **exclusividad** de este sentimiento: «Mi amado es mío, y yo suya» (2:16), y **la necesidad de que sea espontáneo, voluntario y natural**: «Que no despertéis ni hagáis velar el amor, hasta que quiera» (2:7).

Ella proclama la **fuerza abrumadora** del amor verdadero: «fuerte es como la muerte» (8:6). **No es algo pasajero** como la concupiscencia **sino arde como una llama** y «las muchas aguas» no pueden apagarlo (8:6, 7). Es **sumamente precioso** y **no puede ser comprado**: «Si diese el hombre todos los bienes de su casa por este amor, de cierto lo menospreciarían» (8:7b).

C. Cualidades literarias

Aunque Cantares no puede considerarse un drama en el sentido estricto del término, se entiende mejor cuando es interpretado como un poema de carácter dramático lírico. Es necesario identificar quién habla en los discursos, a fin de distinguir el desarrollo del diálogo. Algunas Biblias modernas como *La Biblia de Jerusalén* y *Dios habla hoy*, indican en su margen la identidad de cada participante. D.A. Hubbard explica:

> Los discursos intensamente personales de Cantares adoptan dos formas principales: el diálogo (p. ej. 1:9ss), y el soliloquio (p. ej. 2:8, 3:5). Resulta difícil reconocer a los participantes de la conversación, salvo los dos amantes. Se mencionan hijas (doncellas) de Jerusalén (1:5; 2:7;

---

345. «Cantares» en *La Biblia de estudio, Dios habla hoy, op. cit.*, p. 839

3:5), y se han atribuido a ellas algunas breves respuestas (1:8; 5:9; 6:1). Declaraciones diversas se han atribuido a habitantes de Jerusalén (3:6-11) y a Sulem (8:5). En la poesía lírica altamente metafórica es posible que los participantes centrales estén reconstruyendo las respuestas de otros (p. ej. la sulamita parece estar citando a sus hermanos en 8:8, 9).[346]

Las expresiones de amor están redactadas en el más elevado estilo poético y especialmente, en las ricas imágenes y metáforas que saturan las descripciones de los amantes y su amor. Por ejemplo la viña, la fuente y el jardín, simbolizan a la joven (1:6; 2:15; 4:12, 13; 8:12); los frutos y las flores, el vino, la leche y la miel, se usan para describir la belleza de los novios (4:3; 5:13; 6:7; 7:7, 8) o las delicias y gozos del amor (4:11; 5:1; 6:2; 8:2). Se expresan sus sentimientos «en el lenguaje de la más depurada poesía lírica».[347]

El autor emplea delicadeza exquisita para describir cosas íntimas; evita esmeradamente términos vulgares o demasiado excitantes, que rebajarían el nivel de la obra. Lo logra principalmente usando analogías y figuras de la naturaleza, tales como alimento y bebida. Por ejemplo, la novia compara la posesión de su persona por su marido como «él apacienta entre lirios» (2:16); le invita: «Venga mi amado a su huerto, y coma su dulce fruta» (4:16). En cambio, él se refiere al mismo acto así, «He recogido mi mirra y mis aromas; he comido mi panal y mi miel, mi vino y mi leche he bebido» (5:1).

Nos parecen menos que lisonjeras algunas de las comparaciones; por ejemplo: «Tus dientes como manadas de ovejas trasquiladas... Tu cuello como la torre de David» (4:2-4). Un estudioso de Cantares oportunamente nos señala que «los orientales fijan la vista en un solo punto sobresaliente, lo cual en nuestras concepciones quizá no sea característico».[348]

D. Canonicidad

Tanto cristianos como judíos en diversas ocasiones, han dudado del derecho de Cantares a ocupar un lugar en el canon sagrado. Con toda su hermosura, el nombre de Dios no aparece en el libro, ni dice nada acerca de la instrucción religiosa. Además, el uso del lenguaje de amor apasionado

---

346. D.A. Hubbard, «Cantar de los cantares de Salomón» en *Nuevo diccionario bíblico* (Buenos Aires, Barcelona y Downers Grove, IL, USA: Ediciones Certeza, 1991), p. 220
347. *La Biblia de estudio, Dios habla hoy, op. cit.*, p. 839.
348. A. Bentzer, citado en *Nuevo diccionario bíblico, op. cit.*, p. 220.

con detalles demasiado íntimos, ha resultado chocante para el gusto occidental. Se debe recordar, sin embargo, que son producto de una época y un lugar remotos. En aquel entonces «la mente oriental era más franca en sus referencias a los hechos íntimos de la vida, y la Biblia con su atención a la verdad, se expresa con la misma franqueza que sus autores».[349]

Por no hablar de Dios y por su carácter erótico, Cantares no fue aprobado como libro canónico sin discusión en la famosa reunión de rabinos en Jamnia, alrededor del año 90 d.c. Después de considerar un veredicto afirmativo por el rabí Judá y una opinión contraria del rabí José, el rabí Akiba afirma el lugar de Cantares en el canon hebreo empleando términos superlativos: «El mundo entero no vale lo que vale el día en que fue entregado a Israel el Cantar de los Cantares; todos los Escritos son sagrados, y el Cantar de los Cantares es el lugar santísimo».

La resistencia a canonizar este libro de carácter erótico fue neutralizado por la tradicional paternidad salomónica y por las interpretaciones alegóricas rabínicas y cristianas, que elevaron los poemas a una nivel muy por encima del sensual.

Como la tradición atribuyó Cantares a Salomón, este libro se clasificó entre los libros sapienciales. Se le sitúa la cabeza de los cinco rollos de la Biblia hebrea que se leían en las grandes fiestas. El Cantares se utilizaba en la Pascua. Algunos estudiosos de la Biblia creen que esta canción de amor fue usada en las fiestas de bodas en el antiguo Israel.

E. Interpretación

Por el carácter desconcertante de Cantares, no es sorprendente que este libro tenga las más diversas interpretaciones. Comenta Hubbard:

... muy pocos eruditos concuerdan en cuanto se refiere a su origen, su significado y su propósito. Los poemas líricos vivamente detallados y eróticos, la virtual ausencia de temas claramente religiosos, y la vaguedad de su trama hacen de ella un desafío a la intelectualidad, y una tentación para la ingenuidad imaginativa.[350]

Históricamente hay cuatro métodos principales para interpretar la obra: el alegórico, el típico, el drama y el natural. Considerémoslos:

349. Gillis, *op. cit.*, p. 452.
350. Hubbard, *op. cit.*, p. 220.

1. Alegoría. El problema de cómo aceptar en el canon un canto de amor algo sensual y sin significado espiritual, tuvo su solución para los rabinos y los Padres de la Iglesia en el método alegórico de interpretación. Este método niega o pasa por alto la historicidad de un relato y encuentra en él un significado profundo y espiritual. Los judíos consideraban Cantares como un poema descriptivo del amor entre Dios e Israel; los cristianos, del amor entre Cristo y su Iglesia. Al aplicar este método, se pretende explicar cada detalle, algunas veces de un modo fantástico. Con frecuencia los rabinos rivalizaban entre sí mismos por ampliarlo y darle nuevos enfoques.

Los partidarios del método alegórico arguyen que muchas veces el Antiguo Testamento compara la relación de Dios con su pueblo a un matrimonio (Is 54:5; 61:10; 62:5) y la apostasía, a la fornicación (Éx 34:15, 16; Lv 20:3-5; Jer 3:1; Ez 16; Os 1-3). En el Nuevo Testamento la figura de matrimonio se aplica a las relaciones entre Cristo y la Iglesia o Cristo y el creyente (Mt 9:15; 22:1-14; Jn 3:29; 2 Co 11:2; Ap 19:7; 21:2; 22:17). Dicen que el amor a Cristo es la pasión más intensa y pura y se necesita, por lo tanto, un lenguaje muy fuerte y vivo para expresarlo.

Desde la Reforma hasta el principio del siglo XIX, los expositores protestantes emplearon este método de interpretar Cantares, y con muchos beneficios devocionales. Ahora, sin embargo, es casi totalmente desacreditado. ¿Por qué?

a. El método alegórico exige la explicación de cada detalle de una manera espiritual. Resulta que algunos expositores han hecho interpretaciones extravagantes y sin fundamentos, que desacreditan el libro ante los ojos de personas razonables.

b. La interpretación alegórica niega la historicidad de Cantares, algo que no concuerda con el carácter del libro. En esta obra se encuentran varias referencias a lugares geográficos, flora y fauna, y personajes históricos. Ross afirma que «todo el libro lleva el sello de la realidad».[351]

c. No hay nada en Cantares ni en los demás libros para afirmar que Cantares es una alegoría. Ni siquiera se cita a este libro en el Nuevo Testamento.

2. Tipología. Este método conservaría el sentido histórico del poema y a la vez vería un significado más superior en él: los amores entre los

---

351. Ross, *op. cit.*, p. 161

novios serán un tipo de los amores entre Dios y su pueblo, sea Jehová e Israel o Cristo y la Iglesia.

Muchos cristianos interpretan Cantares en el sentido de que éste describe la solicitud cariñosa que tiene Cristo, el novio amado, hacia su Iglesia, la esposa amada, y hacia el creyente individual. Así que se lee cada versículo con ojos cristológicos.

Una interpretación medieval, la cual aceptan muchos católicos hoy en día, identifica a la Virgen María como la novia. A su parecer, Cantares 4:7 — «Toda tú eres hermosa, amiga mía, y en ti no hay mancha» — enseña la doctrina de la concepción inmaculada.

El método típico suele evitar los excesos que a menudo cometen los que emplean la detallada interpretación alegórica. No son pocos los conservadores modernos que han adoptado este método. Recalcan los temas principales del amor entre Cristo y aquellos que creen en él. [352]Sin embargo, el uso de este método para interpretar Cantares tropieza con la regia de la hermenéutica que exige que un tipo auténtico tiene que ser señalado como símbolo en el Nuevo Testamento. Ninguna parte de la Biblia alude a Salomón como un símbolo de Cristo.

3. Drama. Orígenes ideó una interpretación dramática en el tercer siglo, pero este método fue eclipsado durante largo tiempo por el alegórico. Los Padres de la Iglesia y otros estudiosos de la Biblia consideraron por muchos siglos que Cantares era un poema de amor de Salomón con la hija de Faraón, cuyo matrimonio se refiere en 1 Reyes 3:1. (Les parecía que dos pasajes favorecían esta interpretación: «Morena soy... pero codiciable», y «¡Cuán hermosos son tus pies... oh hija de príncipe!» 1:5; 7:1.) Esta interpretación, sin embargo, no concuerda con los pasajes en los que la esposa habla como una pastora campesina y su novio le responde en el mismo lenguaje. [353]

En el siglo 19, dos interpretaciones dramáticas fueron elaboradas respectivamente por dos eruditos, Franz Delitzsch y Georg H. Ewald.

Según Delitzsch hay dos protagonistas principales, Salomón y la joven sulamita. El monarca la llevo de su hogar aldeano a su palacio en Jerusalén. Allí, él llegó a amarla como su esposa, con un afecto mucho más elevado que el de la mera atracción física. El drama se desarrolla

---

352. Hubbard, *op. cit.,* p. 220
353. Samuel Vila y José Pozo. *Comentario* bíblico-expositivo al Cantar de los cantares (Tarrasa, Barcelona: CLIE, 1982), p. 13.

con monólogos de los protagonistas entremezclados a menudo con las palabras de un coro de doncellas de Jerusalén (posiblemente mujeres del harén de Salomón).

Ewald sugirió una historia con tres protagonistas principales: Salomón, la sulamita y el pastor. La joven pastora fue conquistada por un pastor de la región. El rey Salomón la vio, la llevó a su palacio y trató de conquistarla para sí mismo (1:9-11; 3:6-4:7; 7:5-10; 7:1-9). Pero ella seguía pensando en su novio, el pastor rústico (1:2-8), y en su regreso a casa (2:8-3:5). Durante la separación, soñaba con él (5:2-16). A pesar de los desesperados esfuerzos de Salomón para ganarla, la sulamita permaneció fiel a su amado pastor. Finalmente el rey le permitió volver a aquel a quien amaba (8:5-14).

Las dos reconstrucciones imaginarias de la historia del poema tienen sus debilidades. Los críticos de la teoría de Delitzsch preguntan: Si Salomón era el amante, ¿por qué se le presenta como si fuera un pastor (1:7, 8)? Y, ¿cómo se explica que el libro termina en un ambiente pastoril en el norte de Israel y no en el palacio del rey? Además, el amor del novio se caracteriza por su ingenuidad y pureza; no es el de un rey cuya pasión está saciada en un numeroso harén.

Hubbard señala las dificultades de la teoría de Ewald. Son:

... la ausencia de instrucciones dramáticas, las complejidades comprendidas en los diálogos cuando Salomón describe la hermosura de la sulamita, mientras que ella responde como si se tratara del pastor.[354]

El problema principal de las interpretaciones dramáticas es la falta de indicios de la existencia de literatura dramática entre los semitas, especialmente en el caso de los hebreos. [355]Sin embargo Cantares parece tener un carácter dramático.

4. *Natural o literal.* Cantares debe ser interpretado literalmente, es decir, tal como parece ser, un canto referido al amor humano escrito en forma de una serie de poemas dramáticos. Es posible que el Espíritu Santo dirigiera a un escritor para coleccionar estos poemas, unirlos y redactar cada uno en forma de un drama. No estarían unidos por una trama común sino por su tema. Todo esto sería inspirado por Dios. La obra

---

354. Hubbard, *op. cit.,* p. 220
355. *Ibid.*

final habla clara y explícitamente sobre los sentimientos, deseos, temores y pasiones de dos jóvenes enamorados. Su propósito sería reconocer la legitimidad y el valor del verdadero amor entre el hombre y la mujer en todos sus aspectos, incluso el erótico.

Tanto la hipótesis de Ewald como la de Delitzsch tropiezan con el hecho de que se presenta la consumación de la unión de los amantes en 4:16-5:1. Si este canto había de ser aceptado como inspirado por los religiosos hebreos, tal intimidad tendría que ser precedida por las nupcias, pues de otro modo sería fornicación. Pero en el pasaje 8:8-10 parece que las bodas de la joven no han sucedido todavía. La exposición de estos versículos sería lo siguiente.

Los hermanos de la joven recuerdan como su pequeña hermana no tenía pechos, es decir, todavía no se había desarrollado en una mujer adulta. La frase, *cuando de ella se hable*, v. 8, se refiere a alcanzar la edad de poder casarse e insinúa que el propósito de su regreso al pueblo de su familia es buscar la aprobación de su matrimonio. Si ella ha mantenido su pureza (una *muralla* que resiste todo intento de seducirle), entonces sus hermanos estarían obligados a proveer el vestido de bodas, los ornamentos y la dote para el gran evento. Se expresa así: *Si fuera una muralla, edificaríamos sobre ella un palacio de plata* (los regalos). Pero si ella no había mantenido su virginidad, ellos no tendrían la obligación de proveer todo.[356]

Ella afirma que ya es madura para casarse (*mis pechos, como torres*) y que ha resistido toda tentación de transgresar moralmente (*yo soy como una muralla*, v. 10). Todavía es *jardín cerrado... fuente cerrada*. De modo que concluimos que la joven del capítulo 8 no es la misma protagonista del pasaje 4:1-5:1.

Además, los expositores que aceptan la teoría de Ewald tienen un gran problema con el pasaje 4:1-5:1. Si el amante de la joven en este capítulo es el pastor rústico, ¿cómo es que podía entrar en el harén de Salomón? Y, ¿por qué el drama no da indicación ninguna de que haya cambio de protagonistas entre el capítulo 3 y el 4?

El espíritu del amor matrimonial que se encuentra en Cantares es el de monogamia: *Yo soy de mi amado, y mi amado es mío* (6:3). La teoría de Delitzsch, de que Salomón se disfrazó como un pastor y conquistó

---

356. Véase Andre E. Hill, «Song of Solomon» en *Evangelical Commentary of the Bible, op. cit.*, p. 465 y J.A. Balching, «Cantares» en *Nuevo comentario* bíblico, *op. cit.*, p. 440.

a la joven, no armoniza con este ideal. El autor de Cantares describe el harén de Salomón: **Sesenta son las reinas, ochenta las concubinas, y las jóvenes, sin número** (6:8). Este rey fue un monstruo de la sensualidad, incapaz de darse a una sola mujer. Hay una diferencia enorme entre el amor entre dos personas y el de un hombre y su harén.

Concluimos que las teorías de Delitzsch y Ewald enfrentan problemas sin solución tales como contradicciones internas y falta de indicaciones de una trama en el libro mismo. Así que afirmarnos que Cantares parece ser una serie de cantos de amor unidos solo por su tema, el amor humano.

Esa parece ser la mejor manera de interpretar Cantares. El poema sirve como una apología del amor puro y monógamo. En el principio Dios creó al hombre a su imagen: «varón y mujer los creó» (Gn 1:27, DHH), es decir, fueron creados seres sexuales. Los creó así para la procreación, compañerismo, ayuda y dependencia mutua y unión, tanto espiritual como física.

Es la sexualidad ilícita lo que condenan las Escrituras, y no la sexualidad en sí misma. Desde el relato de la creación hasta la cena de las bodas del Cordero en Apocalipsis 19, se presenta el matrimonio y la sexualidad como una dádiva de Dios a su creación. También sirve como una metáfora apropiada para ilustrar la relación entre Dios y su pueblo.

Hubbard considera que el poema sirve como una lección objetiva que ilustra las ricas maravillas del amor matrimonial. Afirma:

> En la medida en que las enseñanzas bíblicas acerca del amor físico han sido liberadas del ascetismo subcristiano, la hermosura y la pureza del amor conyugal se han ido apreciando más cabalmente. Cantares... ofrece... un saludable equilibrio entre los extremos del exceso o la perversión sexual y la negación ascética de la virtud esencial del amor físico.[357]

El erudito conservador, Edward J. Young, señala un propósito aún más elevado. «No solamente habla de la pureza del amor humano, sino por su sola inclusión en el canon, Cantares nos recuerda que hay un amor más puro que el nuestro».[358]

---

357. Hubbard, *op. cit.,* p. 221.
358. Edward J. Young, *Introduction to the Old Testament* (Grand Rapids, MI, USA: Wm. B. Eerdmans Publishing Company, 1949), p. 327.

Según esta interpretación del libro, el tema dominante de Cantares sería «La pureza y belleza del amor humano». Según este concepto el propósito del libro sería dar el sello de la aprobación divina a la intimidad matrimonial.

Por otra parte, sería una gran injusticia y daño a la piedad cristiana si desacreditáramos las comparaciones edificantes que muchos escritores y predicadores, profundamente espirituales, han hecho entre el amor de los esposos y el amor entre Cristo y su Iglesia.

Sería empobrecer enormemente el repertorio de expresiones devotas si quitáramos el significado espiritual de tales frases como «la rosa de Sarón», «el lirio de los valles», «mi amado es mío y yo suya» y «su bandera sobre mi es amor». Son vehículos maravillosos de expresión de los sentimientos espirituales más profundos del ser humano. Aunque la más correcta interpretación de Cantares es la natural, dejemos lugar a los expositores que emplean este poema para ilustrar la relación entre Cristo y su Iglesia.

F. Valores permanentes de Cantares

Ya hemos mencionado verdades importantes que se encuentran en esta obra. Ahora añadiremos algunos otros valores en forma más amplia y específica.

1. El amor mutuo es la base fundamental del matrimonio. En todas las palabras que el esposo y la esposa se dirigen el uno al otro, se ve un espíritu de admiración y un poderoso afecto mutuo. Este amor tiene algunas características muy prominentes.

a. La atracción física entre los amantes es de gran importancia, especialmente en el comienzo de la unión. El marido alaba con sinceridad a su esposa: *amada mía, eres bella como Tirsa, deseable como Jerusalén* (6:4). Para él todo aspecto físico de su amada es hermoso (véase 7:1-9). La esposa expresa la misma admiración hacia su cónyuge: *Mi amado es... distinguido entre diez mil ... y todo en él codiciable* (5: 10, 15). Los amantes se ven el uno al otro a través de los lentes rosados del amor romántico y sensual.

b. El disfrutar del compañerismo también es un factor de suma importancia. El amor romántico y la atracción física son recalcados en Cantares porque ese libro habla del principio de la vida matrimonial. Pero el compañerismo representa un aspecto aún más importante y duradero. Al leer los poemas de amor, se nota cómo los novios quieren estar juntos y gozar de comunión el uno con el otro. Ser separados, aun por poco tiempo, les causa mucha pena (véase 2:17; 5:2-8).

c. El amor conyugal es absolutamente exclusivista, no tolera la intrusión de otros. Es lo contrario de la poligamia. El uno se posesiona del otro: *mi amado es mío y yo soy suya* (2:16; 6:3).

d. El amor conyugal prospera cuando produce satisfacción mutua. En todos los diálogos entre los novios se observa un espíritu de satisfacción. La esposa dice acerca de su amado: *en mí tiene su contentamiento* (7:10). En las palabras del proverbista: *el que sacia a otros, también él será saciado* (Pr. 11:25b; véase también Pro 5:19).

e. El verdadero amor matrimonial es profundo y permanente.

> Pónme como un sello sobre tu corazón,
> como una marca sobre tu brazo;
> Porque fuerte como la muerte es el amor
> y duros como el seol los celos ...
> Las muchas aguas no podrán apagar el amor
> ni lo ahogarán los ríos.
> Y si un hombre ofreciera
> todos los bienes de su casa
> a cambio de amor,
> de cierto sería despreciado (8:6-7).

Se necesita un amor fuerte para dejar padre y madre y unirse permanentemente con su cónyuge; se necesita un afecto poderoso para adaptarse el uno al otro y formar un hogar y una familia. Es el cemento que une a dos personas y los motiva a conservarse el uno para el otro hasta que la muerte los separe.

2. Al considerar Cantares desde una perspectiva típica, la perspectiva típica no debe confundirse con el método puramente alegórico que da a todo detalle un significado espiritual. Más bien interpreta los detalles como en una parábola. Busca primero la enseñanza central e interpreta los detalles según esta idea. Muchos detalles existen solo como parte necesaria del relato o diálogo.

Según esta interpretación, Cantares contiene en forma exquisitamente poética la descripción sublime del amor mutuo entre el Señor y su pueblo. Este conduce paulatinamente a una unión exaltada entre ellos, resultando en el vínculo del amor perfecto. Cuando uno interpreta

Cantares así, no es de extrañarse el tono del poema, el cual emplea en sus descripciones las costumbres y lenguaje de la época del autor. Uno puede aprender mucho acerca del amor de Dios por su pueblo o el amor de Cristo por la iglesia. Nos capacitaría para comprender más plenamente tanto el amor de Dios por la humanidad como la manera en que nosotros podamos amar a Dios. ¿Cómo podemos amar a un Dios que es invisible e intangible? Cantares sugiere que el amor humano proporciona una manera de comprender el amor de Dios hacia el hombre y el amor del hombre para Dios. Al empezar a percibir el amor humano, uno puede aprender el amor divino de aquella experiencia.[359]

Ross indica tres paralelos entre el amor humano de Cantares y el de Dios:[360]

a. La satisfacción mutua es el fundamento del amor entre Cristo y los suyos. «Nada hay que decir de la satisfacción completa que tenemos en Cristo. En nuestros cánticos, himnos, oraciones y alabanzas expresamos constantemente la grande y preciosa verdad de que en Cristo hallamos cuanto queremos y necesitamos, y aun más de lo que pudiéramos desear».

b. El amor de Cristo es más fuerte que la muerte. La cruz es la verdadera prueba de estas palabras. «Pero Dios muestra su amor para con nosotros, en que siendo aún pecadores, Cristo murió por nosotros» (Ro 5:8).

c. Los métodos del amor de Cristo son intensos e irresistibles. «Los métodos que sugiere el Cantar de los Cantares interpretan perfectamente bien los que ha empleado Cristo con nosotros, y los que usamos con él.» Naturalmente omitimos el elemento erótico al espiritualizar los métodos del Señor y elevamos el lenguaje a un nivel espiritual.

d. En el amor mutuo entre Cristo y su pueblo hay la triple experiencia de descanso, gozo y valor. «Sofonías, en uno de los más bellos cantos del Antiguo Testamento, declara el amor de Dios a su pueblo en estas hermosas palabras»:

> Jehová esta en medio de ti;
> ¡él es poderoso y te salvará!
> Se gozará por ti con alegría,
> Se regocijará por ti con cánticos (Sof 3:17).

---

359. Peter Craige, «Song of Solomon» en *Baker Encyclopedia of the Bible*, Vol. 2, Walter A. Elwell, ed. (Grand Rapids, MI, USA: Baker Book House, 1988), p. 1981.

360. Ross, *op. cit.,* pp. 169-170.

El amor es el factor preponderante tanto en las relaciones humanas como en las experiencias espirituales. «Ahora permanecen la fe, la esperanza y el amor, estos tres; pero el mayor de ellos es el amor» (1 Co 13:13).

G. Bosquejo de Cantares

Los bosquejos son tan numerosos como las interpretaciones. Aceptamos la interpretación en que el libro consiste principalmente en diálogos entre la sulamita y su novio el pastor. Por eso el bosquejo sería así.

A. Título 1:1

B. Primer poema: El afecto mutuo entre los esposos 1:1-2:7
   1. El anhelo de la esposa 1:2-8
   2. Los esposos conversan entre sí 1:9-2:7

C. Segundo poema: La esposa alaba a su marido 2:8-3:5
   1. El marido viene en la primavera 2:8-13
   2. La esposa echa de menos a su amado 2:14-17
   3. La esposa sale en busca del marido 3:1-5

D. Tercer poema: El novio alaba a la novia 3:6-5: 1
   1. El cortejo de Salomón 3:6-11
   2. El novio elogia los encantos de la novia 4:1-5:1

E. Cuarto poema: La esposa se jacta de su marido 5:2-6:3
   1. La búsqueda infructífera 5:2-8
   2. La esposa alaba a su marido 5:9-6:3

F. Quinto poema: Los esposos se elogian el uno al otro 6:4-8:7
   1. Los encantos de los enamorados 6:4-7:9
   2. La unión de los enamorados 7:10-8:5
   3. El verdadero amor 8:6-7

G. Epílogo 8:8-14

Capítulo 15

La maravilla del amor romántico

CANTARES 1- 8

Cantares es un canto puro de amor que comienza con las palabras, «¡Ah, si me besaras con besos de tu boca!», y termina con, «¡Corre amado mío, como la gacela o el cervatillo, por las montañas llenas de aromas!» Al interpretar esta obra, el escritor acepta la teoría de que es una colección de cinco poemas líricos que celebran un amor legítimo, el cual consagra la unión de esposos. Según esta interpretación, Cantares no contiene trama o enredo, casi todos los poemas son independientes el uno del otro.

Los poemas consisten en soliloquios y diálogos intercalados por la voz de un coro llamado «Hijas de Jerusalén» (2:7; 5:8). Se cree que fueron escritos para la celebración de bodas. Parecen ser «canciones entonadas unas por los novios y otras por familiares y convidados (Jer 25:10; 33:11), todos los cuales bailaban y cantaban durante los siete días que duraban los alegres festejos nupciales (Gn 29:27-28; Jue 14:10, 17)».[361] Conviene que el lector lea Cantares en una versión de la Biblia que identifica a quien habla en cada sección, sea el novio, la novia o el coro.

A. Título (1:1)

El título puede implicar una de varias posibilidades: (a) Salomón escribió el poema; (b) fue escrito para él y dedicado a él; (c) fue escrito acerca de él. Es probable que fuera compuesto para él (véase la introducción).

B. Primer poema: El afecto mutuo entre los esposos (1:1-2:7)

Al leer estos poemas, el lector es como un oyente furtivo escuchando las palabras de amor, habladas a veces privadamente y otras veces como conversación entre los novios. En el primer canto, los esposos se regocijan en su amor y se deleitan el uno en el otro.[362]

---

361. «El cantar de los cantares de Salomón» en *Santa Biblia Reina Valera 1995, Edición de estudio, op. cit.*, p. 822
362. Craigie, «Song of Solomon» en *Baker Encyclopedia of the Bible*, Vol. 2, *op. cit.*, p. 1980.

LIBROS POÉTICOS

1. *El anhelo de la esposa* (1:2-8). Los protagonistas del primer canto son un rey (supuestamente Salomón) y una joven campesina. En algunos otros poemas, el esposo o novio es un pastor y su amada una sulamita, que se describe como «hija de príncipe» en el cuarto canto (7:1). Parece que la escena del primer poema es Jerusalén, donde la esposa se dirige a un coro de muchachas, y ellas le responden (1:4b, 8). La joven se acuerda del afecto de su amado y del placer de sus besos. Estos estimulan sensaciones tan deleitosas como las que se producen al beber vino. Como el perfume agrada al olfato, así la mención del nombre de él encanta el corazón de ella (1:2-3).

Ella se dirige al coro. *Morena soy* (I: 5-6) se refiere a ser bronceada por el sol; *las tiendas de Cedar* a las carpas hechas del pelo de cabras negras. *Mi viña... no guardé* (1:6), alude al descuido de su persona o cuerpo por haber tenido que trabajar en las viñas de su familia. Entonces deja de hablar al coro, y en un soliloquio se dirige a su amado ausente (1:7). Las mujeres le contestan (1:8).

2. *Los esposos conversan entre sí* (1:9-2:7). Esta sección da la impresión de que, a veces, ellos hablan el uno acerca del otro, en vez de conversar entre sí. La belleza tanto de la mujer como la de su amado, no se describe en un sentido abstracto sino en términos de la percepción que el uno tiene del otro. Miran por los lentes rosados del amor. Emplean comparaciones que sugieren las ideas de prestancia y belleza tal como la **yegua del carro del faraón**, figura que «no tenia las connotaciones negativas que ha recibido en otras culturas».[363]

Las analogías entre animales y mujeres son características de la poesía del antiguo oriente. En Cantares se compara la joven a un yegua (11:9), una paloma (1:15), cabras y ovejas (4:1-2) y sus pechos a gemelos de gacela (4:5). Por otra parte, se compara al novio con la gacela o el cervatillo (8:14), por la vitalidad y esbeltez de estos animales. Tanto la novia como el novio tienen ojos como los de las palomas (1:15; 4:1; 5:12), probablemente porque la paloma es un símbolo de inocencia, pureza y ternura en el Antiguo Testamento.

La expresión *el rey está en su reclinatorio* (1:12) se refiere a la costumbre de aquel entonces de comer recostado sobre tapices alrededor de una mesa muy baja.[364] La intensidad de la reacción romántica de la joven

363. *Santa Biblia Reina Valera 1995, Edición de estudio, op. cit.*, p. 224.
364. *Ibid.*

a la presencia del rey, se emplea por la mención de tres fragancias: **nardo**, v. 12, óleo aromático y caro extraído de una planta que crece en India; **mirra**, v. 13, una resina aromática importada de Arabia y el perfume de un ramo de flores blancas, alheña, v. 14.

Mi amado es para mí un saquito de mirra que reposa entre mis pechos (1:13). Las mujeres hebreas llevaban bolsitas de esencias aromáticas colgadas del cuello, debajo del vestido. El amado de esta joven, le deleita a ella tanto como la fragancia del saquito en su ropa. **Engadi** (1:14) era un oasis hermoso de agua fresca cerca de las orillas estériles del mar Muerto.

Ella se refiere humildemente a sí misma como la **rosa de Sarón** y el **lirio de los valles** (2:1). No se sabe el significado exacto del término «rosa» pero se cree que es el narciso o el jacinto. Sarón se refiere a la estrecha llanura que se extiende sobre la costa del Mediterráneo, al sur del monte Carmelo.

Puede ser que la sala de banquetes (2:4) se refiera a una posada u hostería donde los recién casados pasaron la noche. En tal caso, la bandera de amor sobre la novia sería el compromiso matrimonial. Agotada, la esposa pide pasas y manzanas para renovar sus fuerzas románticas. Por otra parte, el esposo conjura a las mujeres del coro a no estimular artificialmente el amor (2:7). Alguien observó: «Los estímulos no engendran el amor verdadero»;[365] la espontaneidad es un componente indispensable para la autenticidad y permanencia del amor.

La expresión, **tendió sobre mí la bandera de su amor** (2:4) tiene un paralelo interesante en la relación entre el creyente y el Señor. Es el amor de Dios en Cristo que conquista el corazón humano: «El amor de Cristo nos constriñe» (2 Co 5:14).

C. Segundo poema: La esposa alaba a su marido (2:8-3:5)

1. El marido viene en la primavera (2:8-13). Se describe a la joven observando a su amado que acude a ella en la belleza idílica de la primavera. Él la llama a acompañarle. Todo se encuentra en un marco campestre. El invierno ya ha pasado y se ve la nueva vida de la primavera en todas partes. La belleza del amor de la pareja, es semejante a la nueva vida y fragancia que caracterizan a Palestina en la temporada primaveral.

2. La esposa echa de menos a su amado (2:14-17). El cuadro cambia. Cuando los cónyuges están juntos la copa de su dicha rebosa,

365. Nota en *Santa Biblia* (con notas), J. Mervin Breneman, editor, *Ibid.*, p. 717.

pero ahora al separarse, la joven siente soledad y pena. Anhela que su marido vuelva. De la misma manera, el creyente es infeliz cuando no siente la presencia del Señor.

La afirmación de ella, *mi amado es mío y yo soy suya*, v. 16, habla de la posesión mutua y exclusividad del matrimonio (véase Mt 19:5), algo que se puede aplicar también a la relación del creyente con el Señor. La orden de cazar las *zorras pequeñas* que destruyen las vidas (la interrupción de otros o distracciones), expresa el deseo de disfrutar de un sitio tranquilo y solitario, donde puedan estar solos y gozarse en la comunión. En la vida del creyente, es importante tener también un lugar y tiempo para estar a solas con Dios. Marcos nota esta costumbre de Jesús: «Levantándose muy de mañana, siendo aún muy oscuro, salió y se fue a un lugar desierto, y allí oraba» (1:35).

3. La esposa sale en busca del marido (3:1-5). No se sabe a ciencia cierta si esta sección describe un sueño, una fantasía o una experiencia real de la joven. Su novio se ha ido y ella suspira por su regreso. Es probable que tristemente se mete en la cama y sueña con su ausencia. En su sueño recorre las calles de Jerusalén buscándole ansiosamente. Pregunta a los guardias. Luego lo encuentra y lo lleva a un dormitorio de la casa de su madre. Puesto que el texto insinúa que disfrutan de la intimidad matrimonial, es evidencia de que se habían casado anteriormente. De otro modo, no hubieran posado en el hogar de la familia de ella.

La sección termina con la repetición del refrán hallado en el capítulo 2 versículo 7.

D. Tercer poema: El novio alaba a la novia (3:6-5:1)

Este canto comienza con lo que parece ser una escena retrospectiva, en que una joven del campo se recuerda cómo llegó a ser parte del harén de Salomón (3:6-11). Luego el novio se gloría en la belleza de su flamante esposa y esto lleva a la consumación de la unión (4:1-5:1).

1. El cortejo de bodas de Salomón (3:6-11). El coro anuncia que el rey vuelve a Jerusalén en un imponente cortejo nupcial. La escolta está formada por 70 guerreros bien armados. Con varios detalles se describe la lujosa carroza de Salomón, que refleja la extravagancia de la vida cortesana. Las mujeres de la corte reciben la orden de salir al encuentro del monarca, el cual se ciñe la guirnalda de bodas regalada por su madre. Se puede comparar este poema con el Salmo 45, que es otro canto de bodas.

2. *El novio alaba los encantos de la novia* (4:1-5:1). Con lenguaje altamente figurativo y oriental, el novio describe la belleza de su mujer, algo que ocurre probablemente en la noche de bodas. (La llama «esposa», pero también «jardín cerrado, fuente cerrada, sellado manantial» (vv. 9, 12), términos que indican que todavía es virgen.) Las palabras de amor se sintetizan en la expresión, «¡Qué hermosa eres, amada mía, qué hermosa eres!» (4:1, 7). Andrew E. Hill analiza el poema:

> El canto descriptivo mezcla imágenes pastoriles, domésticas, y urbanas que eran comunes en la poesía antigua de amor (mirra, lirios, gajos de granadas, etc.). El lenguaje del poema de amor ahora se hace más erótico y explícito. El tema ... es la belleza sin defecto de la joven desde la planta de sus pies a la coronilla de su cabeza (ojos, v. 1; a los pechos, v. 5)... El objetivo del rey es transparente — posesionarse completamente ... de la joven. [366]

Balchin defiende los halagos de los encantos físicos de la novia.

> La descripción del cuerpo puede no ser de buen gusto a los oídos occidentales; pero indica, no obstante, que el hombre no solamente es de una hechura maravillosa, sino perfecto en su hermosura. Es obra de Dios... Más aún, la admiración manifestada... es una parte importante en el juego de amor y su inclusión en las Sagradas Escrituras, la eleva a su justo nivel. Son los hombres quienes la han envilecido con sus lujuriosas apetencias. [367]

La joven responde con una apasionada invitación a su amado para que venga y disfrute de su «jardín», ella misma (4: 16). Él acepta la invitación a entrar en el jardín donde recoge su mirra, su aroma, su miel y su leche (5:1a). El coro anima a la pareja a seguir celebrando su juego de amor (5:1b).

E. Cuarto poema: La esposa se jacta de su marido (5:2-6:3)

1. *La búsqueda infructuosa* (5:2-8). Es muy improbable que el esposo del cuarto canto sea Salomón, porque ése duerme en el campo y

---

366. Hill, «Song of Solomon» en *Evangelical Commentary of the Bible, op. cit.*, p. 461.
367. J.A. Balching, «Cantares» en *Nuevo comentario bíblico, op. cit.*, p. 438.

su cabeza «está cubierta de rocío» (v. 2). El rey dormiría en el palacio lujoso. Parece que es un pastor rústico que viene al pueblo para pasar la noche con su esposa. Si Cantares consiste en una serie de poemas, cada uno unido al otro solamente por su tema común — la belleza del amor romántico — no es de extrañarse que haya un cambio de protagonistas en los distintos cantos.

En esta sección, la esposa habla con las mujeres de Jerusalén. Describe el tormento de la separación y la soledad. En la noche su marido regresa, pero ella se retrasa demasiado en dejarlo entrar. Cuando ella abre la puerta, él se ha ido y su gozo se vuelve en desesperación. Lo busca recorriendo las calles pero no lo encuentra. Los guardias, tal vez pensando que es una prostituta, la golpean y le quitan parte de su ropa. Ella invoca al coro para ayudarle a encontrar a su amado.

Algunos comentaristas yen en la pereza de la esposa el sopor de muchos creyentes, que, como los discípulos en el huerto de Getsemaní, duermen en vez de velar. Al no responder inmediatamente al llamado de Cristo, pierden la oportunidad de disfrutar de su comunión. «Si oís hoy su voz, no endurezcáis vuestro corazón» (He 3:7-8, 15). «Busquen al Señor mientras pueden encontrarlo, llámenlo mientras está cerca»; «El corazón me dice: 'Busca la presencia del Señor'. Y yo, Señor, busco tu presencia. ¡No te escondas de mí!» (Is 55:6; Sal 27:8-9, DHH).

2. La esposa alaba a su marido (5:9-6:3). La pregunta, tal vez un poco burlona de las mujeres, le brinda a la esposa la oportunidad de hacer un encendido elogio de los encantos de su marido. Para ella, **todo en él** es **codiciable** (5:16). Balchin nos advierte: «Buscar una comparación con Cristo en este pasaje es hacerle una injusticia al texto y lleva a una erótica apreciación del Hijo de Dios».[368]

Las mujeres del coro se ofrecen para ayudar a la joven a encontrar a su marido (6:1). Tal vez lo hacen en tono de mofa puesto que ella rechaza su ayuda. No compartiría a su amado con nadie; dice que sabe dónde él está. ¿Habla ella de un lugar solitario donde está su amado o de un reencuentro y la renovación de la intimidad física con él? ¿Quizá ella fantasea que él está con ella a pesar de su ausencia? De todos modos, afirma la exclusividad de su relación con él: **Yo soy de mi amado, y mi amado es mío.**

---

368. *Ibid.*, p. 438.

F. Quinto poema: Los esposos se elogian el uno al otro (6:4-8:7)

1. Los encantos de los enamorados (6:4-7:9). Este extenso pasaje contiene palabras del esposo, la joven y el coro. El marido vuelve a describir la belleza de la esposa. A sus ojos, cada parte de su cuerpo es exquisitamente hermoso. Ni reinas ni concubinas de Salomón pueden rivalizar con ella (6:4-9). La compara con Tirsa, la hermosa capital del reino del norte desde los tiempos de Jeroboam (1 R 14: 17), al reino de Omri (1 R 16:23). Hasta las mujeres de la corte de Jerusalén cantan sus elogios (6:9b).

El coro repite la frase del esposo — *imponente como ejército en orden de batalla* — junto con símiles aún más extravagantes, para expresar la belleza irresistible de la esposa (6:4, 10). Algunos comentaristas ven en este versículo un paralelo descriptivo de la iglesia ideal, la novia de Cristo (Ef 5:27).

En 6: 13 la esposa se llama *sulamita*, palabra emparentada con el vocablo hebreo *shalom*, que significa paz, prosperidad, felicidad. No se sabe si lo hace porque ella viene de la población de Sunem (véase 1 R 1:3) o porque este nombre expresa bien el carácter de la doncella.

2. La unión de los enamorados (7:10-8:5). La esposa insta a su marido para ir a un lugar donde puedan disfrutar plenamente de su amor, el uno del otro (7:11-12). Los antiguos atribuían a la mandrágora (7:13) la propiedad de excitar la pasión del amor y dar fecundidad (véase Gn 30:14-16). Ella ha conservado su pureza guardando los frutos de amor para su cónyuge (7:13). *¡Ah si fueres tú un hermano mío ...!* (8:1), expresa el deseo de la joven de abrazar a su amado públicamente, pero las severas costumbres de la época solo permiten estas pruebas de afecto a un pariente cercano.[369]

3. El verdadero amor (8:6-7). Los enamorados reflexionan sobre el amor. Sierd Woudstra interpreta el significado de la expresión — *Ponme como un sello sobre tu corazón, como una marca sobre tu brazo* — así:

Estas palabras habladas por la novia sintetizan el tema del canto entero y constituyen su clímax. Un anillo de sellar o sello era puesto en la mano derecha (Jer 22:24), o usado suspendido sobre el corazón por un cordón colgado del cuello (Gn 38:18). Era un emblema de autoridad (véase Gn 41:42; 1 R 21:8) y por lo tanto una posesión preciosa. Esto

---

369. Nota en *Santa Biblia Reina Valera 1995, Edición de estudio, op. cit.*, p. 830

simboliza el deseo irresistible de la novia de ser la más preciosa posesión de su marido.[370]

Otros expositores piensan que la joven expresa el deseo de ser la posesión **permanente** y **exclusiva** de su marido y de no ser separada de él
por ningún motivo.

El sello era un emblema importante de posesión y de ser dueño de
propiedad en el mundo antiguo. El poner la impresión del sello sobre
algo, registraba el derecho de ser dueño de la propiedad o documento...
La joven pide que el sello de su enamorado sea grabado indeleblemente
en su corazón. Entonces, él y él solo tendrá derecho al amor de ella.[371]

No hay duda alguna de que toda novia anhela ser, tanto la más
preciosa posesión de su marido como su posesión exclusiva y permanente. Sin embargo, el contexto del dicho parece favorecer la última
interpretación.

El pasaje que sigue, afirma que el amor marital es la fuerza más poderosa, irresistible e invencible de todas las relaciones humanas (8:61b-
7). Es **fuerte como la muerte** y los celos son **duros como el seol**. Es
decir, ni el sepulcro ni la muerte entregará a sus difuntos, así el amor
verdadero nunca entregará a su amado. Tanto los celos como el amor
son pasiones voraces.

El amor arde como una **potente llama** que no puede ser apagada
ni por toda el agua de los ríos ni del mar. El amor tampoco puede ser
comprado con todas las posesiones de un hombre (v. 7). La Biblia de Jerusalén traduce **potente llama** como **una llama de Yahvéh**. Una nota en
una Biblia de estudio explica:

> **8:6 Potente llama**: (lit. **llama de Jah**), abreviación del nombre divino
> **Jehová** (véase Éx 3:15n.). Nótese asimismo que el nombre de Dios,
> puesto al lado de un sustantivo, tiene a veces en el A.T. un valor de
> superlativo... de ahí la traducción **potente llama**. Otros, en cambio,

---

370. Sierd Woudstra, «Song of Solomon» en *The Wycliffe Bible Commentary, op. cit.*, p. 604.
371. Hill, *op. cit.*, p. 465.

traducen por **rayo**, ya que este es el sentido que tiene algunas veces la expresión *fuego de Dios* (cf.2R 1:12).[372]

Si esto es una referencia a Jehová, el versículo indica que Dios mismo enciende las llamas del amor humano.

G. Epílogo (8:8-14)

Cantares 8:8-10 constituye un pasaje extraño y difícil de interpretar. Parece que es un episodio en que la pareja va a la familia de la joven a pedir su aprobación para casarse, v. 8. Los hermanos de la joven se acuerdan de cómo la protegían en los años en que todavía no estaba suficientemente desarrollada para vivir la vida matrimonial. Preguntan sobre dos asuntos, si está madura para casarse y si ha mantenido su pureza (*si fuera una muralla*). Si la respuesta es positiva, le regalarán el vestido y los ornamentos de boda (*edificaríamos sobre ella un palacio de plata... la recubriríamos con tablas de cedro*). Ella afirma que ha sido pura, resistiendo intentos de seducirla como si fuera *una muralla*, y señala que el desarrollo de sus pechos es evidencia de que ha madurado físicamente (v. 10).

La «viña» de Salomón (v. 11) es una alusión poética al harén de este rey y los guardas serían los eunucos encargados de cuidarlo (véase Est 2:3, 14). Tal vez las *mil monedas* se refieren a la dote que Salomón pagaba a los padres de cada mujer que era añadida a su harén. El rechazo de la joven es categórico: ¡Que se quede con su plata! El amor y persona de la doncella (*mi viña*) solo ella lo puede dar; no está a la venta.[373]

La colección de poemas termina con una apasionada invitación de la esposa a su marido para que venga a ella corriendo. Quizás nos parece una conclusión no muy apropiada, pero conviene que nos demos cuenta de que Cantares es más que una novela de amor. Es la Palabra de Dios enseñándonos la belleza y pureza del amor matrimonial, que es una de las dádivas más preciosas que el Creador ha dado jamás a sus criaturas.

---

372. *Santa Biblia Reina Valera 1995, Edición de estudio, op. cit.*, p. 831.
373. *Manual bíblico ilustrado, op. cit.*, p. 369.

BIBLIOGRAFÍA

A. Libros y obras publicadas

Anderson, Francis I. Job, *An Introduction and Commentary* en *Tyndale Old Testament Commentaries*, D.J. Wiseman, editor. Leicester, Inglaterra y Downers Grove, IL, USA: Intervarsity Press, s.f.

Archer Jr., Gleason L. *The Book of Job*. Grand Rapids, MI, USA: Baker Book House, 1982.

Carr, G. Lloyd. *The Song of Solomon* en *Tyndale Old Testament Commentaries*, D.J. Wiseman, editor. Leicester, Inglaterra y Downers Grove, IL, USA: Intervarsity Press, 1984.

Cornhill, C. *Introduction to the Canonical Books of the Old Testament*. S.l.: s.n., 1987.

Gillis, C.O. *Historia y literatura de la Biblia*, tomo 5. Buenos Aires: Casa Bautista de Publicaciones, 1960.

Kidner, Derek. *An Introduction to Wisdom Literature: The Wisdom of Proverbs, Job and Ecclesiastes*. Downers Grove, IL, USA: Intervarsity Press, 1985.

— *Proverbios*. Buenos Aires: Editorial Certeza, 1975.

— *Proverbs* en *Tyndale Old Testament Commentaries*, D.J. Wiseman, editor. Leicester, Inglaterra y Downers Grove, IL, USA: Intervarsity Press, 1964.

— *Psalms 1-72* en *Tyndale Old Testament Commentaries*, D.J. Wiseman, editor. Londres: Intervarsity Press, 1973.

— *Psalms 73-150* en *Tyndale Old Testament Commentaries*, D.J. Wiseman, editor. Londres: Intervarsity Press, 1973.

— *The Message of Ecclesiastes*. Leicester, Inglaterra y Downers Grove, IL, USA: Intervarsity Press, 1976.

Leupold, H.C. *Exposition of Ecclesiastes*. Grand Rapids, MI, USA: Baker Book House, 1985.

Longman III, Tremper. *How to Read the Psalms*. Downers Grove, IL, USA: Intervarsity Press, 1988.

Martínez, José M. *Hermenéutica bíblica*. Barcelona: CLIE, 1984.

— *Job, La fe en conflicto*. Barcelona: Libros CLIE, 1975.

Morgan, G. Campbell. *Life Applications from Every Chapter of the Bible*. Grand Rapids, MI, USA: Fleming H. Revell, 1994.

Ross, Guillermo. *Estudios en las Sagradas Escrituras*, tomo 3, *Los libros poéticos*. México, D.F.: Casa de Publicaciones «El Faro», s.f.

Rowley, H.H. *The Book of Job* en *The New Century Bible Commentary*, Ronald E. Clements y Matthew Black, editores, Grand Rapids, MI, USA: Wm. B. Eerdmans Publishing Co., 1983.

Schultz, Samuel J. *Habla el Antiguo Testamento*. Barcelona: Publicaciones Portavoz, 1976.

Scott, R.R.Y. *Proverbs, Ecclesiastes* en *The Anchor Bible*, vol. 18. Garden City: Doubleday y Compañía, Inc., 1985.

Spurgeon, C.H. *El tesoro de David*, 2 tomos. Terrasa, España: Libros CLIE, s.f.

Vila, Samuel y Pozo, José. *Comentario simbólico-expositivo al Cantar de los Cantares*. Tarrasa, Barcelona: CLIE, 1982.

Young, Edward J. *Introduction to the Old Testament*. Grand Rapids, MI, USA: Wm. B. Eerdmans Publishing Company, 1949.

B. Diccionarios bíblicos, manuales bíblicos, comentarios y enciclopedias bíblicas

Baker Encyclopedia of the Bible, dos tomos. Walter L. Elwell, editor. Grand Rapids, MI, USA: Baker Book House, 1989.

Diccionario bíblico ilustrado. Samuel Vila Ventura y Darío Santa María, redactores. Barcelona: Libros CLIE, 1981.

Evangelical Commentary on the Bible. Walter A. Elwell, editor. Grand Rapids, MI, USA: Baker Book House, 1989.

Jamieson, Roberto; Fausset, A.R.; Brown, David. *Comentario exegético y explicativo de la Biblia*, tomo 1. El Paso, TX, USA: Casa Bautista de Publicaciones, 1981.

Manual bíblico ilustrado, David Alexander y Pat Alexander, compiladores. Miami: Editorial Caribe, 1976.

Nuevo comentario bíblico. S.l.: Casa Bautista de Publicaciones, 1977.

Nuevo diccionario bíblico, primera edición. J.D. Douglas, director. Buenos Aires: Ediciones Certeza, 1991.

Pictorial Bible Dictionary. Merrill C. Tenney, editor. Nashville, TN, USA: The Southwestern Company, 1967.

The International Standard Bible Encyclopedia. James Orr, editor. Grand Rapids, MI, USA: Wm. B. Eerdmans Publishing Co., 1949.

The Wycliffe Bible Commentary. Charles F. Pfeiffer y Everett F. Harrison, editores. Chicago: Moody Press, 1972.

The Zondervan Pictorial Encyclopedia of the Bible, cinco tomos. Merrill C. Tenney, editor. Grand Rapids, MI, USA: Zondervan Publishing House, 1975.

C. Biblias anotadas

Biblia de Jerusalén. Bruselas: Desclée de Brouwer, 1967.

La Biblia de Estudio, Dios Habla Hoy. S.I.: Sociedades Bíblicas Unidas, 1994.

Sagrada Biblia traducida por Eloíno Nácar Fuster y Alberto Colunga, segunda edición. Madrid: Biblioteca de Autores Cristianos, 1959.

Santa Biblia (con notas). J. Mervin Breneman, editor. San José, Costa Rica; Miami, FL, USA: Editorial Caribe, 1980.

Santa Biblia, Reina-Valera 1995, edición de estudio. S.I.: Sociedades Bíblicas Unidas, 1995.

The NIV Study Bible (Nueva Versión Internacional). Kenneth Barker, editor. Grand Rapids, MI, USA: Zondervan Bible Publishers, 1985.

Nos agradaría recibir noticias suyas.
Por favor, envíe sus comentarios sobre este libro
a la dirección que aparece a continuación.
Muchas gracias.

vida@zondervan.com
www.editorialvida.com